计算机类主干课程系列教材

数据结构实验与课程设计教程

李志敏　李纪平　主　编

科学出版社
北　京

版权所有，侵权必究

举报电话：010-64030229；010-64034315；13501151303

内 容 简 介

  本书共分三篇。第一篇为基础实验，主要是介绍数据结构与算法基础知识的实验，包括线性表、栈和队列、串、数组、广义表、树和二叉树、图、查找、排序等内容，一共有 9 个实验。第二篇为应用实训，是数据结构知识的应用与提高，包括链表的应用、栈和队列的应用、树结构的应用、图结构的应用以及文本文件检索等综合性实验内容，共 10 个实验。第三篇为课程设计，详细介绍 7 个课程设计的课题，综合性较强，另外还给出了一部分实训项目，内容涉及数据结构课程的多个应用领域，以引导学生进行开发实践。

  本书既可以作为高等学校"数据结构"课程的实验、实习、实训教材，也可用作教师指导大学生程序设计竞赛的参考书。

图书在版编目(CIP)数据

数据结构实验与课程设计教程/李志敏，李纪平主编.—北京：科学出版社，
2016.05

ISBN 978-7-03-048295-2

Ⅰ.①数… Ⅱ.①李…②李… Ⅲ.①数据结构—高等学校—教材 Ⅳ.
①TP311.12

中国版本图书馆 CIP 数据核字(2016)第 098895 号

责任编辑：张颖兵   闫   陶/责任校对：董艳辉
责任印制：彭   超/封面设计：苏   波

科 学 出 版 社 出版
北京东黄城根北街 16 号
邮政编码：100717
http://www.sciencep.com

武汉市首壹印务有限公司印刷
科学出版社发行   各地新华书店经销

*

开本：787×1092 1/16
2016 年 5 月第 一 版 印张：19 1/2
2019 年 7 月第三次印刷 字数：440 000

定价：58.00 元
(如有印装质量问题，我社负责调换)

前　言

　　本书基于CDIO工程教育理念重新设计改编了第一版的实验和课程设计项目。充分吸收了编者获得的各类教学研究成果，尤其是湖北省高等学校教学改革研究项目"基于CDIO工程教育理念的编译原理课程教学改革"(编号2012367)。

　　数据结构是计算机专业的必修课程之一，也是计算机学科的一个重要分支研究领域。它是算法设计与分析、操作系统、软件工程、数据库概论、编译原理、计算机图形学等专业课程的基础课。透彻掌握数据结构的理论与方法，有助于合理地组织存储数据、设计高效的算法、编写高质量的程序，满足实际应用的需要。

　　本书共分三篇。第一篇为基础实验，介绍数据结构与算法基础知识和实验，包括线性表、栈和队列、串、数组和广义表、树和二叉树、图、查找、排序等内容，可以帮助学生熟练掌握基础知识和基本算法。第二篇为应用实训，是数据结构知识的应用与提高，包括链表的应用、栈和队列的应用、树结构的应用、图结构的应用以及文本文件检索等综合性实验内容，可以培养分析和解决实际问题的能力。第三篇为课程设计，综合性比较强，精选实际应用项目引导学生进行开发实践。内容涉及数据结构课程的多个应用领域，供各类教学和学习者参考。

　　本书有如下特色。

　　(1)本书努力做到"门槛低，坡度缓，层次高"。在内容编排上，先从验证型实验出发，引导学生独立进行综合实验设计，最后达到能完成综合课程设计的目标。

　　(2)本书内容丰富、实用性强、适用面广。本书既可作为"数据结构"课程的学习参考书和实验指导书，又可供高等院校各专业学生实验、课程设计、竞赛指导和考前复习，还可供教师和其他专业技术人员参考。

　　(3)根据数据结构教学大纲精心选择基础实验内容。考虑到本课程开课时间一般在本科低年级，学生编程能力不是很强，本书对基础实验编写做到过程描述详细，代码注释完整，便于初学者模仿训练，循序渐进，稳步提高。

　　(4)应用实训的内容按课程教学顺序设计。同时考虑到实际应用的要求，使综合实验既巩固大纲要求的知识点，又接近课程设计项目的需要，循序渐进训练学生的分析问题和解决问题以及编程能力。

　　(5)课程设计项目选题新颖，应用性强。将课程设计过程进行模块化描述。每个项目都有设计要求、需求分析、算法设计、编程和实例测试。通过详细的实例分析，锻炼学生的动手能力，引导学生完成课程设计。

　　(6)本书配套学习资源丰富，C语言程序源代码完整，可以直接编译运行。

　　本书由湖北工程学院计算机与信息科学学院李志敏、李纪平执笔编写。参加本书编写和讨论工作的有涂俊英、王署霞、叶从欢、陈佛敏、桂超、李国屏、王邯、许中元、张万山、周天宏、周云才,贵州大学姚凯学、彭长根、汪学明、龙士工,贵州财经大学文静华,贵州民族大学杨承中、张儒良、潘峰,贵州师范大学张仁津,铜仁学院黄贻望,西安工程大学张凯兵,赣南师范学院申鼎才等。本书的出版得到了湖北工程学院的大力支持。在写作过程中,参考了相关教材及网络资料,在此一并致谢。

  由于作者水平有限,书中难免存在不足之处,殷切希望广大读者批评指正。

编 者

2015 年 10 月于湖北工程学院

目 录

第一篇 基础实验

第1章 准备实验 ………………………………………………………………………… 2
1.1 C语言实验 …………………………………………………………………… 2
1.2 拓展训练 ……………………………………………………………………… 16

第2章 线性表 …………………………………………………………………………… 17
2.1 线性表的顺序表示和实现 …………………………………………………… 17
2.2 线性表的链式表示和实现 …………………………………………………… 26
2.3 拓展训练 ……………………………………………………………………… 35

第3章 栈与队列 ………………………………………………………………………… 36
3.1 栈的顺序表示和实现 ………………………………………………………… 36
3.2 队列的链式表示和实现 ……………………………………………………… 43
3.3 队列的顺序表示和实现 ……………………………………………………… 50
3.4 拓展训练 ……………………………………………………………………… 57

第4章 串 ………………………………………………………………………………… 58
4.1 串的定长顺序存储表示和实现 ……………………………………………… 58
4.2 拓展训练 ……………………………………………………………………… 68

第5章 数组和广义表 …………………………………………………………………… 69
5.1 数组的顺序存储和实现 ……………………………………………………… 69
5.2 稀疏矩阵三元组顺序表存储和实现 ………………………………………… 76
5.3 广义表的表示和实现 ………………………………………………………… 85
5.4 拓展训练 ……………………………………………………………………… 92

第6章 树和二叉树 ……………………………………………………………………… 93
6.1 二叉树的链式存储和实现 …………………………………………………… 93
6.2 拓展训练 ……………………………………………………………………… 100

第7章 图 ………………………………………………………………………………… 101
7.1 图的邻接表表示及其基本操作 ……………………………………………… 101
7.2 拓展训练 ……………………………………………………………………… 117

第8章 查找 ……………………………………………………………………………… 118
8.1 顺序查找、二分查找、二叉排序树查找的实现 …………………………… 118
8.2 拓展训练 ……………………………………………………………………… 127

第 9 章　内部排序 ·· 128
　9.1　插入与交换排序操作 ·· 128
　9.2　选择排序与归并排序操作 ·· 135
　9.3　链式基数排序 ·· 143
　9.4　课外训练 ·· 150

第二篇　应用实训项目

应用实训项目一　一元多项式加、减、乘、除运算的实现 ······································· 153
应用实训项目二　迷宫问题实现 ·· 164
应用实训项目三　舞伴搭配问题 ·· 170
应用实训项目四　压缩软件实现 ·· 177
应用实训项目五　校园导游咨询 ·· 187
应用实训项目六　散列表的设计与实现 ·· 193
应用实训项目七　简单文本编辑器设计与实现 ·· 202
应用实训项目八　图书馆书目检索 ··· 214
应用实训项目九　拓扑排序 ·· 223
应用实训项目十　关键路径 ·· 240

第三篇　课程设计

课程设计过程简介 ··· 245
数据结构课程设计实施方案 ·· 250
课程设计一　线性表 ··· 252
　1.1　通讯录管理系统 ··· 252
　1.2　学生成绩管理系统（单链表） ··· 257
　1.3　课程设计项目 ·· 262
课程设计二　栈和队列 ·· 267
　2.1　停车场管理系统 ··· 267
　2.2　课程设计项目 ·· 270
课程设计三　串的应用 ·· 273
　3.1　文本文件的检索 ··· 273
　3.2　文本文件单词的检索与计数 ··· 274
　3.3　课程设计项目 ·· 276
课程设计四　树型结构的应用 ·· 278
　4.1　压缩软件设计 ·· 278
　4.2　课程设计项目 ·· 280
课程设计五　图结构的应用 ··· 281
　5.1　交通咨询系统 ·· 281
　5.2　计算机专业教学计划编制问题 ·· 284

  5.3　课程设计项目 …………………………………………………………… 286
课程设计六　排序与查找 ………………………………………………………… 288
  6.1　航班信息的查询与检索 ………………………………………………… 288
  6.2　课程设计项目 …………………………………………………………… 290
课程设计七　文件信息管理系统 ………………………………………………… 294
  7.1　图书管理信息系统的设计与实现 ……………………………………… 294
  7.2　课程设计项目 …………………………………………………………… 302

第一篇　基础实验

本篇第 1 章准备实验是复习 C 语言程序设计，包括函数的参数传递与结果返回、动态存储分配等基础知识和方法。教师根据实际情况取舍，不要求提交实验报告。

第 2~9 章是数据结构及其有关算法的基础实验，必须按教学要求提交独立完成的实验报告。每次实验完成后，提交电子版的实验报告和程序源代码（含上机练习题）。压缩包命名为姓名-学号-实验名称。实验报告的主要内容如下。

实验报告页眉：　　　　数据结构课程实验报告

实验题目（居中，四号，黑体）

姓名＿＿＿＿　　学号＿＿＿＿　　指导教师姓名＿＿＿＿
实验时间＿＿＿＿　　实验地点＿＿＿＿

实验目的（左对齐，小四号，黑体）（正文用五号宋体）
1. 问题描述（小四号，宋体）（正文用五号宋体）
2. 数据结构设计（小四号，宋体）（正文用五号宋体）
3. 功能（函数）设计（小四号，宋体）（正文用五号宋体）
   　　包括函数名称和接口，主要函数的初始条件与操作结果，程序流程图。
4. 界面设计（小四号，宋体）（正文用五号宋体）
5. 编码实现（小四号，宋体）（正文中文用五号宋体，英文用 Times New Roman）
   　　包括程序预处理、数据结构、功能函数、菜单显示、主函数等完整程序。
6. 运行测试（小四号，宋体）（正文用五号宋体）
   　　运行程序，测试各功能函数，并将运行效果截图。
7. 上机训练题（小四号，宋体）（正文用五号宋体）
   　　按教师要求，选做若干题目。
8. 实验小结（小四号，宋体）（正文用五号宋体）
   　　小结本次实验过程中出现的错误、面临的困难以及这些错误和困难的解决方案和今后需要努力的方向。

第1章 准备实验

1.1 C语言实验

1.1.1 函数的参数传递与结果返回

1. 函数参数传递

1)形式参数和实际参数

函数定义中的参数是形式参数(形参)。函数的调用者提供给函数的参数称为实际参数(实参)。在函数调用之前,实际参数的值将被复制到形式参数中。

2)参数传递

在运行程序的过程中,把实际参数的值传给形式参数,这就是函数参数的传递。C语言中函数参数的传递有三种形式:值传递、地址传递、引用传递。注意:形参和实参可能不止一个,如果多于一个,函数声明、调用、定义的形式都要一一对应,不仅个数要对应,参数的数据类型也要对应。

(1)变量与变量之间的值传递。

```c
/*第1章验证实验1
功能:从键盘输入一个整数,并在屏幕上显示该整数*/
#include <stdio.h>
void fun1(int num_back); /*注意函数声明的形式*/
void main( )
    {
    int num;
    printf("请从键盘输入一个整数\n");
    scanf("%d", &num);
    fun1(num);/*注意调用形式*/
    }
    void  fun1(int num_back) /*注意定义形式*/
    {
        printf("%d\n",num_back);
    }
```

该程序在主函数中,先定义一个变量,然后输入一个值,在fun1( )函数中输出。当程序运行a(num);这一步时,把num(实参)的值赋值给num_back(形参)。

```
/*第1章验证实验2
功能:从键盘先输入一个整数,再输入一个浮点数,并在屏幕上显示*/
#include <stdio.h>
voidfun2(int num1_back,float num2_back);  /*注意函数声明的形式*/
void main()
    {
        int num1;
        float num2;
        printf("请从键盘输入一个整数\n");
        scanf("%d",&num1);
        printf("请从键盘输入一个小数\n");
        scanf("%f",&num2);
        fun2(num1,num2);/*注意调用形式*/
    }
        void fun2(int num1_back,float num2_back) /*注意定义形式*/
        {
            printf("%d,%f\n",num1_back,num2_back);
        }
```

函数有两个参数,一个是整型,一个是浮点型,那么在声明、调用、定义的时候,参数个数要一样,类型也要对应。如果不对应,有可能出现编译错误。有时即使通过了编译,也会在数据传递过程中出现错误。

```
/* 第1章验证实验3
功能:从键盘输入两个整数 a 和 b,运行 fun3(a,b),并在屏幕上显示运行结果*/
#include <stdio.h>
void fun3(int x, int y)
{
    int tmp;
    tmp=x;
    x=y;
    y=tmp;
    printf ("x=%d,y=%d\n",x,y);
}
void main()
{
    int a;
    int b;
    printf("请从键盘输入一个整数 a\n");
    scanf("%d",&a);
    printf("请从键盘输入一个小数 b\n");
    scanf("%d",&b);
    printf("运行 fun3 (a,b) 前\na= %d,b= %d\n", a, b);
```

```
    printf("运行 fun3 (a,b) 后\n");
    fun3(a,b);
    printf("a=%d,b=%d\n", a, b);
}
```

fun3(int x,int y)的功能是交换 x 和 y 的值。但观察到调用 fun3（a,b）后,a 和 b 的值没有发生预期的改变。这说明实参的值传递给函数局部工作区相应的副本中,这里 x＝a,y＝b。函数使用副本执行运算。因此函数修改的是副本的值,即 x 和 y 的值。实参 a 和 b 的值不变。

(2) 数组与数组之间的地址传递。由于数组名是指向数组的指针,数组之间的值传递本质上是地址传递。函数调用数组时,实参就是数组名。

```
/*第 1 章验证实验 4  一维数组作为函数参数
功能:从键盘先输入 5 个整数元素的一维数组,并在屏幕上显示*/
#include <stdio.h>
void fun4(int array[]) ; /*注意函数声明的形式*/
void main()
{
    int array[5],i;
    for(i=0;i<5;i++) scanf("%d",&array[i]);
    fun4(array); /*注意调用形式,实参是数组名*/
}
void fun4(int array[])/*注意定义形式*/
{
    int i;
    for(i=0;i<5;i++) printf("%d\t",array[i]);
    printf("\n");
}
```

注意:一维数组的数组名 array 是指向这个数组首地址的指针。数组作为参数在函数原型中一定要写" void fun4(int array[ ])"。在调用时去掉[ ],只需写成 fun3(array),将 array 数组首地址传递给函数 fun4( )。

```
/* 第 1 章验证实验 5   二维数组作为函数参数
功能:在屏幕上显示如下图案
```

```
*/
#include < stdio.h>
void fun5(char array[][3]); /*注意函数声明的形式*/
main(){
    char array[3][3]={{'X','O','X'},{' ','X','O'},{'X',' ','O'}};
```

```
        fun5(array); /*注意调用形式,实参是数组名*/
        return 0;
    }
    void fun5(char array[][3]) /*注意定义形式*/
    { int row,column;
        for(row=0;row<3;row++)
        { if(row!=0)
            printf("---+---+---\n");
            for(column=0;column<3;column++)
    { if(column!=0) printf("|");
        printf("% 3c",array[row][column]);
    }
        printf("\n");
        }
    }
```

注意:二维数组的数组名 array 是指向这个数组首行地址的指针。在调用的时候,数组作为参数在函数原型中一定要写" void fun5(char array[ ][ ])"。在调用的时候,函数要求的是输入数组。只需写成 fun5(array),将 array 数组首地址传递给函数 fun5( )。

(3) 指针与指针之间的地址传递。函数实参是指针变量时,将指针变量的地址传到被调用函数中,使形参指针变量也指到实参所指向的存储单元。

```
/*第1章验证实验6   指针变量作为函数参数
功能:从键盘输入两个整数 a 和 b,交换 a 和 b 的值。在屏幕上显示运行结果*/
#include <stdio.h>
voidfun6(int *px, int *py) /*注意函数申明形式,形参是指针变量*/
{
    int tmp=*px;
    *px=*py;
    *py=tmp;
    printf("*px=%d,*py=%d\n",*px,*py);
}
void main()
{
    int a;
    int b;
    printf("请从键盘输入一个整数 a\n");
    scanf("%d",&a);
    printf("请从键盘输入一个小数 b\n");
    scanf("%d",&b);
    printf("运行 fun6 (a,b) 前 a=%d,b=%d\n", a, b);
    fun6( &a,&b); /*注意调用形式,实参是变量 a 和 b 的地址*/
```

```
        printf("运行 fun6 (a,b) 后 a=%d,b=%d\n", a, b);
    }
```

与第 1 章验证实验 3 比较,该程序实现了交换 a 和 b 的值。

```
/*第 1 章验证实验 7    指向一维数组的指针作为函数参数
功能:从键盘输入 N 个整数,用选择法从大到小排序。在屏幕上显示运行结果*/
#include < stdio.h>
#define m 1000
void fun7(int x[], int n) /*注意函数定义形式,形参是一维数组*/
{
    int i,j,k,t;
    for(i=0;i<n-1;i++)
      {k=i;
        for(j=i+1;j<n;j++)
        if (x[j]>x[k])k=j;
        if(k!=i)
        {t=x[k]; x[k]=x[i]; x[i]=t;}
    }
}

void main()
{
    int i,N,a[m];
    printf("请从键盘输入待排序整数个数 N<=1000:\n");
    scanf("%d",&N);
    int *p=a;
    printf("请输入 N=%d 个待排序整数:\n",N);
    for(i=0;i<N;i++) scanf("%d",&a[i]);
    printf("你输入 N=%d 个待排序整数是:\n",N);
    for(i=0;i<N;i++) printf("%d\t",*p++);/*注意本循环结束时,指针 p 不再指向
                                    数组首地址*/
    printf("\n");
    p=a;    /*设置指针 p 指向首地址*/
    fun7(p, N); /*注意函数申明形式,形参是一维数组*/
    printf("从大到小排序结束后的顺序是:\n");
    for(i=0;i<N;i++) printf("%d\t",*p++);
    printf("\n");
}
```

形参是一维数组,可以用指向数组首地址的指针作为实参。本例也可以用数组名作为实参。

注意定义数组时,a[m]中的 m 是事先给定的常数。

/*第 1 章验证实验 8 指向二维数组的指针作为函数参数

功能:从键盘输入一个 3×4 阶矩阵,转置后在屏幕上显示运行结果*/
```c
#include <stdio.h>
void InputM(int (*a)[4], int n,int m);//形参是指向二维数组的指针变量。
void OutputM1(int (*a)[4],int n,int m);
void OutputM2(int (*b)[3],int n,int m);
void fun8(int (*a)[4], int (*b)[3]);
void main()
{int a[3][4],b[4][3];//a 存放原矩阵,b 存放转置矩阵
printf("请从键盘输入一个 3×4 阶矩阵:\n");
InputM(a,3,4);
printf("你输入的 3×4 阶矩阵是:\n");
OutputM1(a,3,4); //实参是二维数组名
fun8(a,b);
printf("转置矩阵:\n");
OutputM2(b,4,3);
}

void InputM(int (*a)[4], int n,int m)
{
int i,j;
for(i=0;i<n;i++)
for(j=0;j<m;j++)
scanf("%d",*(a+i)+j);
}
void OutputM1(int (*a)[4],int n,int m)
{
int i,j;
for(i=0;i<n;i++)
{ for(j=0;j<m;j++)printf("%d\t",*(*(a+i)+j));
    printf("\n");
}
}
void OutputM2(int (*b)[3],int n,int m)
{
int i,j;
for(i=0;i<n;i++)
{ for(j=0;j<m;j++)printf("%d\t",*(*(b+i)+j));
    printf("\n");
}
}
void fun8(int (*a)[4], int (*b)[3]) //注意函数定义形式,形参是指针变量
{
```

```
    int i,j;
    for(i=0;i<4;i++)
    for(j=0;j<3;j++)
    b[i][j]=a[j][i];
}
#include <stdio.h>
void Exchg2(int &x, int &y)
{
    int tmp=x;
    x=y;
    y=tmp;
    printf("x=%d,y=%d\n",x,y);
}
void main()
{
    int a=4;
    int b=6;
    Exchg2(a,b);
    printf("a=%d,b=%d\n", a, b);
}
```

本例形参是指向二维数组的指针变量，实参是二维数组名。

/* 第 1 章验证实验 9　指向结构体的指针作为函数参数

功能：输入 5 名学生的学号、姓名、三门课程成绩，计算平均成绩。

```
输入的5名学生成绩信息如下
学号     姓名        课程一   课程二   课程三
201401   Lilin       50.0     70.0     90.0
201402   Zhaomei     70.0     80.0     90.0
201403   Liuli       60.0     70.0     80.0
201404   Zhangyan    50.0     70.0     60.0
201405   Sunjing     60.0     80.0     90.0

5名学生平均成绩计算如下
学号     姓名        平均成绩
201401   Lilin       70.0
201402   Zhaomei     80.0
201403   Liuli       70.0
201404   Zhangyan    60.0
201405   Sunjing     76.7
```
*/

```
#include <stdio.h>
struct score
    {   int num;
        char   name[20];
        float sc[3];
};

float average(struct score *st)
{
    int i;
```

```
        float t;
t=0;
        for(i=0;i<3;i++)t+=st->sc[i];//计算三门课成绩的和
t=t/3;                      //计算每个人的平均成绩
return t;
}
void main()
{
        struct score s[5]=
        {
            {201401,"Lilin",{50,70,90}},
            {201402,"Zhaomei",{70,80,90}},
            {201403,"Liuli",{60,70,80}},
            {201404,"Zhangyan",{50,70,60}},
            {201405,"Sunjing",{60,80,90}},
        };
        struct score *p;
        float avg[5];
        int  i ;
        p=s;
        printf("输入的 5 名学生成绩信息如下\n");
        printf("学号\t姓名\t\t课程一\t课程二\t课程三\n");
        for(i=0;i<5;i++)
            printf("%d\t%-18s% .1f\t% .1f\t% .1f\t\n",s[i].num,
            s[i].name,s[i].sc[0],s[i].sc[1],s[i].sc[2]);
        for(i=0;i<5;i++)avg[i]=average(p+i);//形参是指针,实参是地址
        printf("\n");
        printf("5 名学生平均成绩计算如下\n");
        printf("学号\t姓名\t\t平均成绩\n");
        for(i=0;i<5;i++)
            printf("%d\t%-18s%.1f\n",(p+i)->num,
            (p+i)->name,avg[i]);
}
```

本例形参是指向结构体数组的指针变量,实参是结构体数组的地址。

(4) 引用传递。

```
/*第 1 章验证实验 10   引用传递
功能:从键盘输入两个整数 a 和 b,交换 a 和 b 的值,在屏幕上显示运行结果*/
#include <stdio.h>
void fun10(int &px, int &py) /*注意函数定义形参为引用*/
{
    int tmp=px;
```

```
        px=py;
        py=tmp;
        printf("px=%d,py=%d\n",px,py);
    }
    void main()
    {
        int a;
        int b;
        printf("请从键盘输入一个整数 a\n");
        scanf("%d",&a);
        printf("请从键盘输入一个整数 b\n");
        scanf("%d",&b);
        printf("运行 fun10 (a,b) 前 \na=%d,b=%d\n", a, b);
        printf("运行 fun10 (a,b) 后 \n");
        fun10( a,b); /*注意调用形式,实参是变量 a 和 b*/
        printf("a=%d,b=%d\n", a, b);
    }
```

定义引用,形参 px 和 py 分别是 a 和 b 的别名。对 px 和 py 运算其实就是对 a、b 运算。因此,本例的 fun10(a,b)和前面的 fun6(a,b)都能实现交换 a 和 b 的值。

2. 函数值的返回

一个函数只能返回一个值。如果想返回多个函数值,可以通过地址传递的方式实现。也就是说在传递参数时使用地址,可以是变量的地址、数组名、指向变量的指针、指向数组的指针和指向结构体变量的指针。

```
/*第 1 章验证实验 11   函数的返回值为结构体类型
功能:从键盘输入 5 名学生的学号、姓名、三门课程成绩,并显示全部信息*/
#include < stdio.h>
struct score
{    int num;
    char   name[20];
      float sc[3];
};

strut sccore input(int i )
{
    struct score st;
    int j=0;
    printf("请输入第%d个学生的信息\n",j=i+1);
    printf("第%d个学生的学号\n",j=i+1);
    scanf("%d",&st.num);
    printf("第%d个学生的姓名\n",j=i+1);
```

```
        scanf("%s",st.name);
        printf("请输入第%d个学生的课程成绩\n",j=i+1);
        for(i=0;i<3;i++)
        {printf("课程%d\n",j=i+1);
        scanf("%f",&st.sc[i]);
        }
        return st;
    }

    void main()
    {
        struct score s[5];
        struct score *p;
        float avg[5];
        int   i;
        for(i=0;i<5;i++) s[i]=input(i);
        printf("学号\t姓名\t\t课程一\t课程二\t课程三\n");
        for(i=0;i<5;i++)
            printf("%d\t%-18s%.1f\t%.1f\t%.1f\t\n",s[i].num,
            s[i].name,s[i].sc[0],s[i].sc[1],s[i].sc[2]);
    }
```

函数 input(int i)的功能是返回结构体数据的地址。本程序将 5 个结构体数据存到结构体数组 s[5]，最后输出 s[5]中的所有元素。

```
/*第 1 章验证实验 12   函数的返回值为指针值
功能:已知用二维数组存储了 3 名学生的 4 门课程成绩。从键盘输入某个学生的序号,程序输出该学生的 4 门课程成绩*/
#include <stdio.h>
float *search(float(*pointer)[4],int n)
{float *pt;
pt=*(pointer+n);     //pt 指向 score 数组的第 n 行
return(pt);
}
main()
{
    float score[][4]={{65,67,70,60},{80,87,90,81},{90,99,100,98}};
    float *p;
    int   i,m;
    printf("请输入需要查找的学生(0,1,2)序号\n");
    scanf("%d",&m);
    printf("NO.%d学生成绩是\n");
    p=search(score,m);//第 m 个学生第 0 门课程地址赋给指针变量 p
```

```
       printf("序号\t 课程一\t 课程二\t 课程三\t 课程四\n");
       printf("%d\t",m);
       for(i=0;i<4;i++)printf("% .1f\t",* (p+i));
       printf("\n");
}
```

本例中函数 search( )返回的是浮点型实数的指针变量的值,也就是二维数组每一行 0 号单元的地址。

1.1.2 动态存储分配

C 语言中不允许动态定义数组类型的长度。前面程序中数组的长度是预先定义好的,在整个程序中固定不变。在实际编程中,一般不能预先确定数据所需内存空间的大小。利用 C 语言的内存管理函数,可以根据实际需要动态地分配内存空间或回收释放空闲空间,合理有效地利用内存资源。

```
/*第 1 章验证实验 13   动态存储分配
功能:从键盘输入两个集合 La 和 Lb,将所有在线性表 Lb 中但不在 La 中的数据元素插入到 La 中*/
#include<malloc.h>/*malloc()等内存管理函数*/
#include<stdio.h>/*EOF(=^Z 或 F6),NULL*/
#include<process.h>/*exit( )*/
#include<math.h>
#define TRUE 1
#define FALSE 0
#define OK 1
#define ERROR 0
#define INFEASIBLE -1
typedef int Boolean; /*Boolean 是布尔类型,其值是 TRUE 或 FALSE*/
typedef int ElemType;
#define LIST_INIT_SIZE 10 /*线性表存储空间的初始分配量*/
#define LISTINCREMENT 2 /*线性表存储空间的分配增量*/
typedef struct
{
  ElemType * elem; /*存储空间基址*/
  int length; /*当前长度*/
  int listsize; /*当前分配的存储容量(以 sizeof(ElemType)为单位)*/
}SqList;
/*采用线性表的动态分配顺序存储结构*/
int InitList(SqList *L)
{ /*操作结果:构造一个空的顺序线性表*/
  (*L).elem=(ElemType*)malloc(LIST_INIT_SIZE*sizeof(ElemType));
  //分配 10 个 int 型存储单元,存储空间基址赋给结构体的 elem 单元。可以理解为定义了
     数组 elem。
```

```c
    if(!(*L).elem)
      exit(OVERFLOW); /*存储分配失败*/
    (*L).length=0; /*空表长度为0*/
    (*L).listsize=LIST_INIT_SIZE; /*初始存储容量*/
    return OK;
}
int ListLength(SqList L)
{/*初始条件:顺序线性表L已存在。操作结果:返回L中数据元素个数*/
    return L.length;
}

int GetElem(SqList L,int i,ElemType *e)
{ /*初始条件:顺序线性表L已存在,1≤i≤ListLength(L)*/
  /*操作结果:用e返回L中第i个数据元素的值*/
    if(i<1||i> L.length)
      exit(ERROR);
    *e=*(L.elem+i-1);
    return OK;
}
int LocateElem(SqList L,ElemType e,int(*compare)(ElemType,ElemType))
{/*初始条件:顺序线性表L已存在,compare()是数据元素判定函数(满足为1,否则为0)*/
  /*操作结果:返回L中第1个与e满足关系compare()的数据元素的位序*/
  /*若这样的数据元素不存在,则返回值为0*/
    ElemType *p;
    int i=1; /*i的初值为第1个元素的位序*/
    p=L.elem; /*p的初值为第1个元素的存储位置*/
    while(i<=L.length&&!compare(*p++,e))
      ++i;
    if(i<=L.length)
      return i;
    else
      return 0;
}
int ListInsert(SqList *L,int i,ElemType e)
{ /*初始条件:顺序线性表L已存在,1≤i≤ListLength(L)+1*/
  /*操作结果:在L中第i个位置之前插入新的数据元素e,L的长度加1*/
    ElemType *newbase,*q,*p;
    if(i<1||i> (*L).length+1) /*i值不合法*/
      return ERROR;
    if((*L).length>=(*L).listsize) /*当前存储空间已满,增加分配*/
    {
      newbase=(ElemType*)realloc((*L).elem,((*L).listsize+
```

```c
              LISTINCREMENT)*sizeof(ElemType));
    if(!newbase) exit(OVERFLOW); /*存储分配失败*/
    (*L).elem=newbase; /*新基址*/
    (*L).listsize+=LISTINCREMENT; /*增加存储容量*/
  }
  q=(*L).elem+i-1; /*q为插入位置*/
  for(p=(*L).elem+(*L).length-1;p>=q;--p) /*插入位置及之后的元素右移*/
    *(p+1)=*p;
  *q=e; /*插入e*/
  ++(*L).length; /*表长增1*/
  return OK;
}
int ListTraverse(SqList L,void(*vi)(ElemType*))
{ /*初始条件:顺序线性表L已存在*/
  /*操作结果:依次对L的每个数据元素调用函数vi()。一旦vi()失败,则操作失败*/
  /*vi()的形参加'&',表明可通过调用vi()改变元素的值*/
  ElemType *p;
  int i;
  p=L.elem;
  for(i=1;i<=L.length;i++)
    vi(p++);
  printf("\n");
  return OK;
}
int equal(ElemType c1,ElemType c2)
{ /*判断是否相等的函数,Union()用到*/
  if(c1==c2)
    return TRUE;
  else
    return FALSE;
}
void Union(SqList *La,SqList Lb)
{ /*将所有在线性表Lb中但不在La中的数据元素插入到La中*/
  ElemType e;
  int La_len,Lb_len;
  int i;
  La_len=ListLength(*La); /*La中的元素个数*/
  Lb_len=ListLength(Lb);
  for(i=1;i<=Lb_len;i++)
  {
    GetElem(Lb,i,&e); /*取Lb中第i个数据元素赋给e*/
    if(!LocateElem(*La,e,equal)) /*La中不存在和e相同的元素,则插入之*/
```

```
        ListInsert(La,++La_len,e);
    }
}
void print(ElemType *c)
{
    printf("%d ",*c);
}

void main()
{
    SqList La,Lb;
    int i;
    int j;
    i=InitList(&La);
    if(i==1) /*创建空表 La 成功*/
      for(j=1;j<=5;j++) /*在表 La 中插入 5 个元素*/
        i=ListInsert(&La,j,j);
    printf("La="); /*输出表 La 的内容*/
    ListTraverse(La,print);//对 La 中的每个元素,调用函数 print,显示 La 中的所有元素
    InitList(&Lb);
    for(j=1;j<=5;j++) /*在表 Lb 中插入 5 个元素*/
      i=ListInsert(&Lb,j,2*j);
    printf("Lb="); /*输出表 Lb 的内容*/
    ListTraverse(Lb,print);
    Union(&La,Lb);
    printf("new La="); /*输出新表 La 的内容*/
    ListTraverse(La,print);
}
```

常用的内存管理函数有以下几个。

1) 分配内存空间函数 malloc

调用形式:

(类型说明符*)malloc(size)

功能:在内存的动态存储区中分配一块长度为 size 字节的连续区域。函数的返回值为该区域的首地址。

"类型说明符"表示把该区域用于何种数据类型。

(类型说明符 *)表示把返回值强制转换为该类型指针。

size 是一个无符号数。

例如:

pc=(char *)malloc(100);

表示分配 100 字节的内存空间,并强制转换为字符数组类型,函数的返回值为指向该

字符数组的指针,把该指针赋予指针变量 pc。

2）分配内存空间函数 realloc

原型:`extern void *realloc(void * mem_address, unsigned int newsize);`

用法:#include <stdlib.h> 有些编译器需要 #include <alloc.h>。

功能:改变 mem_address 所指内存区域的大小为 newsize 长度。

说明:如果重新分配成功则返回指向被分配内存的指针,否则返回空指针 NULL。当内存不再使用时,应使用 free()函数将内存块释放。注意:这里原始内存中的数据还是保持不变的。

3）分配内存空间函数 calloc

calloc 也用于分配内存空间。调用形式:

  `(类型说明符*)calloc(n,size)`

功能:在内存动态存储区中分配 n 块长度为 size 字节的连续区域。函数的返回值为该区域的首地址。

(类型说明符 *)用于强制类型转换。

calloc 函数与 malloc 函数的区别仅在于一次可以分配 n 块区域。

例如:

  `ps=(struct stu* )calloc(2,sizeof(struct stu));`

其中的 sizeof(struct stu)是求 stu 的结构长度。因此该语句的意思是:按 stu 的长度分配两块连续区域,强制转换为 stu 类型,并把其首地址赋予指针变量 ps。

4）释放内存空间函数 free

调用形式:

  `free(void* ptr);`

功能:释放 ptr 所指向的一块内存空间,ptr 是一个任意类型的指针变量,它指向被释放区域的首地址。被释放区应是由 malloc 或 calloc 函数所分配的区域。

1.2 拓展训练

1. 改写第 1 章验证实验 13。程序功能:从键盘输入两个集合 La、Lb,求并集和交集。
2. 编写程序,实现如下功能:
（1）输入班级学生人数 n;
（2）输入每个学生的信息(学号、姓名、性别、三门课程成绩),组成结构数组;
（3）输入某学生姓名,显示该学生的信息;
（4）计算全班每名学生的平均成绩,并显示;
（5）统计男、女生人数;
（6）计算全班课程一的平均成绩,显示课程一低于平均成绩的学生信息。
3. 0-1 背包问题。

输入:n 个物品重量为 w_1、w_2,…,w_n,对应价值 v_1、v_2,…,v_n,背包容量为 C。

输出:装入背包的物品编号。

第2章 线性表

2.1 线性表的顺序表示和实现

实验目的：理解顺序表的逻辑结构和存储结构，熟练掌握顺序表的相关操作。

1．问题描述

顺序表是指采用顺序存储结构的线性表，它利用内存中的一片起始位置确定的连续存储区域来存放表中的所有元素。可以根据需要对表中的任何数据元素进行访问，元素的插入、删除可以在表中的任何位置进行。

2．数据结构设计

由于 C 语言中一维数组（向量）也是采用顺序存储表示，因此顺序表可用一维数组来描述。用指针变量 elem 指向存储空间基址，顺序表的长度（线性表中元素的数目）可用一个整型变量 length 来表示，动态分配的存储容量用一个整型变量 listsize 来表示。元素类型假定为 ElemType（ElemType 可以是任何相应的数据类型，如 int、char 等）。elem、length、listsize 组成结构体。具体定义如下。

```
/*顺序表的存储结构*/
#define LIST_INIT_SIZE 10 /*线性表存储空间的初始分配量*/
#define LISTINCREMENT 2 /*线性表存储空间的分配增量*/
typedef struct
{
  ElemType *elem; /*该指针变量将设置为指向存储空间基址*/
  int length; /*当前长度*/
  int listsize; /*当前分配的存储容量(以 sizeof(ElemType)为单位)*/
}SqList;
```

3．功能（函数）设计

本实验中顺序表的基本操作函数有 12 个，这里仅说明初始化、元素查找、插入元素、删除元素等主要函数。

```
InitList(SqList *L)
```
操作结果：构造一个空的顺序表，空表长度 length 为 0，初始存储容量 listsize 为 10。
```
GetElem(SqList L,int i,ElemType *e)
```

初始条件:顺序线性表 L 已存在,1≤i≤ListLength(L)。
操作结果:用 e 返回 L 中第 i 个数据元素的值。
`LocateElem(SqList L,ElemType e,Status(*compare)(ElemType,ElemType))`
初始条件:顺序线性表 L 已存在,compare 是数据元素判定函数(满足为 1,否则为 0)
操作结果:返回 L 中第 1 个与 e 满足关系 compare 的数据元素的位序。若这样的数据元素不存在,则返回值为 0。

本次实验中,函数 compare 分别用 equal(c1,c2)(c1==c2)和 comp(c1,c2)(c1==c2*c2)替代。
`ListInsert(SqList *L,int i,ElemType e)`
初始条件:顺序线性表 L 已存在,1≤i≤ListLength(L)+1。
操作结果:在 L 中第 i 个位置之前插入新的数据元素 e,L 的长度加 1。
`ListDelete(SqList *L,int i,ElemType *e)`
初始条件:顺序线性表 L 已存在,1≤i≤ListLength(L);
操作结果:删除 L 的第 i 个数据元素,并用 e 返回其值,L 的长度减 1。
`ListTraverse(SqList L,void(*vi)(ElemType*))`
初始条件:顺序线性表 L 已存在。
操作结果:依次对 L 的每个数据元素调用函数 vi()。一旦 vi()失败,则操作失败 vi()的形参加' &',表明可通过调用 vi()改变元素的值。

本次试验 vi( )函数用 visit 函数代替得到 ListTraverse(L,visit),功能是显示顺序表 L 中的元素。

4. 界面设计

用菜单列出如下功能,操作步骤提示清晰,操作结果显示整齐。
  1-新建顺序表
  2-显示顺序表中的元素
  3-在顺序表中查找元素 X
  4-在顺序表中查找 X 的平方
  5-获取顺序表中第 i 个元素
  6-向顺序表插入一个元素
  7-从顺序表中删除一个元素
  0-退出。

5. 编码实现

1) 程序预处理

```
/*c1.h (程序需要的头文件)*/
#include<malloc.h>  /*malloc()等*/
#include<stdio.h>   /*EOF(=^Z 或 F6),NULL*/
#include<process.h> /*exit()*/
```

```
/*函数结果状态返回代码*/
#define TRUE 1
#define FALSE 0
#define OK 1
#define ERROR 0
#define INFEASIBLE -1
#define OVERFLOW -2
typedef int Status; /*Status是函数的类型,其值是函数结果状态代码,如OK等*/
typedef int Boolean; /*Boolean是布尔类型,其值是TRUE或FALSE*/
typedef int ElemType;
```

2) 定义数据结构

```
/*顺序表的存储结构*/
#define LIST_INIT_SIZE 10 /*线性表存储空间的初始分配量*/
#define LISTINCREMENT 2 /*线性表存储空间的分配增量*/
typedef struct
{
  ElemType *elem; /*存储空间基址*/
  int length; /*当前长度*/
  int listsize; /*当前分配的存储容量(以sizeof(ElemType)为单位)*/
}SqList;
```

3) 常用的顺序表操作函数

```
Status InitList(SqList *L)
{/*操作结果:构造一个空的顺序表*/
  (*L).elem=(ElemType* )malloc(LIST_INIT_SIZE* sizeof(ElemType));
  if(!(*L).elem)
    exit(OVERFLOW); /*存储分配失败*/
  (*L).length=0; /*空表长度为0*/
  (*L).listsize=LIST_INIT_SIZE; /*初始存储容量*/
  return OK;
}
Status DestroyList(SqList *L)
{/*初始条件:顺序线性表L已存在。操作结果:销毁顺序线性表L*/
  free((*L).elem);
  (*L).elem=NULL;
  (*L).length=0;
  (*L).listsize=0;
  return OK;
}
Status ClearList(SqList *L)
{/*初始条件:顺序线性表L已存在。操作结果:将L重置为空表*/
  (*L).length=0;
```

```
    return OK;
}
Status ListEmpty(SqList L)
{/*初始条件:顺序线性表L已存在。操作结果:若L为空表,则返回TRUE,否则返回FALSE*/
    if(L.length==0 )return TRUE;
    else  return FALSE;
}
int ListLength(SqList L)
{/*初始条件:顺序线性表L已存在。操作结果:返回L中数据元素个数*/
    return L.length;
}
Status GetElem(SqList L,int i,ElemType *e)
{/*初始条件:顺序线性表L已存在,1≤i≤ListLength(L)*/
 /*操作结果:用e返回L中第i个数据元素的值*/
    if(i<1||i> L.length)
       exit(ERROR);
    *e=*(L.elem+i- 1);//也可用*e=L.elem[i-1];
    return OK;
}
int LocateElem(SqList L,ElemType e,Status(*compare)(ElemType,ElemType))
{/*初始条件:顺序线性表L已存在,compare()是数据元素判定函数(满足为1,否则为0)*/
 /*操作结果:返回L中第1个与e满足关系compare()的数据元素的位序*/
 /*若这样的数据元素不存在,则返回值为0*/
    ElemType *p;
    int i=1; /*i的初值为第1个元素的位序*/
    p=L.elem; /*p的初值为第1个元素的存储位置*/
    while(i<=L.length&&!compare(* p++,e))  ++i;
    if(i<=L.length) return i;
    else return 0;
}
Status PriorElem(SqList L,ElemType cur_e,ElemType *pre_e)
{/*初始条件:顺序线性表L已存在*/
 /*操作结果:若cur_e是L的数据元素,且不是第一个,则用pre_e返回它的前驱,否则操作
   失败,pre_e无定义*/
    int i=2;
    ElemType *p=L.elem+1;
    while(i<=L.length&&*p!=cur_e)
    {
       p++;
       i++;
    }
    if(i> L.length)
```

```c
    return INFEASIBLE;
  else
  {*pre_e=*--p; return OK;}
}
Status NextElem(SqList L,ElemType cur_e,ElemType *next_e)
{/*初始条件:顺序线性表 L 已存在*/
  /*操作结果:若 cur_e 是 L 的数据元素,且不是最后一个,则用 next_e 返回它的后继,否则
    操作失败,next_e 无定义*/
  int i=1;
  ElemType * p=L.elem;
  while(i<L.length&&*p!=cur_e)
  {i++;p++;}
  if(i==L.length) return INFEASIBLE;
  else
  {*next_e=*++p;
    return OK;
  }
}
Status ListInsert(SqList *L,int i,ElemType e)
{/*初始条件:顺序线性表 L 已存在,1≤i≤ListLength(L)+1*/
  /*操作结果:在 L 中第 i 个位置之前插入新的数据元素 e,L 的长度加 1*/
  ElemType * newbase,*q,*p;
  if(i<1||i>(*L).length+1)
  { return ERROR;}
  if((*L).length>=(*L).listsize) /*当前存储空间已满,增加分配*/
  { newbase=(ElemType * )realloc((*L).elem,((*L).listsize+LISTINCREMENT)*
    sizeof(ElemType));
    if(!newbase)
      exit(OVERFLOW); /*存储分配失败*/
    (*L).elem=newbase; /*新基址*/
    (*L).listsize+=LISTINCREMENT; /*增加存储容量*/
  }
  q=(*L).elem+i-1; /*q 为插入位置*/
  for(p=(*L).elem+(*L).length-1;p>=q;--p) /*插入位置及之后的元素右移*/
    *(p+1)=*p;
  *q=e; /*插入 e*/
  ++(*L).length; /*表长增 1*/
  return OK;
}
void CreatSqlist(SqList &L,int n)
{   //表尾插入法建立一个顺序存储的线性表
  int i,e;
```

```c
    for(i=1;i<=n;i++){scanf("%d",&e); ListInsert(&L,i, e); }
}
Status ListDelete(SqList *L,int i,ElemType * e)
{/*初始条件:顺序线性表 L 已存在,1≤i≤ListLength(L)*/
    /*操作结果:删除 L 的第 i 个数据元素,并用 e 返回其值,L 的长度减 1*/
    ElemType *p,*q;
    if(i<1||i> (*L).length+1)   return ERROR;
    p=(*L).elem+i-1; /*p 为被删除元素的位置*/
    *e=*p; /*被删除元素的值赋给 e*/
    q=(*L).elem+ (*L).length-1; /*表尾元素的位置*/
    for(++p;p<=q;++p)   *(p-1)=*p;/*被删除元素之后的元素前移*/
    (*L).length--; /*表长减 1*/
    return OK;
}
```

4) 显示函数

```c
Status ListTraverse(SqList L,void(*vi)(ElemType*))
{/*初始条件:顺序线性表 L 已存在*/
    /*操作结果:依次对 L 的每个数据元素调用函数 vi()。一旦 vi()失败,则操作失败,vi()
    的形参加'&',表明可通过调用 vi()改变元素的值*/
    ElemType *p;
    int i;
    p=L.elem;
    for(i=1;i<=L.length;i++)
      vi(p++);
    printf("\n");
    return OK;
}
void visit(ElemType *c) /*ListTraverse()调用的函数(类型要一致)*/
{
    printf("%d ",*c);
}
```

5) 元素之间关系判定函数

```c
Status comp(ElemType c1,ElemType c2) /*数据元素判定函数(平方关系)*/
{
    if(c1==c2*c2)
      return TRUE;
    else
      return FALSE;
}
int equal(ElemType c1,ElemType c2)
{/*判断是否相等的函数*/
```

```
    if(c1==c2)
      return TRUE;
    else
      return FALSE;
}
```

6) 菜单函数

```
void menu()
{
    int i;
    for (i=0;i<10;i++)  printf(" "); for (i=0;i<16;i++)  printf("* ");
        printf("\n");
    for(i=0;i<10;i++)  printf(" "); printf("* ");printf("1-新建顺序表 ");
    for(i=0;i<12;i++)  printf(" ");printf("*");printf("\n");
    for(i=0;i<10;i++)  printf(" "); printf("*    "); printf("2-显示顺序表中
        的元素");
    for(i=0;i<5;i++)  printf(" ");printf("*"); printf("\n");
    for(i=0;i<10;i++)  printf(" "); printf("*    "); printf("3-在顺序表中查
        找元素 X");
    for(i=0;i<4;i++)  printf(" ");printf("*"); printf("\n");
    for(i=0;i<10;i++)  printf(" "); printf("*    "); printf("4-在顺序表中查
        找 X 的平方");
    for(i=0;i<2;i++)  printf(" ");printf("*");printf("\n");
    for(i=0;i<10;i++)  printf(" "); printf("*    "); printf("5-获取顺序表中
        第 i 个元素");
    for(i=0;i<2;i++)  printf(" ");printf("*");printf("\n");
    for(i=0;i<10;i++)  printf(" "); printf("*    "); printf("6-向顺序表插入
        一个元素");
    for(i=0;i<3;i++)  printf(" ");printf("*");printf("\n");
    for(i=0;i<10;i++)  printf(" "); printf("*    "); printf("7-从顺序表中删
        除一个元素");
    for(i=0;i<1;i++)  printf(" ");printf("*");printf("\n");
    for(i=0;i<10;i++)  printf(" "); printf("*    "); printf("0-退出");
    for(i=0;i<7;i++)  printf(" ");printf("*");printf("\n");
    for (i=0;i<10;i++)  printf(" "); for (i=0;i<16;i++)  printf("* ");
        printf("\n");
}
```

7) 主函数

```
void main()
{
  SqList L; ElemType e;
  Status i; int k,m,n,x;
```

```c
i=InitList(&L);
menu();
while (k)
{printf("请选择 0--7 :      ");
  scanf("%d",&m);  getchar();
  switch (m)
  {case 0:return;
    case 1:{
         if( L.length!=0)
            {printf("已经存在一个顺序表,本程序不能同时新建多个顺序表\n");
             ListTraverse(L, visit);
              printf ("表长 L.length=%d,分配存储单元 L.listsize=%d\n",L.
                 length,L.listsize);
             printf("\n");
             break;}
         else printf("请输入顺序表元素的个数:\n");
         scanf("%d",&n);
         printf("输入%d个元素值,构建顺序表:\n ",n);
         CreatSqlist(L, n); //建立长度为 n 的顺序表 1
         printf("你当前新建的顺序表的元素是\n");
         ListTraverse(L, visit);
         printf("表长 L.length=%d,分配存储单元 L.listsize=%d\n",L.length,
             L.listsize);
         break;}
    case 2:printf("当前存在一个顺序表,元素是\n");
         ListTraverse(L, visit);
          printf ("表长 L.length=%d\n 分配存储单元 L.listsize=%d\n",L.
             length,L.listsize);
         printf("\n");
         break;
    case 3:{printf("请输入要查找的元素值:");
         scanf("%d",&x);
         k=LocateElem(L,x,equal);
         if(k) printf("第一个%d的位置:%d\n",x,k);
         else printf("没有值为%d的元素\n",x);
         printf("\n");
         break;}
    case 4:{printf("请输入要查找的元素值:");
         scanf("%d",&x);
         k=LocateElem(L,x,comp);
         if(k) printf("第一个等于%d的平方的元素位置:%d\n",x,k);
         else   printf("没有值为%d的平方的元素\n",x);
```

```
                    printf("\n");
                    break;}
        case 5:{printf("请输入要取出的元素的序号:");
                scanf("%d",&i);
                while(i<1||i> L.length)
              { printf ("序号%d 不合法,请重新输入 0<i<=%d\n",i,L.length); scanf
                    ("%d",&i); }
                GetElem(L,i,&e);
                printf("取出的第 %d 个元素为:%d\n",i,e); break;}
        case 6:{printf("输入要插入元素的位置:");
                scanf("%d",&i);
                   while(i<1||i> L.length)
                 { printf ("序号%d 不合法,请重新输入 0<i<=%d\n",i,L.length);
                         scanf("%d",&i); }
                printf("输入要插入的元素值:");
                scanf("%d",&x);
                ListInsert(&L,i, x);
                printf("目前顺序表中的元素是\n");
                ListTraverse(L, visit);
                printf("\n"); break;}
        case 7:{printf("输入要删除元素的位置:  ");
                scanf("%d",&i);
                while(i<1||i> L.length)
              { printf ("序号%d 不合法,请重新输入 0<i<=%d\n",i,L.length); scanf
                    ("%d",&i);}
                ListDelete(&L,i,&e);
                printf("删除的元素值为:%d\n",e);
                printf("目前顺序表中的元素是\n");
                ListTraverse(L, visit); break;}
        default :return;}
    printf("继续运行吗 Y(1)/N(0):  ");
    scanf("%d",&k);
    if(!k) return;
  menu();}
}
```

6．运行测试

建立顺序表,输入相关数据,测试各功能函数,并将运行效果截图。

7．上机训练题

在本次实验编写程序的基础上添加如下功能。

(1) 将顺序表中元素逆序排列,成为新的顺序表。

(2) 设计一个算法,用尽可能少的辅助空间将顺序表的前 m 个元素与后 n 个元素进行整体互换,即(a1,a2,…,am,b1,b2,…,bn)变为(b1,b2,…,bn ,a1,a2,…,am)。

(3) 统计顺序表中元素的出现次数,并删除重复出现元素。例如,(1,1,2,2,2,3,4,4)中 1 出现 2 次,2 出现 3 次,3 出现 1 次,4 出现 2 次,删除重复出现元素后变为(1,2,3,4)。

(4) 求集合 A 与 B 的交集、并集、差集、对称差。

(5) (Josephus 环问题)设编号为 1、2、…、n 的 n 个人围坐一圈,约定编号为 s(1≤s≤n)的人从 1 开始报数,数到 m 的那个人出列,它的下一位又从 1 开始报数,数到 m 的那个人又出列,以此类推,直到所有的人出列,编程产生一个出列编号的序列。

8. 实验小结

小结本次实验过程中出现的错误、面临的困难、这些错误和困难的解决方案,以及今后需要努力的方向。

2.2 线性表的链式表示和实现

实验目的:理解链表的逻辑结构和存储结构,熟练掌握链表的相关操作。

1. 问题描述

链表是用一组任意的存储单元来依次存储线性表中的各个数据元素,这些存储单元可以是连续的,也可以是不连续的。用链式存储结构表示线性表的一个元素时至少要有两部分信息:一是这个数据元素的值,二是这个数据元素后继的存储地址。这两部分信息一起组成了链表的一个节点。数据域用来存放数据元素的值;指针域(又称链域)用来存放该数据元素的直接后继节点的地址。链表正是通过每个节点的指针域将线性表的 n 个节点按其逻辑次序链接成为一个整体。通常用箭头表示链域中的指针,于是单链表就可以直观地画成用箭头链接起来的节点序列,单链表中每个节点的存储地址存放在其直接前驱的指针域中,因此访问单链表的每一个节点必须从表头指针开始进行。对单链表的操作主要有:建立单链表、查找(按序号查找、按值查找)、插入一个节点、删除一个节点、求表长等。

2. 数据结构设计

单链表每个节点分为数据域 data 和指针域 next。数据元素类型假定为 ElemType (ElemType 可以是任何相应的数据类型,如 int、char 等)。data、next 组成结构体。具体定义如下。

```
/*线性表的单链表存储结构*/
struct LNode
{
    ElemType data;
```

```
    struct LNode *next;
};
typedef struct LNode *LinkList; /*另一种定义 LinkList 的方法*/
```

3. 功能（函数）设计

本实验中顺序表的基本操作函数有 12 个，这里仅说明初始化、元素查找、插入元素、删除元素等主要函数。

`InitList(LinkList *L)`

操作结果：构造一个带头节点的空链表，头节点的指针域为空。

`GetElem(LinkList L,int i,ElemType *e)`

初始条件：L 为带头节点的单链表的头指针，1≤i≤ListLength(L)。

操作结果：用 e 返回 L 中第 i 个数据元素的值。

`LocateElem(LinkList L,ElemType e,Status (*compare)(ElemType,ElemType))`

初始条件：单链表 L 已存在，compare()是数据元素判定函数（满足为 1，否则为 0）。

操作结果：返回 L 中第 1 个与 e 满足关系 compare()的数据元素的位序。若这样的数据元素不存在，则返回值为 0。

本次实验中，函数 compare()分别用 equal(c1,c2)（c1==c2）和 comp(c1,c2)（c1==c2*c2）代替。

`ListInsert(LinkList *L,int i,ElemType e)`

初始条件：单链表 L 已存在，1≤i≤ListLength(L)+1。

操作结果：在 L 中第 i 个位置之前插入新的数据元素 e。

`ListDelete(LinkList *L,int i,ElemType *e)`

初始条件：单链表 L 已存在，1≤i≤ListLength(L)。

操作结果：删除 L 的第 i 个数据元素，并用 e 返回其值。

`ListTraverse(LinkList L,void (*vi)(ElemType*))`

初始条件：单链表 L 已存在。

操作结果：依次对 L 的每个数据元素调用函数 vi()。一旦 vi()失败，则操作失败。vi()的形参加'&'，表明可通过调用 vi()改变元素的值。

本实验函数 vi()用函数 visit 代替得到 ListTraverse(L,visit)，功能是显示顺序表 L 中的元素。

4. 界面设计

用菜单列出如下功能，操作步骤提示清晰，操作结果显示整齐。

    1-新建链表

    2-显示链表中的元素

    3-在链表中查找元素

    4-在链表中查找 X 的平方

    5-获取链表中第 i 个元素

6-向链表插入一个元素
7-从链表中删除一个元素
0-退出

5. 编码实现

1) 程序预处理

```
/*程序需要的头文件*/
#include<malloc.h>  /*malloc()等*/
#include<stdio.h>   /*EOF(=^Z 或 F6),NULL*/
#include<process.h> /*exit()*/
/*函数结果状态返回代码*/
#define TRUE 1
#define FALSE 0
#define OK 1
#define ERROR 0
#define INFEASIBLE -1
#define OVERFLOW -2
typedef int Status; /*Status是函数的类型,其值是函数结果状态代码,如OK等*/
typedef int Boolean; /*Boolean是布尔类型,其值是TRUE或FALSE*/
typedef int ElemType;
```

2) 定义数据结构

```
/*线性表的单链表存储结构*/
struct LNode
{
  ElemType data;
  struct LNode *next;
};
typedef struct LNode *LinkList; /*另一种定义LinkList的方法*/
```

3) 常用的单链表操作函数

```
Status InitList(LinkList *L)
{/*操作结果:构造一个空的线性表L*/
  *L=(LinkList)malloc(sizeof(struct LNode)); /*产生头节点,并使L指向此头节点*/
  if(!*L) /*存储分配失败*/
    exit(OVERFLOW);
  (*L)->next=NULL; /*指针域为空*/
  return OK;
}
Status DestroyList(LinkList *L)
{/*初始条件:线性表L已存在。操作结果:销毁线性表L*/
  LinkList q;
```

```
    while(*L)
    { q=(*L)->next; free(*L);   *L=q; }
    return OK;
}
Status ClearList(LinkList L) /*不改变L*/
{/*初始条件:线性表L已存在。操作结果:将L重置为空表*/
    LinkList p,q;
    p=L->next; /*p指向第一个节点*/
    while(p) /*没到表尾*/
    {q=p->next; free(p); p=q; }
    L->next=NULL; /*头节点指针域为空*/
    return OK;
}
Status ListEmpty(LinkList L)
{/*初始条件:线性表L已存在。操作结果:若L为空表,则返回TRUE,否则返回FALSE*/
    if(L->next) return FALSE; /*非空*/
    else return TRUE;
}
int ListLength(LinkList L)
{/*初始条件:线性表L已存在。操作结果:返回L中数据元素个数*/
    int i=0;
    LinkList p=L->next; /*p指向第一个节点*/
    while(p) /*没到表尾*/
    { i++; p=p->next; }
    return i;
}
Status GetElem(LinkList L,int i,ElemType * e)
{/*L为带头节点的单链表的头指针。当第i个元素存在时,其值赋给e并返回OK,否则返回
    ERROR*/
    int j=1; /*j为计数器*/
    LinkList p=L->next; /*p指向第一个节点*/
    while(p&&j<i) /*顺指针向后查找,直到p指向第i个元素或p为空*/
    {p=p->next; j++; }
    if(!p||j>i) return ERROR; /*第i个元素不存在*/
    *e=p->data; /*取第i个元素*/
    return OK;
}
int LocateElem(LinkList L,ElemType e,Status(* compare)(ElemType,ElemType))
{/*初始条件:线性表L已存在,compare()是数据元素判定函数(满足为1,否则为0)*/
    /*操作结果:返回L中第1个与e满足关系compare()的数据元素的位序。若这样的数据
        元素不存在,则返回值为0*/
    int i=0;
```

```c
    LinkList p=L->next;
    while(p)
    {i++;
        if(compare(p->data,e)) return i; /*找到这样的数据元素*/
        p=p->next;
    }
    return 0;
}
Status PriorElem(LinkList L,ElemType cur_e,ElemType * pre_e)
{/*初始条件:线性表 L 已存在*/
    /*操作结果:若 cur_e 是 L 的数据元素,且不是第一个,则用 pre_e 返回它的前驱,返回 OK;
        否则操作失败,pre_e 无定义,返回 INFEASIBLE*/
    LinkList q,p=L->next; /*p 指向第一个节点*/
    while(p->next) /*p 所指节点有后继*/
    {q=p->next; /*q 为 p 的后继*/
        if(q->data==cur_e)   { *pre_e=p->data; return OK; }
        p=q; /*p 向后移*/
    }
    return INFEASIBLE;
}
Status NextElem(LinkList L,ElemType cur_e,ElemType *next_e)
{/*初始条件:线性表 L 已存在*/
    /*操作结果:若 cur_e 是 L 的数据元素,且不是最后一个,则用 next_e 返回它的后继,返回
        OK;否则操作失败,next_e 无定义,返回 INFEASIBLE*/
    LinkList p=L->next; /*p 指向第一个节点*/
    while(p->next) /*p 所指节点有后继*/
    {if(p->data==cur_e)
        {*next_e=p->next->data; return OK;}
        p=p->next;
    }
    return INFEASIBLE;
}
Status ListInsert(LinkList L,int i,ElemType e)
{/*在带头节点的单链线性表 L 中第 i 个位置之前插入元素 e*/
    int j=0;
    LinkList p=L,s;
    while(p&&j<i-1) /*寻找第 i-1 个节点*/
    {p=p->next; j++;}
    if(!p||j>i-1) return ERROR; /*i 小于 1 或者大于表长*/
    s=(LinkList)malloc(sizeof(struct LNode)); /*生成新节点*/
    s->data=e;   s->next=p->next; p->next=s; /*插入 L 中*/
    return OK;
```

```
}
void Creatlist(LinkList L,int n)
{   //表尾插入法建立一个顺序存储的线性表
int i,e;
for(i=1;i<=n;i++){scanf("%d",&e); ListInsert(L,i,e); }
}
Status ListDelete(LinkList L,int i,ElemType *e)
{/*从带头节点的单链线性表L中删除第i个元素,并由e返回其值*/
    int j=0;
    LinkList p=L,q;
    while(p->next&&j<i- 1) /*寻找第i个节点,并令p指向其前趋*/
    { p=p->next;   j++; }
    if(! p->next||j>i-1) return ERROR; /*删除位置不合理*/
    q=p->next; p->next=q->next; * e=q->data; free(q); /*删除并释放节点*/
    return OK;
}
```

4) 显示函数

```
Status ListTraverse(LinkList L,void(* vi)(ElemType))
/*vi 的形参类型为 ElemType*/
{/*初始条件:线性表L已存在*/
    /*操作结果:依次对L的每个数据元素调用函数vi()。一旦vi()失败,则操作失败*/
    LinkList p=L->next;
    while(p)
    { vi(p->data);p=p->next;}
    printf("\n");
    return OK;
}
void visit(ElemType c)
{printf("%d ",c); }
```

5) 元素之间关系判定函数

```
Status comp(ElemType c1,ElemType c2)  /*数据元素判定函数(平方关系)*/
{
    if(c1==c2* c2) return TRUE;
    else return FALSE;
}
int equal(ElemType c1,ElemType c2)
{ /*判断是否相等的函数*/
    if(c1==c2) return TRUE;
    else return FALSE;
}
```

6) 菜单函数

```
void menu()
{int i;
for(i=0;i<10;i++)  printf(" "); for(i=0;i<15;i++)   printf("* ");printf("\n");
for(i=0;i<10;i++) printf(" "); printf("*        ");printf("1-新建链表 ");
for(i=0;i<12;i++)  printf(" ");printf("*");printf("\n");
for(i=0;i<10;i++)  printf(" "); printf("*        "); printf("2-显示链表中的元素");
for(i=0;i<5;i++)    printf(" ");printf("*"); printf("\n");
for(i=0;i<10;i++)   printf(" "); printf("*        "); printf("3-在链表中查找元素");
for(i=0;i<5;i++)    printf(" ");printf("*"); printf("\n");
for(i=0;i<10;i++)   printf(" "); printf("*        "); printf("4-在链表中查找 X 的平方");
for(i=0;i<2;i++)    printf(" ");printf("*");printf("\n");
for(i=0;i<10;i++)   printf(" "); printf("*        "); printf("5-获取链表中第 i 个元素");
for(i=0;i<2;i++)    printf(" ");printf("*");printf("\n");
for(i=0;i<10;i++)   printf(" "); printf("*        "); printf("6-向链表插入一个元素");
for(i=0;i<3;i++)    printf(" ");printf("*");printf("\n");
for(i=0;i<10;i++)   printf(" "); printf("*        "); printf("7-从链表中删除一个元素");
for(i=0;i<1;i++)    printf(" ");printf("*");printf("\n");
for(i=0;i<10;i++)   printf(" "); printf("*        "); printf("0-退出");
for(i=0;i<5;i++)    printf(" ");printf("*");printf("\n");
for(i=0;i<10;i++)  printf(" "); for(i=0;i<15;i++)   printf("* ");printf("\n");
}
```

7) 主函数

```
void main()
{
   LinkList L;
   ElemType e;
   Status i;
   int k,m,n,x;
   i=InitList(&L);
menu();
while (k)
{printf("请选择 0--7 : ");
   scanf("%d",&m);   getchar();
   switch (m)
   {
   case 0:return;
   case 1:{
           if((*L).next!=NULL)
             {printf("已经存在一个带头节点的单链表,本程序不能同时新建多个链表\n");
             ListTraverse(L, visit); printf("\n"); break;
```

```
             }
             else printf("请输入链表元素的个数:\n");
           scanf("%d",&n);
           printf("输入%d个元素值,构建顺序表:\n ",n);
           Creatlist(L, n); //建立长度为 n 的顺序表 l
           printf("你当前新建的链表的元素是\n");
           ListTraverse(L, visit); break;
           }
case 2:k=ListLength(L);
           if(k!=0){ printf("当前链表中的元素是\n");
              ListTraverse(L, visit);}
           else printf("当前链表是空表\n");
           printf("\n");
           break;
case 3:{printf("请输入要查找的元素值: ");
           scanf("%d",&x);
           k=LocateElem(L,x,equal);
           if(k)   printf("第一个%d的位置:%d\n",x,k);
           else   printf("没有值为%d的元素\n",x);
            printf("\n");
            break;}
case 4:{printf("请输入要查找的元素值: ");
           scanf("%d",&x);
           k=LocateElem(L,x,comp);
           if(k)   printf("第一个等于%d的平方的元素位置:%d\n",x,k);
           else   printf("没有值为%d的平方的元素\n",x);
           printf("\n");
           break;}
case 5:{k=ListLength(L);
             if(k==0){ printf("当前链表是空表,无法完成获取元素的操作\n");
                       break;}
             printf("请输入要取出的元素的序号: ");
           scanf("%d",&i);
             k=ListLength(L);
           while(i<1||i> k)
           {printf("序号%d不合法,请重新输入 0<i<=%d\n",i,k); scanf("%d",&i); }
           GetElem(L,i,&e);
           printf("取出的第 %d 个元素为:%d\n",i,e);
           break;}
case 6:{printf("输入要插入元素的位置:");
           scanf("%d",&i);
           k=ListLength(L);
```

```
            while(i<1||i> k+1)
            {printf("序号%d不合法,请重新输入 0<i<=%d\n",i,k); scanf("%d",&i); }
            printf("输入要插入的元素值:");
            scanf("%d",&x);
            ListInsert(L,i, x);
            printf("当前链表中的元素是\n");
            ListTraverse(L, visit);
            printf("\n");
            break;}
      case 7:{k=ListLength(L);
             if(k==0){ printf("当前链表是空表,无法完成删除操作\n");break;}
             printf("输入要删除元素的位置: ");
            scanf("%d",&i);
             while(i<1||i> k)
            {printf("序号%d不合法,请重新输入 0<i<=%d\n",i,k); scanf("%d",&i); }
            ListDelete(L,i,&e);
            printf("删除的元素值为:%d\n",e);
                if(k>1){ printf("当前链表中的元素是\n"); ListTraverse(L,
                    visit);}
                else printf("当前链表是空表\n");
            break;}
         default :return;
      }
      printf("继续运行吗 Y(1)/N(0):  ");
      scanf("%d",&k);   if(!k) return;
      menu();
    }
}
```

6. 运行测试

建立带头节点的单链表,输入相关数据,测试各功能函数,并将运行效果截图。

7. 上机训练题

在本次实验编写程序的基础上添加如下功能。

(1) 将链表中元素逆序排列,成为新的顺序表。

(2) 设计一个算法,用尽可能少的空间将链表的前 m 个元素与后 n 个元素进行整体互换。即(a1,a2,…,am,b1,b2,…,bn)变为(b1,b2,…,bn,a1,a2,…,am)。

(3) 统计链表中元素的出现次数,并删除重复出现元素。例如,(1,1,2,2,2,3,4,4)中 1 出现 2 次,2 出现 3 次,3 出现 1 次,4 出现 2 次,删除重复出现元素后变为(1,2,3,4)。

(4) 求集合 A 与 B 的交集、并集、差集、对称差。

(5)(Josephus 环问题)设编号为 1、2、…、n 的 n 个人围坐一圈,约定编号为 s(1≤s≤n)的人从 1 开始报数,数到 m 的那个人出列,它的下一位又从 1 开始报数,数到 m 的那个人又出列,以此类推,直到所有的人出列为止,编程产生一个出列编号的序列。

8. 实验小结

小结本实验过程中出现的错误、面临的困难、这些错误和困难的解决方案,以及今后需要努力的方向。

2.3 拓展训练

1. 用带头结点的单链表表示多项式,编程求两个多项式的和。
2. 将线性表分别用顺序表和单链表表示,删除所有大于 A 且小于 B 的元素。
3. 编程实现静态链表、循环链表、双向链表的表示和基本操作。
4. 编写程序,实现如下学生信息处理功能。
(1) 输入每个学生的信息(学号、姓名、性别及三门课程成绩)。
(2) 插入学生信息。
(3) 删除学生信息。
(4) 输入某学生姓名,显示该生的信息。
(5) 计算全班每名学生的平均成绩,并显示。
(6) 统计男、女生人数;显示全体男生的信息。
(7) 分别计算三门课程的平均成绩,显示至少有一门课程成绩低于全班平均成绩的学生信息。

要求通过扩展顺序表和单链表的基本操作,实现学生信息处理功能。

第3章 栈与队列

3.1 栈的顺序表示和实现

实验目的：理解顺序栈的逻辑结构和存储结构，熟练掌握顺序栈的相关操作。

1. 问题描述

栈是限制为仅能在表的一端插入和删除的线性表，是生活中某些过程的抽象。

插入删除的一端称为栈顶(top)、插入操作通常称为进栈或者入栈(push)。不能插入删除的一端称为栈底(bottom)、删除操作通常称为出栈或者退栈(pop)。依据栈的定义，栈顶的元素总是最后进栈的，并且是最先出栈的；栈底元素正好相反，最先进栈，最后出栈，因此，栈有着后进先出(last in first out，LIFO)的特性，也称为后进先出表。使用顺序表来表示一个栈。

2. 数据结构设计

顺序栈是利用一组地址连续的存储单元依次存放自栈底到栈顶的数据元素。用指针变量 top 指向栈顶，用指针变量 base 指向栈底。需要注意的是空栈两个指针指向同一位置。非空栈 base 指向栈底元素，top 指向栈顶元素的下一个位置。在操作过程中需要增加存储空间，用到动态分配存储空间的指令。所以设置整型变量 stacksize，用来表示当前已经分配的存储空间。元素类型假定为 SElemType(SElemType 可以是任何相应的数据类型，如 int、char 等)。base、top、stacksize 组成结构体。具体定义如下。

```
/*栈的顺序存储表示*/
#define STACK_INIT_SIZE 10 /*存储空间初始分配量*/
#define STACKINCREMENT 2 /*存储空间分配增量*/
typedef struct SqStack
{
  SElemType *base; /*在栈构造之前和销毁之后,base 的值为 NULL*/
  SElemType *top; /*栈顶指针*/
  int stacksize; /*当前已分配的存储空间,以元素为单位*/
}SqStack; /*顺序栈*/
```

3. 功能(函数)设计

InitStack(SqStack *S)

初始条件：定义了 SqStack 型变量 S。

操作结果:构造一个空栈,其中(*S).top=(*S).base;(*S).stacksize=STACK_INIT_SIZE。

GetTop(SqStack S,SElemType *e)

初始条件:栈不空。

操作结果:用 e 返回 S 的栈顶元素,并返回 OK;否则返回 ERROR。

Push(SqStack *S,SElemType e)

初始条件:存在栈 S。

操作结果:插入元素 e 为新的栈顶元素。动态分配存储空间。

Pop(SqStack *S,SElemType *e)

初始条件:栈 S 不空。

操作结果:删除 S 的栈顶元素,用 e 返回其值,并返回 OK;否则返回 ERROR。

4. 界面设计

用菜单列出如下功能,操作步骤提示清晰,操作结果显示整齐。

  1-新建顺序栈

  2-显示当前栈中元素

  3-获取栈顶元素

  4-插入栈顶元素

  5-删除栈顶元素

  6-清空栈中元素

  7-销毁栈

  0-退出

5. 编码实现

1) 程序预处理

```
/*程序需要的头文件*/
#include<malloc.h>   /*malloc()等*/
#include<stdio.h>    /*EOF(=^Z 或 F6),NULL*/
#include<process.h>  /*exit()*/
/*函数结果状态代码*/
#define TRUE 1
#define FALSE 0
#define OK 1
#define ERROR 0
#define INFEASIBLE -1
#define OVERFLOW -2
typedef int Status;   /*Status 是函数的类型,其值是函数结果状态代码,如 OK 等*/
typedef int Boolean;  /*Boolean 是布尔类型,其值是 TRUE 或 FALSE*/
typedef int SElemType; /*定义栈元素类型,此句要在 c3-1.h 的前面*/
```

2) 定义数据结构

```
/*栈的顺序存储表示*/
#define STACK_INIT_SIZE 10 /*存储空间初始分配量*/
#define STACKINCREMENT 2 /*存储空间分配增量*/
typedef struct SqStack
{
    SElemType * base; /*在栈构造之前和销毁之后,base 的值为 NULL*/
    SElemType * top; /*栈顶指针*/
    int stacksize; /*当前已分配的存储空间,以元素为单位*/
}SqStack; /*顺序栈*/
```

3) 常用的顺序栈操作函数

```
Status InitStack(SqStack *S)
{ /*构造一个空栈 S*/
    (*S).base=(SElemType *)malloc(STACK_INIT_SIZE*sizeof(SElemType));
    if(!(*S).base) exit(OVERFLOW); /*存储分配失败*/
    (*S).top=(*S).base; (*S).stacksize=STACK_INIT_SIZE;
    return OK;
}
Status DestroyStack(SqStack *S)
{/*销毁栈 S,S 不再存在*/
    free((*S).base);
    (*S).base=NULL; (*S).top=NULL; (*S).stacksize=0;
    return OK;
}
Status ClearStack(SqStack *S)
{/*把 S 置为空栈*/
    (*S).top=(*S).base;
    return OK;
}
Status StackEmpty(SqStack S)
{/*若栈 S 为空栈,则返回 TRUE,否则返回 FALSE*/
    if(S.top==S.base)   return TRUE;
    else return FALSE;
}
int StackLength(SqStack S)
{/*返回 S 的元素个数,即栈的长度*/
    return S.top-S.base;
}
Status GetTop(SqStack S,SElemType *e)
```

```
    {/*若栈不空,则用 e 返回 S 的栈顶元素,并返回 OK;否则返回 ERROR*/
      if(S.top>S.base){*e=*(S.top-1); return OK;}
      else return ERROR;
    }
    Status Push(SqStack *S,SElemType e) /*插入元素 e 为新的栈顶元素*/
    {if((*S).top-(*S).base>=(*S).stacksize) /*栈满,追加存储空间*/
      {
         (*S).base=(SElemType *)realloc((*S).base,((*S).stacksize+STACKINCREMENT)
               *sizeof(SElemType));
         if(!(*S).base) exit(OVERFLOW); /*存储分配失败*/
         (*S).top=(*S).base+(*S).stacksize;
         (*S).stacksize+=STACKINCREMENT;
      }
      *((*S).top)++=e;
      return OK;
    }
    int CreatSqStack (SqStack *S,int n)
    {  //依次插入栈顶元素建立一个顺序栈
    int i,e;
    for(i=1;i<=n;i++)
    {scanf("%d",&e); Push (S,e);}
    return OK;
    }
    Status Pop(SqStack *S,SElemType *e) /*栈不空,则删除栈顶,用 e 返回,返回 OK;否则
                                          返回 ERROR*/
    {   if((*S).top==(*S).base)   return ERROR;
      *e=*--(*S).top;
      return OK;
    }
```

4) 显示函数

```
    Status StackTraverse(SqStack S,Status(*visit)(SElemType))
    {/*从栈底到栈顶依次对栈中每个元素调用函数 visit()。一旦 visit()失败,则操作失败*/
      while(S.top> S.base) visit(*S.base++);
      printf("\n");
      return OK;
    }
      Status visit(SElemType c)
    {
      printf("%d ",c);
    return OK;
    }
```

5) 菜单函数

```
void menu()
{
int i;
for(i=0;i<10;i++)   printf(" ");
for(i=0;i<16;i++)   printf("*");printf("\n");
for(i=0;i<10;i++)   printf(" "); printf("*        ");
printf("1-新建顺序栈 ");
for(i=0;i<12;i++)   printf(" ");printf("*");printf("\n");
for(i=0;i<10;i++)   printf(" "); printf("*        ");
printf("2-显示当前栈中元素");
for(i=0;i<5;i++)    printf(" ");printf("*");printf("\n");
for(i=0;i<10;i++)   printf(" "); printf("*        ");
printf("3-获取栈顶元素");
for(i=0;i<4;i++)    printf(" ");printf("*");printf("\n");
for(i=0;i<10;i++)   printf(" "); printf("*        ");
printf("4-插入栈顶元素");
for(i=0;i<2;i++)    printf(" ");printf("*");printf("\n");
for(i=0;i<10;i++)   printf(" "); printf("*        ");
printf("5-删除栈顶元素");
for(i=0;i<2;i++)    printf(" ");printf("*");printf("\n");
for(i=0;i<10;i++)   printf(" "); printf("*        ");
printf("6-清空栈中元素");
for(i=0;i<3;i++)    printf(" ");printf("*");printf("\n");
for(i=0;i<10;i++)   printf(" "); printf("*        ");
printf("7-销毁栈");
for(i=0;i<1;i++)    printf(" ");printf("*");printf("\n");
for(i=0;i<10;i++)   printf(" "); printf("*        ");
printf("0-退出");
for(i=0;i<7;i++)    printf(" ");printf("*");printf("\n");
for(i=0;i<10;i++)   printf(" ");
for(i=0;i<16;i++)   printf("*");printf("\n");
}
```

6) 主函数

```
void main()
{
    int j;
    int k,m,n,x,i;
    SqStack s;
    SElemType e;
    i=InitStack(&s);
```

```c
menu();
while (k)
{printf("请选择 0--7: ");
scanf("%d",&m);
getchar();
switch (m)
{
case 0:return;
case 1:{if(StackLength(s)!=0){printf("已经存在一个顺序栈,本程序不能同时新建
        多个顺序栈\n");
            printf("当前栈中元素,从栈底到栈顶依次为:");
         StackTraverse(s,visit);
          printf("栈的长度 =%d\n",StackLength(s));
           printf("\n");
             break;}
      else printf("请输入顺序栈元素的个数:\n");
    scanf("%d",&n);
    printf("输入%d个元素值,构建顺序栈:\n ",n);
    CreatSqStack(&s, n); //建立长度为 n 的顺序表 1
    printf("你当前新建的顺序栈中元素从栈底到栈顶依次为:\n");
    StackTraverse(s,visit);
    printf("栈的长度 =%d\n",StackLength(s));
      break;}
case 2:k=StackLength(s);
         if(k==0){ printf("当前顺序栈是空栈\n");break;}
         printf("当前栈中元素,从栈底到栈顶依次为:\n");
         StackTraverse(s,visit);
       printf("栈的长度为%d\n",StackLength(s));
         printf("\n");
         break;
case 3:{k=StackLength(s);
         if(k==0){ printf("当前顺序栈是空栈,没有你需要的栈顶元素\n");break;}
         GetTop(s,&e);
         printf("栈顶元素 e=%d \n",e);
            printf("\n");
         break;}
case 4:{printf("请输入要插入的元素值:");
         scanf("%d",&e);
         Push (&s,e);
         printf("当前栈中元素,从栈底到栈顶依次为:\n");
            StackTraverse(s,visit);
         printf("栈的长度为%d\n",StackLength(s));
```

```
                printf("\n");
                break;}
        case 5:{k=StackLength(s);
                if(k==0){ printf ("当前顺序栈是空栈,无法完成删除操作\n");break;}
                Pop(&s,&e);
                printf("已经删除了当前栈顶元素%d\n ",e);
                printf("当前栈中元素,从栈底到栈顶依次为:\n");
                StackTraverse(s,visit);
                printf("栈的长度为%d\n",StackLength(s));
                break;}
        case 6:{ ClearStack(&s);
                if(StackEmpty(s)==1)
                    printf("顺序栈已被清空 ");
                printf("\n");
                break;}
        case 7:{ DestroyStack(&s);
                printf ("销毁栈后,s.top=%u s.base=%u s.stacksize=%d\n",s.top,s.
                    base, s.stacksize);
                break;}
        default :return;
        }
    printf("继续运行吗 Y(1)/N(0):   ");
    scanf("%d",&k);
    if(!k) return;
    menu();
    }
}
```

6. 运行测试

建立顺序栈,输入相关数据,测试各功能函数,并将运行效果截图。

7. 上机训练题

(1) 链栈是用单链表表示的。栈底节点指针域保持为 NULL,空栈时,栈顶指针 top 设定为 NULL。链栈的数据结构定义如下:

```
typedef struct stackNode    //链栈节点的类型定义
    {  ElemType data;    //数据域
      struct stackNode *next;    //指针域
    }StackNode;
typedef struct             //链栈的类型定义
    {
```

```
    StackNode *top; //栈顶指针
}LinkStack;
```

综合栈的顺序表示和线性表的链式表示相关实验，编程实现栈的链式表示的基本操作。

(2) 编程将一个十进制 n 整数转换为 d(d>1)进制整数。整数 n、d 通过键盘输入。
(3) 编程实现判别一个算数表达式中的圆括号是否正确配对。
(4) 编程判断一个整数是否是回文数。

8. 实验小结

小结本实验过程中出现的错误、面临的困难、这些错误和困难的解决方案，以及今后需要努力的方向。

3.2 队列的链式表示和实现

实验目的：理解链式队列的逻辑结构和存储结构，熟练掌握链式队列的相关操作。

1. 问题描述

队列的链式存储结构通常采用单链表表示，节点同样包括数据域和指针域。由于队列需要固定在链表的头部删除和尾部插入，所以将链表的表头作为队头时，删除极为方便，为了方便在链表尾部的插入操作，需要增加一个指针指向尾节点。

为了简化链表的插入和删除操作，一般采用带头节点的单链表来表示链式队列。

2. 数据结构设计

首先要定义节点的数据类型、数据域 data 和指针域 next。然后由指针 front 和队尾指针 rear 组成结构体，用来定义链式队列的类型。指针 front 指向单链表的头节点，该表头节点并不是队头。空队列的情况下，指针 front 和队尾指针 rear 都指向单链表的头节点。

```
/*链式队列节点的类型定义*/
typedef struct queueNode
{   ElemType data;          /*数据域*/
    struct queueNode * next;  /*指针域*/
} QueueNode;
/*链式队列的类型定义*/
typedef struct
{   QueueNode * front;      /*队头指针*/
    QueueNode * rear;       /*队尾指针*/
} LinkQueue;
```

3. 功能(函数)设计

InitQueue(LinkQueue *Q)
初始条件：定义了 LinkQueue 型变量 Q。

操作结果:构造一个空队列 Q,其中(*Q).front->next=NULL。

`QueueEmpty(LinkQueue Q)`

初始条件:队列存在。

操作结果:若 Q 为空队列,即 Q.front==Q.rear,则返回 TRUE,否则返回 FALSE。

`GetHead_Q(LinkQueue Q,QElemType *e)`

初始条件:队列存在。

操作结果:若队列不空,则用 e 返回 Q 的队头元素,并返回 OK,否则返回 ERROR。

`GetRear(LinkQueue Q,QElemType *e)`

初始条件:队列存在。

操作结果:若队列不空,则用 e 返回 Q 的队尾元素(Q.rear->data),并返回 OK,否则返回 ERROR。

`EnQueue(LinkQueue *Q,QElemType e)`

初始条件:队列存在。

操作结果:插入元素 e 为 Q 的新的队尾元素。

`DeQueue(LinkQueue *Q,QElemType *e)`

初始条件:队列存在。

操作结果:若队列不空,则删除 Q 的队头元素,用 e 返回其值,并返回 OK,否则返回 ERROR。

4. 界面设计

用菜单列出如下功能,操作步骤提示清晰,操作结果显示整齐。

```
1-新建链队列
2-显示当前链队列中的元素
3-获取队头和队尾元素
4-插入元素进队列
5-删除元素出队列
6-清空队列中元素
7-销毁队列
0-退出
```

5. 编码实现

1) 预处理程序

```
/*程序需要的头文件*/
#include<malloc.h>  /*malloc()等*/
#include<stdio.h>   /*EOF(=^Z 或 F6),NULL*/
#include<process.h> /*exit()*/
/*函数结果状态返回代码*/
#define TRUE 1
```

```
#define FALSE 0
#define OK 1
#define ERROR 0
#define INFEASIBLE -1
#define OVERFLOW -2
typedef int Status; /*Status 是函数的类型,其值是函数结果状态代码,如 OK 等*/
typedef int Boolean; /*Boolean 是布尔类型,其值是 TRUE 或 FALSE*/
typedef int ElemType;
typedef int QElemType;
```

2) 定义数据结构

```
/*单链队列——队列的链式存储结构*/
typedef struct QNode
{ QElemType data;
  struct QNode *next;
}QNode,*QueuePtr;
typedef struct
{ QueuePtr front,rear; /*队头、队尾指针*/
}LinkQueue;
```

3) 链队列的基本操作

```
Status InitQueue(LinkQueue *Q) /*构造一个空队列 Q*/
{ (*Q).front=(*Q).rear=(QueuePtr)malloc(sizeof(QNode));
  if(!(*Q).front) exit(OVERFLOW);
  (*Q).front->next=NULL;
  return OK;
}
Status DestroyQueue(LinkQueue *Q) /*销毁队列 Q(无论空否均可)*/
{    while((*Q).front)
  {(*Q).rear=(*Q).front->next;free((*Q).front);(*Q).front=(*Q).rear; }
  return OK;
}
Status ClearQueue(LinkQueue *Q) /*将 Q 清为空队列*/
{    QueuePtr p,q;
  (*Q).rear=(*Q).front;
  p=(*Q).front->next;
  (*Q).front->next=NULL;
  while(p)
  {q=p;p=p->next; free(q); }
  return OK;
}
Status QueueEmpty(LinkQueue Q) /*若 Q 为空队列,则返回 TRUE,否则返回 FALSE*/
{    if(Q.front==Q.rear) return TRUE;
```

```c
    else return FALSE;
}
int QueueLength(LinkQueue Q) /*求队列的长度*/

{   int i=0;
  QueuePtr p;
  p=Q.front;
  while(Q.rear!=p)
   { i++; p=p->next;   }
   return i;
}
Status GetHead_Q(LinkQueue Q,QElemType *e)
{ /*若队列不空,则用 e 返回 Q 的队头元素,并返回 OK,否则返回 ERROR*/
   QueuePtr p;
   if(Q.front==Q.rear) return ERROR;
   p=Q.front->next;*e=p->data;
   return OK;
}
Status GetRear(LinkQueue Q,QElemType *e)
{ /*若队列不空,则用 e 返回 Q 的队尾元素,并返回 OK,否则返回 ERROR*/
   if(Q.front==Q.rear) return ERROR;
   *e=Q.rear->data;
   return OK;
}
Status EnQueue(LinkQueue *Q,QElemType e) /*插入元素 e 为 Q 的新的队尾元素*/
{    QueuePtr p=(QueuePtr)malloc(sizeof(QNode));
   if(!p)exit(OVERFLOW); /*存储分配失败*/
   p->data=e; p->next=NULL; (*Q).rear->next=p; (*Q).rear=p;
   return OK;
}
int CreatQueue (LinkQueue *S,int n) //依次插入元素建立一个链队列
{    int i,e;
for(i=1;i<=n;i++)
{scanf("%d",&e);EnQueue(S, e) ;}
   return OK;
}
Status DeQueue(LinkQueue *Q,QElemType *e)
{ /*若队列不空,删除 Q 的队头元素,用 e 返回其值,并返回 OK,否则返回 ERROR*/
   QueuePtr p;
   if((*Q).front==(*Q).rear) return ERROR;
   p=(*Q).front->next; * e=p->data;(*Q).front->next=p->next;
   if((*Q).rear==p)(*Q).rear=(*Q).front;
```

```
          free(p);
          return OK;
     }
```

4）显示函数

```
     Status QueueTraverse(LinkQueue Q,void(*vi)(QElemType))
     { /*从队头到队尾依次对队列Q中每个元素调用函数vi()。一旦vi失败,则操作失败*/
          QueuePtr p;
          p=Q.front->next;
          while(p)
          { vi(p->data); p=p->next;}
          printf("\n");
          return OK;
     }
     void visit(QElemType i)
     { printf("%d ",i);
     }
```

5）显示菜单函数

```
     void menu()
     {
     int i;
     for(i=0;i<10;i++)   printf(" ");
     for(i=0;i<16;i++)   printf("*");printf("\n");
     for(i=0;i<10;i++)   printf(" "); printf("*        ");
     printf("1-新建链队列 ");
     for(i=0;i<12;i++)   printf(" ");printf("*");printf("\n");
     for(i=0;i<10;i++)   printf(" "); printf("*        ");
     printf("2-显示当前链队列中的元素");
     for(i=0;i<1;i++)   printf(" ");printf("*");printf("\n");
     for(i=0;i<10;i++)   printf(" "); printf("*        ");
     printf("3-获取队头和队尾元素");
     for(i=0;i<5;i++)   printf(" ");printf("*");printf("\n");
     for(i=0;i<10;i++)   printf(" "); printf("*        ");
     printf("4-插入元素进队列");
     for(i=0;i<9;i++)   printf(" ");printf("*");printf("\n");
     for(i=0;i<10;i++)   printf(" "); printf("*        ");
     printf("5-删除元素出队列");
     for(i=0;i<9;i++)   printf(" ");printf("*");printf("\n");
     for(i=0;i<10;i++)   printf(" "); printf("*        ");
     printf("6-清空队列中元素");
     for(i=0;i<9;i++)   printf(" ");printf("*");printf("\n");
     for(i=0;i<10;i++)   printf(" "); printf("*        ");
```

```
        printf("7-销毁队列");
    for(i=0;i<15;i++)   printf(" ");printf("*");printf("\n");
    for(i=0;i<10;i++)   printf(" "); printf("*       ");
        printf("0-退出");
    for(i=0;i<7;i++)    printf(" ");printf("*");printf("\n");
    for(i=0;i<10;i++)   printf(" ");
    for(i=0;i<16;i++)   printf("*  ");printf("\n");
    }
```

6) 主函数

```
        void main()
        {   int j;
            int k,m,n,x,i;
            QElemType d,e;
            LinkQueue q;
            i=InitQueue(&q);
             menu();
              while (k)
              {printf("请选择 0--7 :");
               scanf("%d",&m); getchar();
               switch (m)
                {
                case 0:return;
                case 1:{if(QueueLength(q)!=0)
                        {printf("已经存在链队列,本程序不能同时新建多个链队列\n");
                         printf("当前队列中元素,从队头到队尾依次是:");
                         QueueTraverse(q,visit);
                         printf("队列的长度=%d\n",QueueLength(q));
                          printf("\n");
                           break;}
                         else printf("请输入新建队列元素的个数:\n");
                         scanf("%d",&n);
                         printf("输入%d个元素值,构建顺序栈:\n ",n);
                         CreatQueue(&q, n); //建立长度为 n 的链队列
                         printf("你当前新建的队列中元素,从队头到队尾依次:\n");
                         QueueTraverse(q,visit);
                         printf("当前队列的长度 =%d\n",QueueLength(q));
                          break;}
                case 2:k=QueueLength(q);
                         if(k==0){ printf("当前队列是空队列\n");break;}
                         printf("当前队列中元素,从队头到队尾依次是:\n");
                         QueueTraverse(q,visit);
```

```
            printf("当前队列长度为%d\n",QueueLength(q));
             printf("\n");
            break;
   case 3:{k=QueueLength(q);
             if(k==0){ printf("当前队列是空队列,没有你需要的队头和队尾元素\
                      n");break;}
              i=GetHead_Q(q,&d);
             if(i==OK)
             printf("队头元素是:%d\n",d);
              j=GetRear(q,&e) ;
              if(j==OK)
             printf("队尾元素是:%d\n",e);
              printf("\n");
              break;}
   case 4:{printf("请输入要插入的元素值:");
           scanf("%d",&e);
           EnQueue(&q,e);
           printf("当前队列中元素,从队头到队尾依次是:\n");
              QueueTraverse(q,visit);
           printf("当前队列长度为%d\n",QueueLength(q));

              printf("\n");
              break;}
   case 5:{k=QueueLength(q);
             if(k==0){ printf("当前队列是空队列,无法完成删除操作\n");break;}
            DeQueue(&q,&d);
           printf("已经删除了当前队头元素%d\n ",e);
          printf("当前队列中元素,从队头到队尾依次是:\n");
           QueueTraverse(q,visit);
          printf("当前队列长度为%d\n",QueueLength(q));
             break;}
   case 6:{  ClearQueue(&q);
            if(QueueEmpty(q)==1)
            printf("链队列已被清空 ");
             printf("\n");
            break;}
   case 7:{  DestroyQueue(&q);
             printf("销毁队列后,q.front=%u q.rear=%u\n",q.front, q.rear);
            break;}
    default :return;
  }
printf("继续运行吗 Y(1)/N(0):   ");
```

```
            scanf("%d",&k);
            if(! k) return;
           menu();
        }
    }
```

6. 运行测试

建立链队列,输入相关数据,测试各功能函数,并将运行效果截图。

7. 上机训练题

(1) 编程将存储在链队列中的一组元素逆置。
(2) 假设以带头节点的循环链表表示队列,并且只设一个指针指向队尾元素节点(注意:不设头指针),请编写相应的队列基本操作。要求至少能实现队列的初始化、入队列、出队列等基本功能。

8. 实验小结

小结本实验过程中出现的错误、面临的困难、这些错误和困难的解决方案,以及今后需要努力的方向。

3.3 队列的顺序表示和实现

实验目的:理解顺序队列的逻辑结构和存储结构,熟练掌握顺序队列的相关操作。

1. 问题描述

队列是限制为仅仅能在表的一端插入和另一端删除的线性表,是生活中排队的抽象。插入的一端称为队尾(rear)、插入操作通称进队(enqueue);删除的一端称为队头(front)、删除操作通称出队(dequeue)。队列有着先进先出(first in first out,FIFO)的特性,也称为先进先出表。采用顺序存储结构来实现的队列为顺序队列。队列的顺序存储结构也是利用一维数组来依次存放从队尾到队头的元素。设置 front 来指示队列当前队头元素的位置、用 rear 来指示队列当前队尾元素的位置。顺序队列随着插入和删除操作的进行,队头和队尾标志顺序向后移动,当元素被插入到数组中的最高位置之后,队列的空间就用完了,数组的低端还有许多空闲空间,但已经无法插入,这种现象称为顺序队列的"假溢出"。为解决顺序队列的"假溢出"问题,可以将存储队列的数组视为首尾相连的循环结构(循环队列)。循环队列判满和空的条件:front 永远指向队头元素的前一个位置,队列中有一个元素空间不可用。队空判断条件:rear == front。队满判断条件:(rear+1)% MaxSize == front。

2. 数据结构设计

顺序循环队列的数据类型:

```
/*队列的顺序存储结构(可用于循环队列和非循环队列)*/
#define MAXQSIZE 5 /*最大队列长度(对于循环队列,最大队列长度要减 1)*/
typedef struct
{
  QElemType * base; /*初始化的动态分配存储空间*/
  int front; /*头指针,若队列不空,指向队列头元素*/
  int rear; /*尾指针,若队列不空,指向队列尾元素的下一个位置*/
}SqQueue;
```

3. 功能(函数)设计

`InitQueue(SqQueue *Q)`

初始条件:定义了 SqQueue 型变量 Q。

操作结果:构造一个空队列 Q,其中(*Q).front=(*Q).rear=0。

`QueueEmpty(SqQueue Q)`

初始条件:队列存在。

操作结果:若 Q 为空队列,即 Q.front==Q.rear,则返回 TRUE,否则返回 FALSE。

`GetHead(SqQueue Q,QElemType *e)`

初始条件:队列存在。

操作结果:若队列不空,则用 e 返回 Q 的队头元素,并返回 OK,否则返回 ERROR。

`GetRear(SqQueue Q,QElemType *e)`

初始条件:队列存在。

操作结果:若循环队列不空,则用 e 返回 Q 的队尾元素(Q.base[Q.rear-1]内的元素),并返回 OK,否则返回 ERROR。

`EnQueue(SqQueue *Q,QElemType e)`

初始条件:队列存在。

操作结果:插入元素 e 为 Q 的新的队尾元素。

`DeQueue(SqQueue *Q,QElemType *e)`

初始条件:队列存在。

操作结果:若队列不空,删除 Q 的队头元素,用 e 返回其值,并返回 OK,否则返回 ERROR。

4. 界面设计

用菜单列出如下功能,操作步骤提示清晰,操作结果显示整齐。

   1-新建循环队列
   2-显示当前循环队列的元素
   3-获取队头和队尾元素
   4-插入元素进队列
   5-删除元素出队列

6-清空队列中的元素
7-销毁队列
0-退出

5. 编码实现

1) 预处理程序

```
/*程序需要的头文件*/
#include<malloc.h>  /*malloc()等*/
#include<stdio.h>   /*EOF(=^Z 或 F6),NULL*/
#include<process.h> /*exit()*/
/*函数结果状态返回代码*/
#define TRUE 1
#define FALSE 0
#define OK 1
#define ERROR 0
#define INFEASIBLE -1
#define OVERFLOW -2
typedef int Status; /*Status 是函数的类型,其值是函数结果状态代码,如 OK 等*/
typedef int Boolean; /*Boolean 是布尔类型,其值是 TRUE 或 FALSE*/
typedef int ElemType;
typedef int QElemType;
```

2) 定义数据结构

```
/*队列的顺序存储结构(可用于循环队列和非循环队列)*/
#define MAXQSIZE 5 /*最大队列长度(对于循环队列,最大队列长度要减 1)*/
typedef struct
{ QElemType *base; /*初始化的动态分配存储空间*/
  int front; /*头指针,若队列不空,指向队列头元素*/
  int rear; /*尾指针,若队列不空,指向队列尾元素的下一个位置*/
}SqQueue;
```

3) 循环队列的基本操作

```
Status InitQueue(SqQueue *Q) /*构造一个空队列 Q*/
{ (*Q).base=(QElemType *)malloc(MAXQSIZE* sizeof(QElemType));
  if(! (*Q).base) exit(OVERFLOW); /*存储分配失败*/
  (*Q).front=(*Q).rear=0;
  return OK;
}
Status DestroyQueue(SqQueue *Q) /*销毁队列 Q,Q 不再存在*/
{ if((*Q).base) free((*Q).base);
  (*Q).base=NULL; (*Q).front=(*Q).rear=0;
```

```
    return OK;
}
Status ClearQueue(SqQueue *Q) /*将Q清为空队列*/
{  (*Q).front=(*Q).rear=0;
   return OK;
}

Status QueueEmpty(SqQueue Q) /*若队列Q为空队列,则返回TRUE,否则返回FALSE*/
{  if(Q.front==Q.rear) /*队列空的标志*/
     return TRUE;
   else
     return FALSE;
}
int QueueLength(SqQueue Q) /*返回Q的元素个数,即队列的长度*/
{  return(Q.rear- Q.front+MAXQSIZE)% MAXQSIZE;
}
tatus GetHead(SqQueue Q,QElemType * e)
{ /*若队列不空,则用e返回Q的队头元素,并返回OK,否则返回ERROR*/
   if(Q.front==Q.rear) /*队列空*/
     return ERROR;
   *e=*(Q.base+Q.front);
   return OK;
}
Status GetRear(SqQueue  Q,QElemType *e)
{ /*若队列不空,则用e返回Q的队尾元素,并返回OK,否则返回ERROR*/
   if(Q.front==Q.rear)
     return ERROR;
   *e=Q.base[Q.rear-1];
   return OK;
}
Status EnQueue(SqQueue *Q,QElemType e) /*插入元素e为Q的新的队尾元素*/
{  if(((*Q).rear+1)% MAXQSIZE==(*Q).front) /*队列满*/
     return ERROR;
   (*Q).base[(*Q).rear]=e;
   (*Q).rear=((*Q).rear+1)% MAXQSIZE;
   return OK;
}
int CreatQueue (SqQueue   *Q)
{  QElemType d; //依次插入元素建立一个循环队列
    int i;
    do
    {scanf("%d",&d);
```

```
            if(d==-1) break;
            i++; EnQueue(Q,d);
        }while(i<MAXQSIZE-1);
    return OK;
}
Status DeQueue(SqQueue *Q,QElemType *e)
{ /*若队列不空,则删除 Q 的队头元素,用 e 返回其值,并返回 OK,否则返回 ERROR*/
    if((*Q).front==(*Q).rear) return ERROR; /*队列空*/
    *e=(*Q).base[(*Q).front];(*Q).front=((*Q).front+1)%MAXQSIZE;
    return OK;
}
```

4) 显示函数

```
Status QueueTraverse(SqQueue Q,void(* vi)(QElemType))
{ /*从队头到队尾依次对队列 Q 中每个元素调用函数 vi(),一旦 vi 失败,则操作失败*/
    int i;
    i=Q.front;
    while(i!=Q.rear)
    {vi(*(Q.base+i));i=(i+1)% MAXQSIZE;}
    printf("\n");
    return OK;
}
void visit(QElemType i)
{ printf("%d ",i);
}
```

5) 菜单函数

```
void menu()
{
int i;
for(i=0;i<10;i++)  printf(" ");
for(i=0;i<16;i++)  printf("*");printf("\n");
for(i=0;i<10;i++)  printf(" "); printf("*         ");
printf("1-新建循环队列 ");
for(i=0;i<10;i++)  printf(" ");printf("*");printf("\n");
for(i=0;i<10;i++)  printf(" "); printf("*         ");
printf("2-显示当前循环队列的元素");
for(i=0;i<1;i++)   printf(" ");printf("*");printf("\n");
for(i=0;i<10;i++)  printf(" "); printf("*         ");
printf("3-获取队头和队尾元素");
for(i=0;i<5;i++)   printf(" ");printf("*");printf("\n");
for(i=0;i<10;i++)  printf(" "); printf("*         ");
printf("4-插入元素进队列");
```

```c
    for(i=0;i<9;i++)  printf(" ");printf("*");printf("\n");
    for(i=0;i<10;i++)  printf(" "); printf("*      ");
printf("5-删除元素出队列");
    for(i=0;i<9;i++)  printf(" ");printf("*");printf("\n");
    for(i=0;i<10;i++)  printf(" "); printf("*      ");
printf("6-清空队列中的元素");
    for(i=0;i<9;i++)  printf(" ");printf("*");printf("\n");
    for(i=0;i<10;i++)  printf(" "); printf("*      ");
printf("7-销毁队列");
    for(i=0;i<15;i++)  printf(" ");printf("*");printf("\n");
    for(i=0;i<10;i++)  printf(" "); printf("*      ");
printf("0-退出");
    for(i=0;i<7;i++)  printf(" ");printf("*");printf("\n");
    for(i=0;i<10;i++)  printf(" ");
    for(i=0;i<16;i++)  printf("*");printf("\n");
}
```

6) 主函数

```c
void main()
{ Status j;
  int i=0,l;
  QElemType d,e;
  SqQueue Q;
  InitQueue(&Q);
  int k,m,n;
 menu();
   while(k)
   {printf("请选择 0--7：");
   scanf("%d",&m);
  getchar();
   switch (m)
   {
   case 0:return;
   case 1: {if(QueueLength(Q)!=0)
        {printf("已经存在循环队列,本程序不能同时新建多个队列\n");
         printf("当前队列中元素,从队头到队尾依次是:");
        QueueTraverse(Q,visit);
       printf("队列的长度 =%d\n",QueueLength(Q));
        printf("\n");
         break;}
         else printf ("请输入整型队列元素(不超过%d个),-1为提前结束符:",
             MAXQSIZE- 1);
```

```
        CreatQueue(&Q); //建立长度为 n 的循环队列
        printf("你当前新建的队列中元素,从队头到队尾依次:\n");
        QueueTraverse(Q,visit);
        printf("当前队列的长度 =%d\n",QueueLength(Q));
          break;}
case 2: l=QueueLength(Q);
          if(l==0){ printf("当前队列是空队列\n");break;}
        printf("当前队列中元素,从队头到队尾依次是:\n");
        QueueTraverse(Q,visit);
          printf("当前队列长度为%d\n",QueueLength(Q));
        printf("\n");
        break;
case 3: {l=QueueLength(Q);
          if(l==0){ printf("当前队列是空队列,没有你需要的队头和队尾元素\n");
                   break;}
          j=GetHead(Q,&d);
          if(j)printf("现在队头元素为:%d\n",d);
           k=GetRear(Q,&e) ;
           if(k==OK)
        printf("队尾元素是:%d\n",e);
          printf("\n");
         break;}
case 4: {l=QueueLength(Q);
          if(l==MAXQSIZE-1)
            { printf("当前队列已经满了,无法进行插入操作\n");break;}
             printf("请输入要插入的元素值:   ");
       scanf("%d",&e);
       EnQueue(&Q,e);
       printf("当前队列中元素,从队头到队尾依次是:\n");
       QueueTraverse(Q,visit);
       printf("当前队列长度为%d\n",QueueLength(Q));
       printf("\n");
       break;}
case 5: {m=QueueLength(Q);
          if(m==0){ printf("当前队列是空队列,无法完成删除操作\n");break;}
          DeQueue(&Q,&d);
         printf("已经删除了当前队头元素%d\n ",d);
         if(QueueLength(Q)==0) printf("当前队列已经是空队列了\n");
          else{ printf("当前队列中元素,从队头到队尾依次是:\n");
         QueueTraverse(Q,visit);
         printf("当前队列长度为%d\n",QueueLength(Q));}
         break;}
```

```
            case 6:{   ClearQueue(&Q);
                 if(QueueEmpty(Q)==1)printf("队列已被清空 ");
                    printf("\n");
                    break;}
            case 7:{   n=DestroyQueue(&Q);
                   if(n==OK)
                    printf("队列已被销毁了 ");
                   break;}
           default :return;
            }
           printf("继续运行吗 Y(1)/N(0):   ");
           scanf("%d",&k);
           if(! k) return;
         menu();
         }
       }
```

6. 运行测试

建立循环队列,输入相关数据,测试各功能函数,并将运行效果截图。

7. 上机训练题

(1) 编程将存储在循环队列中的一组元素逆置。

(2) 本次实验中,循环队列需要事先预定数组大小。试编程实现当循环队列存储满后,动态增加存储单元。

8. 实验小结

小结本实验过程中出现的错误、面临的困难、这些错误和困难的解决方案,以及今后需要努力的方向。

3.4 拓展训练

1. 编程实现中缀表达式转化为后缀表达式。
2. (猴子分桃问题)动物园里的 n 只猴子,编号为 1、2、…、n,依次排成一队等待饲养员按规则分桃。动物园的分桃规则是每只猴子可分得 m 个桃子但必须排队领取。饲养员循环地每次取出 1 个、2 个、…、k 个桃放入筐中。由排在队首的猴子领取,取到筐中的桃子数为 k 后又重新从 1 开始。当筐中桃子数加上队首猴子已取得的桃子数不超过 m 时,队首的猴子可以全部取出筐中桃子。取得桃子总数不足 m 个的猴子继续到队尾排队等候。当筐中桃子数加上队首猴子已取得的桃子数超过 m 时,队首的猴子只能取满 m 个,然后离开队列。筐中剩余的桃子由下一只猴子取用。上述分桃过程一直进行到每只猴子都分到 m 个桃子。对于给定的 n、k 和 m 模拟上述猴子分桃过程。

第4章 串

4.1 串的定长顺序存储表示和实现

实验目的：掌握串的特点、连接、插入、删除、显示、查找、取子字符串、比较串的大小的操作，顺序定长存储的方式，以及模式匹配的基本思想。

1. 问题描述

串是一种特殊的线性表，串中所有数据元素都按某种次序排列在一个序列中。串是由零个或多个字符构成的有限序列。线性表有两种存储结构：顺序存储和链式存储。串是一种特殊的线性表，因此也有两种基本存储结构：顺序串和链式串。

本实验采用顺序存储结构时，串是用一块地址连续的存储单元来存储串值的。

2. 数据结构设计

```
/*串的定长顺序存储表示*/
#define MAXSTRLEN 40 /*用户可在 255 以内定义最大串长(1 个字节)*/
typedef char SString[MAXSTRLEN+1]; /*0 号单元存放串的长度*/
```

3. 功能（函数）设计

串的基本操作有如下几种。

StrAssign (&T, chars)
初始条件：chars 是字符串常量。
操作结果：把 chars 的值赋给 T。

StrCopy (&T, S)
初始条件：串 S 存在。
操作结果：由串 S 复制得串 T。

StrCompare (S, T)
初始条件：串 S 和 T 存在。
操作结果：若 S>T，则返回值 >0；若 S=T，则返回值＝0；若 S＜T，则返回值<0。

StrLength (S)
初始条件：串 S 存在。
操作结果：返回 S 的长度。

Concat (&T, S1, S2)

初始条件：串 S1 和 S2 存在。

操作结果：用 T 返回由 S1 和 S2 连接而成的新串。

`SubString (&Sub, S, pos, len)`

初始条件：串 S 存在，$1 \leqslant pos \leqslant StrLength(S)$ 且 $0 \leqslant len \leqslant StrLength(S) - pos + 1$。

操作结果：用 Sub 返回串 S 的第 pos 个字符起长度为 len 的子串。

`Index (S, T, pos)`

初始条件：串 S 和 T 存在，T 是非空串，$1 \leqslant pos \leqslant StrLength(S)$。

操作结果：若主串 S 中存在和串 T 值相同的子串，则返回它在主串 S 中第 pos 个字符之后第一次出现的位置；否则函数值为 0。

`Replace (&S, T, V)`

初始条件：串 S、T 和 V 均已存在，且 T 是非空串。

操作结果：用 V 替换主串 S 中出现的所有与(模式串)T 相等的不重叠的子串。

例如，假设 S=" abcabcabcab"，T =" abcab"，V=" x"，则经置换后得到 S=" xcx"。

`StrInsert (&S, pos, T)`

初始条件：串 S 和 T 存在，$1 \leqslant pos \leqslant StrLength(S) + 1$。

操作结果：在串 S 的第 pos 个字符之前插入串 T。

`StrDelete (&S, pos, len)`

初始条件：串 S 存在，$1 \leqslant pos \leqslant StrLength(S) - len + 1$。

操作结果：从串 S 中删除第 pos 个字符起长度为 len 的子串。

前六种操作构成串类型的最小操作子集，这些操作不可能利用其他串操作来实现。而其他操作(除串清除 ClearString 和串销毁 DestroyString 外)可在这个最小操作子集上实现。

4. 界面设计

用菜单列出如下功能，操作步骤提示清晰，操作结果显示整齐。

  1-新建串

  2-获取指定位置的子串

  3-查找子串

  4-替换子串

  5-连接串

  6-插入串

  7-删除指定位置的子串

  8-比较串的大小

  0-退出

5. 编码实现

1) 程序预处理

  /*程序需要的头文件*/

```c
#include<string.h>
#include<malloc.h>   /*malloc()等*/
#include<stdio.h>    /*EOF(=^Z 或 F6),NULL*/
#include<process.h>  /*exit()*/
/*函数结果状态返回代码*/
#define TRUE 1
#define FALSE 0
#define OK 1
#define ERROR 0
#define INFEASIBLE -1
#define OVERFLOW -2
typedef int Status; /*Status 是函数的类型,其值是函数结果状态代码,如 OK 等*/
typedef int Boolean; /*Boolean 是布尔类型,其值是 TRUE 或 FALSE*/
```

2) 定义数据结构

```c
/*串的定长顺序存储表示*/
#define MAXSTRLEN 40 /*用户可在 255 以内定义最大串长(1字节)*/
typedef char SString[MAXSTRLEN+1]; /*0 号单元存放串的长度*/
```

3) 串采用定长顺序存储结构的基本操作

```c
Status StrAssign(SString T,char * chars) /*生成一个值等于 chars 的串 T*/
{ int i;
  if(strlen(chars)> MAXSTRLEN) return ERROR;
  else {T[0]=strlen(chars);
      for(i=1;i<=T[0];i++) T[i]=*(chars+i-1); return OK;
      }
}
Status StrCopy(SString T,SString S) /*由串 S 复制得串 T*/
{ int i;
  for(i=0;i<=S[0];i++)T[i]=S[i];
  return OK;
}
Status StrEmpty(SString S) /*若 S 为空串,则返回 TRUE,否则返回 FALSE*/
{ if(S[0]==0) return TRUE;
  else return FALSE;
}
int StrCompare(SString S,SString T) //若 S> T,则返回值> 0;若 S=T,则返回值=0;若
                                    //  S<T,则返回值<0
{ int i;
  for(i=1;i<=S[0]&&i<=T[0];++i)
if(S[i]!=T[i]) return S[i]-T[i];
  return S[0]-T[0];
}
```

```c
int StrLength(SString S) /*返回串的元素个数*/
{  return S[0];}
Status ClearString(SString S) //将 S 清为空串
{  S[0]=0;/*令串长为零*/
   return OK;
}
Status Concat(SString T,SString S1,SString S2)
{ /*用 T 返回 S1 和 S2 连接而成的新串。若未截断,则返回 TRUE,否则 FALSE*/
   int i;
   if(S1[0]+S2[0]<=MAXSTRLEN) /*未截断*/
   { for(i=1;i<=S1[0];i++) T[i]=S1[i];
     for(i=1;i<=S2[0];i++) T[S1[0]+i]=S2[i];
     T[0]=S1[0]+S2[0];
     return TRUE;
   }
   else/*截断 S2*/
   { for(i=1;i<=S1[0];i++) T[i]=S1[i];
     for(i=1;i<=MAXSTRLEN-S1[0];i++) T[S1[0]+i]=S2[i];
     T[0]=MAXSTRLEN;
     return FALSE;
   }
}
Status SubString(SString Sub,SString S,int pos,int len)
/*Sub 返回串 S 第 pos 个字符起长度为 len 的子串*/
{  int i;
   if(pos<1||pos> S[0]||len<0||len> S[0]-pos+1) return ERROR;
   for(i=1;i<=len;i++) Sub[i]=S[pos+i-1];
   Sub[0]=len;
   return OK;
}
int Index(SString S,SString T,int pos)
{ /*返回子串 T 在主串 S 中第 pos 个字符之后的位置。若不存在,则函数值为 0。其中,T 非
    空,1≤pos≤StrLength(S)*/
   int i,j;
   if(1<=pos&&pos<=S[0])
     { i=pos; j=1;
       while(i<=S[0]&&j<=T[0])
         if(S[i]==T[j]) /*继续比较后续字符*/
         {++i; ++j; }
         else /*指针后退重新开始匹配*/
         { i=i- j+2; j=1; }
       if(j> T[0]) return i-T[0];
```

```
      else return 0;
   }
   else return 0;
}
Status StrInsert(SString S,int pos,SString T)
{ /*初始条件:串 S 和 T 存在,1≤pos≤StrLength(S)+1*/
   /*操作结果:在串 S 的第 pos 个字符之前插入串 T。完全插入返回 TRUE,部分插入返回
      FALSE*/
   int i;
   if(pos<1||pos> S[0]+1) return ERROR;
   if(S[0]+T[0]<=MAXSTRLEN) /*完全插入*/
   {   for(i=S[0];i>=pos;i--) S[i+T[0]]=S[i];
      for(i=pos;i<pos+T[0];i++) S[i]=T[i- pos+1];
      S[0]=S[0]+T[0];
      return TRUE;
   }
   else /*部分插入*/
   {   for(i=MAXSTRLEN;i<=pos;i--)S[i]=S[i-T[0]];
      for(i=pos;i<pos+T[0];i++) S[i]=T[i-pos+1];
      S[0]=MAXSTRLEN;
      return FALSE;
   }
}
Status StrDelete(SString S,int pos,int len)
{ /*初始条件:串 S 存在,1≤pos≤StrLength(S)-len+1*/
   /*操作结果:从串 S 中删除第 pos 个字符起长度为 len 的子串*/
   int i;
   if(pos<1||pos> S[0]-len+1||len<0) return ERROR;
   for(i=pos+len;i<=S[0];i++) S[i-len]=S[i];
   S[0]-=len;
   return OK;
}
Status Replace(SString S,SString T,SString V)
{ /*初始条件:串 S、T 和 V 存在,T 是非空串(此函数与串的存储结构无关)*/
   /*操作结果:用 V 替换主串 S 中出现的所有与 T 相等的不重叠的子串*/
   int i=1; /*从串 S 的第一个字符起查找串 T*/
   if(StrEmpty(T))   return ERROR; /*T 是空串*/
   do
   {
      i=Index(S,T,i); //结果 i 为从上一个 i 之后找到的子串 T 的位置
      if(i) /*串 S 中存在串 T*/
      { StrDelete(S,i,StrLength(T)); /*删除该串 T*/
```

```
            StrInsert(S,i,V); /*在原串T的位置插入串V*/
            i+=StrLength(V); /*在插入的串V后面继续查找串T*/
        }
    }while(i);
    return OK;
}
```

4) 显示函数

```
void StrPrint(SString T) /*输出字符串T*/
{ int i;
    for(i=1;i<=T[0];i++) printf("%c",T[i]);
    printf("\n");
}
```

5) 菜单函数

```
void menu()
{
int i;
for(i=0;i<10;i++)  printf(" "); for(i=0;i<15;i++)  printf("* ");printf("\n");
for(i=0;i<10;i++)  printf(" "); printf("*        ");printf("1-新建串 ");
for(i=0;i<14;i++)  printf(" ");printf("*");printf("\n");
for(i=0;i<10;i++)  printf(" "); printf("*        "); printf("2-获取指定位置的子串");
for(i=0;i<3;i++)   printf(" ");printf("*"); printf("\n");
for(i=0;i<10;i++)  printf(" "); printf("*        "); printf("3-查找子串");
for(i=0;i<13;i++)  printf(" ");printf("*"); printf("\n");
for(i=0;i<10;i++)  printf(" "); printf("*        "); printf("4-替换子串");
for(i=0;i<13;i++)  printf(" ");printf("*");printf("\n");
for(i=0;i<10;i++)  printf(" "); printf("*        "); printf("5-连接串");
for(i=0;i<15;i++)  printf(" ");printf("*");printf("\n");
for(i=0;i<10;i++)  printf(" "); printf("*        "); printf("6-插入串");
for(i=0;i<15;i++)  printf(" ");printf("*");printf("\n");
for(i=0;i<10;i++)  printf(" "); printf("*        "); printf("7-删除指定位置的子串");
for(i=0;i<3;i++)   printf(" ");printf("*");printf("\n");
for(i=0;i<10;i++)  printf(" "); printf("*        "); printf("8-比较串的大小");
for(i=0;i<9;i++)   printf(" ");printf("*");printf("\n");
for(i=0;i<10;i++)  printf(" "); printf("*        "); printf("0-退出");
for(i=0;i<5;i++)   printf(" ");printf("*");printf("\n");
for(i=0;i<10;i++)  printf(" "); for(i=0;i<15;i++)  printf("*");printf("\n");
}
```

6) 菜单函数

```
void main()
{
```

```c
int i,j,m,pos,l;
Status k;
char s,c[MAXSTRLEN+1],c1[MAXSTRLEN+1],c2[MAXSTRLEN+1];
SString t,s1,s2;
menu();
while (k)
{printf("请选择 0--8 : ");
  scanf("%d",&m);  getchar();
  switch (m)
   {
   case 0:return;
   case 1:{
           printf("请输入串 s1:");
           gets(c);
           k=StrAssign(s1,c);
           if(!k)
             {
             printf("串长超过 MAXSTRLEN(=%d)\n",MAXSTRLEN);
             exit(0);
             }
           printf("新建串为:\n");
           StrPrint(s1);
           printf("\n");
           printf("串长为%d \n",StrLength(s1));
           printf("\n");
             break;
             }
   case 2:printf("求串 S1 的指定位置的子串。\n ");
           printf("请输入串 s1:");
           gets(c);
           k=StrAssign(s1,c);
           if(! k)
             {
             printf("串长超过 MAXSTRLEN(=%d)\n",MAXSTRLEN);
             exit(0);
             }
           printf("请输入子串的起始位置,子串长度:");
           scanf("%d,%d",&i,&j);
        l=SubString(t,s1,i,j);
           if(l)
             {
             printf("起始位置为%d,长度为%d的子串是:",i,j);
```

```
                    StrPrint(t);
                 }
             printf("\n");
             break;
    case 3:{printf("请输入主串 s1:\n ");
             gets(c);
             StrAssign(s1,c);
             printf("请输入模式串 t:\n ");
             gets(c);
             StrAssign(t,c);
             printf("请输入 pos 值:");
             scanf("%d",&pos);
             i=Index(s1,t,pos);
           if(i!=0) printf("s1 的第%d个字母起和%s 第一次匹配\n",i,c);
             else printf("s1 的第%d个字母开始没有子串%s\n",pos,c);
             printf("\n");
          break;}
    case 4:{
             printf("请输入主串 s1:\n");
             gets(c1);
             StrAssign(s1,c1);
             printf("请输入模式串 T:\n ");
             gets(c);
             StrAssign(t,c);
             printf("请输入替换串 v:\n    ");
             gets(c2);
             StrAssign(s2,c2);
             Replace(s1,t,s2);
             printf("用串%s 取代串%s 中和串%s 相同的不重叠的串后,串 s1 变为:",
                   c2,c1,c);
             StrPrint(s1);
             printf("\n");
            break;}
    case 5:{printf("请输入串 S1:\n");
             gets(c1);
             StrAssign(s1,c1);
             printf("请输入串 s2:\n ");
             gets(c2);
             StrAssign(s2,c2);
             k=Concat(t,s1,s2);
             printf("串 s1 连接串 s2 得到的串 t 为:");
             StrPrint(t);
```

```
            if(k==FALSE) printf("串 t 有截断\n");
            printf("\n");
            break;}
case 6:{ printf("请输入主串 S1:\n");
        gets(c1);
        StrAssign(s1,c1);
        printf("请输入插入串 t:\n ");
        gets(c);
        StrAssign(t,c);
        printf("请输入插入位置:\n ");
        scanf("%d",&i);
        StrInsert(s1,i,t);
        printf("在串 s1 的第%d 个字符之前插入串 t 后,串 s1 为:\n",i);
        StrPrint(s1);
        printf("\n");
        break;}
case 7:{printf("请输入串 s1:\n");
        gets(c1);
        StrAssign(s1,c1);
        printf("请输入待删除子串的起始位置,子串长度:");
        scanf("%d,%d",&i,&j);
        k=SubString(t,s1,i,j);
       if(k)
       {
        printf("删除的子串是:\n");
        StrPrint(t);
       }
        StrDelete(s1,i,j);
        if(StrEmpty(s1)!=1){ printf("删除后的串 s1 为:");
        StrPrint(s1);}
         else printf("当前串是空串\n");
       printf("\n");
      break;}
case 8:{printf("请输入串 S1:\n");
        gets(c1);
        StrAssign(s1,c1);
        printf("请输入串 s2:\n ");
        gets(c2);
        StrAssign(s2,c2);
         i=StrCompare(s1,s2);
        if(i<0) s='<';
```

```
                else if(i==0) s='=';
                    else  s='> ';
                printf("串 s1%c 串 s2\n",s);
                printf("\n");
                break;}
        default :return;
        }
        printf("\n");
        printf("继续运行吗 Y(1)/N(0):  ");
        scanf("%d",&k);   if(!k) return;
        printf("\n");
        menu();
        }
}
```

6. 运行测试

运行程序,输入相关数据,测试各功能函数,并将运行效果截图。

7. 上机训练题

(1) 将字符串中字符逆置,并与原字符串连接成为新的字符串。
(2) 已知字符串 s 和 t,统计字符串 t 在 s 中出现的次数。
(3) 已知两个字符串 s 和 t,找出 s 和 t 相同的最长后缀。
(4) 分别用串的堆分配存储表示和串的块链存储表示,编写程序,实现如下功能:
　　1-新建串
　　2-获取子串
　　3-查找子串
　　4-替换子串
　　5-连接串
　　6-插入串
　　7-删除指定位置的子串
　　8-比较串的大小
　　0-退出

8. 实验小结

小结本实验过程中出现的错误、面临的困难、这些错误和困难的解决方案,以及今后需要努力的方向。

4.2 拓展训练

1. 通过键盘输入字符串 s，编程求字符串 t，使得 st=ts。
2. 已知字符串 s 和 t，从 s 中删除全部与 t 相同的字符串。
3. 已知字符串 s 和 t，求所有包含在字符串 s 中但不包含在字符串 t 中的字符。
4. 已知字符串 s 和 t 的字符全部相同，试用栈的基本操作将字符串 s 变换为 t。

第 5 章 数组和广义表

5.1 数组的顺序存储和实现

实验目的：理解顺序队列的逻辑结构和存储结构，熟练掌握顺序队列的相关操作。

1. 问题描述

数组作为一种数据结构，其特点是结构中的元素可以是具有某种结构的数据，但属于同一数据类型。例如，一维数组可以视为一个线性表，二维数组可以视为"数据元素是一维数组"的一维数组，三维数组可以视为"数据元素是二维数组"的一维数组。一般把三维以上的数组称为多维数组，n 维的多维数组可以视为 n−1 维数组元素组成的线性结构。其中每一个一维数组又由 m 个单元组成。

"以行为主"次序分配存储单元，三维数组元素 a_{ijk} 的物理地址为

$$\text{LOC}(a_{ijk}) = \text{LOC}(a_{000}) + (i \times n \times p + j \times p + k) \times d \qquad (0 \text{ 下标起始的语言})$$

2. 数据结构设计

数组元素基址 base，数组维数 dim，数组维界基址 bounds，数组映像函数常量基址 constants 等四部分组成结构体 Array，具体定义如下。

```
/*数组的顺序存储表示*/
#define MAX_ARRAY_DIM 8 /*假设数组维数的最大值为 8*/
typedef struct
{
  ElemType * base; /*数组元素基址，由 InitArray 分配*/
  int dim; /*数组维数*/
  int *bounds; /*数组维界基址，由 InitArray 分配*/
  int *constants; /*数组映象函数常量基址，由 InitArray 分配*/
}Array;
```

3. 功能（函数）设计

InitArray(Array *A,int dim,…)
若维数 dim 和各维长度合法，则构造相应的数组 A，并返回 O。
Locate(Array A,va_list ap,int *off) /*Value()、Assign()调用此函数*/
若 ap 指示的各下标值合法，则求出该元素在 A 中的相对地址 off。

```
GetHead(SqQueue Q,QElemType *e)
```
初始条件:队列存在。
操作结果:若队列不空,则用 e 返回 Q 的队头元素,并返回 OK,否则返回 ERROR。
```
Value(ElemType *e,Array A,…) /*在 VC++中,…之前的形参不能是引用类型*/
```
若各下标合法,则 e 被赋值为 A 的相应的元素值。
```
Assign(Array *A,ElemType e,…)
```
若各下标合法,则将 e 的值赋给 A 的指定的元素。
```
DestroyArray(Array * A)//销毁数组
```

4. 界面设计

用菜单列出如下功能,要求操作步骤提示清晰,操作结果显示整齐。

    1-新建三维数组
    2-显示当前数组元素
    3-读取指定位置元素
    4-赋值给指定位置
    5-清空数组元素
    6-销毁数组
    0-退出

5. 编码实现

1) 预处理程序

```c
/*程序名)*/
#include<malloc.h>  /*malloc()等*/
#include<stdio.h>   /*EOF(=^Z 或 F6),NULL*/
#include<process.h> /*exit()*/
#include<stdarg.h>  /*标准头文件,提供宏 va_start,va_arg 和 va_end,用于存取变长
                      参数表*/

/*函数结果状态代码*/
#define TRUE 1
#define FALSE 0
#define OK 1
#define ERROR 0
#define INFEASIBLE -1
#define OVERFLOW -2
#define UNDERFLOW 4
typedef int Status; /*Status 是函数的类型,其值是函数结果状态代码,如 OK 等*/
typedef int Boolean; /*Boolean 是布尔类型,其值是 TRUE 或 FALSE*/
typedef int ElemType;
```

2) 定义数据结构

/*数组的顺序存储表示*/
#define MAX_ARRAY_DIM 8 /*假设数组维数的最大值为 8*/
typedef struct
{
　ElemType *base; /*数组元素基址,由 InitArray 分配*/
　int dim; /*数组维数*/
　int *bounds; /*数组维界基址,由 InitArray 分配*/
　int *constants; /*数组映像函数常量基址,由 InitArray 分配*/
}Array;

3) 顺序存储数组的基本操作

```
Status InitArray(Array *A,int dim,…)
{ /*若维数 dim 和各维长度合法,则构造相应的数组 A,并返回 OK*/
    int elemtotal=1,i; /*elemtotal 是元素总值*/
    va_list ap;
    if(dim<1||dim> MAX_ARRAY_DIM) return ERROR;
    (*A).dim=dim; (*A).bounds=(int *)malloc(dim*sizeof(int));
    if(!(*A).bounds) exit(OVERFLOW);
    va_start(ap,dim);
    for(i=0;i<dim;++i)
    {(*A).bounds[i]=va_arg(ap,int);
        if((*A).bounds[i]<0)return UNDERFLOW;
        elemtotal*=(*A).bounds[i];
    }
    va_end(ap);
    (*A).base=(ElemType *)malloc(elemtotal* sizeof(ElemType));
    if(!(*A).base) exit(OVERFLOW);
    (*A).constants=(int *)malloc(dim* sizeof(int));
    if(!(*A).constants) exit(OVERFLOW);
    (*A).constants[dim-1]=1;
    for(i=dim-2;i>=0;--i) (*A).constants[i]=(*A).bounds[i+1]*(*A).constants[i+1];
    return OK;
}
Status DestroyArray(Array *A) /*销毁数组 A*/
{   if((*A).base){ free((*A).base); (*A).base=NULL;}
    else  return ERROR;
      if((*A).bounds) {free((*A).bounds); (*A).bounds=NULL; }
      else return ERROR;
    if((*A).constants){ free((*A).constants); (*A).constants=NULL; }
    else return ERROR;
```

```c
        return OK;
    }
    Status Locate(Array A,va_list ap,int *off) /*Value()、Assign()调用此函数*/
    { /*若ap指示的各下标值合法,则求出该元素在A中的相对地址off*/
        int i,ind;
        *off=0;
        for(i=0;i<A.dim;i++)
        { ind=va_arg(ap,int);
            if(ind<0||ind>=A.bounds[i]) return OVERFLOW;
            *off+=A.constants[i]* ind;
        }
        return OK;
    }
    Status Value(ElemType *e,Array A,…) /*在VC++中,…之前的形参不能是引用类型*/
    { /*…依次为各维的下标值,若各下标合法,则e被赋值为A的相应的元素值*/
        va_list ap;
        Status result;
        int off;
        va_start(ap,A);
        if((result=Locate(A,ap,&off))==OVERFLOW) /*调用Locate()*/
            return result;
        *e=*(A.base+off);
        return OK;
    }
    Status Assign(Array *A,ElemType e,…)
    { /*…依次为各维的下标值,若各下标合法,则将e的值赋给A的指定的元素*/
        va_list ap;
        Status result;
        int off;
        va_start(ap,e);
        if((result=Locate(*A,ap,&off))==OVERFLOW)  return result; /*调用Locate()*/
        *((*A).base+off)=e;
        return OK;
    }
```

4) 菜单函数
```c
    void menu()
    {
    int i;
    for(i=0;i<10;i++)  printf(" ");
    for(i=0;i<16;i++)  printf("*");printf("\n");
    for(i=0;i<10;i++)  printf(" "); printf("*         ");
```

```
    printf("1-新建三维数组  ");
    for(i=0;i<10;i++)  printf(" ");printf("*");printf("\n");
    for(i=0;i<10;i++)  printf(" "); printf("*       ");
    printf("2-显示当前数组元素");
    for(i=0;i<7;i++)   printf(" ");printf("*");printf("\n");
    for(i=0;i<10;i++)  printf(" "); printf("*       ");
    printf("3-读取指定位置元素");
    for(i=0;i<7;i++)   printf(" ");printf("*");printf("\n");
    for(i=0;i<10;i++)  printf(" "); printf("*       ");
    printf("4-赋值给指定位置");
    for(i=0;i<9;i++)   printf(" ");printf("*");printf("\n");
    for(i=0;i<10;i++)  printf(" "); printf("*       ");
    printf("5-清空数组元素");
    for(i=0;i<11;i++)  printf(" ");printf("*");printf("\n");
    for(i=0;i<10;i++)  printf(" "); printf("*       ");
    printf("6-销毁数组");
    for(i=0;i<15;i++)  printf(" ");printf("*");printf("\n");
    for(i=0;i<10;i++)  printf(" "); printf("*       ");
    printf("0-退出");
    for(i=0;i<7;i++)   printf(" ");printf("*");printf("\n");
    for(i=0;i<10;i++)  printf(" ");
    for(i=0;i<16;i++)  printf("* ");printf("\n");
}
```

5) 主函数

```
void main()
{
    Array A;
    int z[3];
    inti,j,k,*p,p1,dim=3;
    ElemType e;
    va_list ap;
    int m,n,x,*ff;
    menu();
    while (k)
    {printf("请选择 0--7 :      ");
    scanf("%d",&m);
    getchar();
    switch (m)
    {
    case 0:return;
    case 1:{
```

```c
            for(i=0;i<3;i++)
            { printf("请输入第%d维的维界:",i+1);
                scanf("%d",&m);
                z[i]=m;
            }
            n=InitArray(&A,dim,z[0],z[1],z[2]); /*构造z[0]*z[1]*z[2]的3
                                                      维数组A*/
            if(n==OK) printf ("%d页%d行%d列三维数组初始化成功:\n",z[0],
                                z[1],z[2]);
              p=A.bounds;

              p1=A.constants;

  printf("你将要新建一个%d页%d行%d列的三维数组:\n",z[0],z[1],z[2]);
  for(i=0;i<z[0];i++)
  {
    for(j=0;j<z[1];j++)
    {
      for(k=0;k<z[2];k++)
      { printf("输入%d页%d行%d列的元素:\n",i,j,k);
        scanf("%d",&x);
        Assign(&A,x,i,j,k);/*将x赋值给A[i][j][k]*/
      }
    }
  }

  }
  printf("当前新建的%d页%d行%d列三维数组元素是:\n",z[0],z[1],z[2]);
  for(i=0;i<z[0];i++)
  { printf("第%d页元素:\n",i);
    for(j=0;j<z[1];j++)
      {
        for(k=0;k<z[2];k++)
        {
          Value(&e,A,i,j,k); /*将A[i][j][k]的值赋给e*/
          printf("% 2d ",e); /*输出A[i][j][k]*/
        }
        printf("\n");
      }
     printf("\n");
   }
     break;}
   case 2:printf("当前%d页%d行%d列矩阵元素如下:\n",z[0],z[1],z[2]);
```

```c
       for(i=0;i<z[0];i++)
       { printf("第%d页元素:\n",i);
         for(j=0;j<z[1];j++)
         {
            for(k=0;k<z[2];k++)
            {
              Value(&e,A,i,j,k); /*将A[i][j][k]的值赋给e*/
              printf("A[%d][%d][%d]=% 2d ",i,j,k,e); /*输出A[i][j][k]*/
            }
            printf("\n");
         }
         printf("\n");
       }
             break;
       case 3:{ printf("请输入页,行,列:");
             scanf("%d%d%d",&i,&j,&k);
             Value(&e,A,i,j,k); /*将A[i][j][k]的值赋给e*/
             printf ("A[%d][%d][%d]=% 2d ",i,j,k,e); /*输出A[i][j][k]*/
                break;}
       case 4:{ printf("请输入指定位置的页,行,列:");
             scanf("%d%d%d",&i,&j,&k);
             printf("请输入%d页%d行%d列的元素:\n",i,j,k);
                scanf("%d",&x);
         Assign(&A,x,i,j,k); /*将x赋值给A[i][j][k]*/
          Value(&e,A,i,j,k); /*将A[i][j][k]的值赋给e*/
           printf("当前A[%d][%d][%d]=% 2d ",i,j,k,e); /*输出A[i][j][k]*/
                break;}
       case 5:{ n=InitArray(&A,dim,z[0],z[1],z[3]);
                if(n==OK)
                 printf("当前数组回到初始化状态.\n ");
                break;}
       case 6:{ if(DestroyArray(&A)!=OK);
                   printf("当前数组已销毁.\n ");
                    break;}
         default :return;
       }
       printf("继续运行吗 Y(1)/N(0):  ");
       scanf("%d",&k);
       if(!k) return;
     menu();
       }
}
```

6. 运行测试

建立三维数组，输入相关数据，测试各功能函数，并将运行效果截图。

7. 上机训练题

（1）新建一个三维数组，将每一页的二维数组转置，得到一个新的三维数组。

（2）C语言运行二维数组初始化语句 int a[ ][3]={1,2,3,4,5,6}；将得到一个2×3的二维数组。修改本次实验的有关函数，实现此语句的功能。

8. 实验小结

小结本实验过程中出现的错误、面临的困难、这些错误和困难的解决方案，以及今后需要努力的方向。

5.2 稀疏矩阵三元组顺序表存储和实现

实验目的：

（1）掌握稀疏矩阵三元组表的存储、创建、显示、转置和查找等方法。
（2）掌握稀疏矩阵三元组表示的算法分析方法。

1. 问题描述

一个阶数较大的矩阵中的非零元素个数 s 相对于矩阵元素的总个数 t 很小时，一般认为 s/t 不超过 5%，称该矩阵为稀疏矩阵。稀疏矩阵的压缩方法是只存储非零元素。由于稀疏矩阵中非零元素的分布没有任何规律，所以在存储非零元素时还必须同时存储该非零元素所对应的行下标和列下标。若把系数矩阵的三元组线性表按顺序存储结构存储，则称为系数矩阵的三元组顺序表。

2. 数据结构设计

```
/*稀疏矩阵的三元组顺序表存储表示*/
#define MAXSIZE 100 /*非零元个数的最大值*/
typedef struct
{
  int i,j; /*行下标,列下标*/
  ElemType e; /*非零元素值*/
}Triple;
typedef struct
{
  Triple data[MAXSIZE+1]; /*非零元三元组表,data[0]未用*/
  int mu,nu,tu; /*矩阵的行数、列数和非零元个数*/
}TSMatrix;
```

3. 功能（函数）设计

```
Status CreateSMatrix(TSMatrix *M)/*创建稀疏矩阵 M*/
DestroySMatrix(TSMatrix *M)/*销毁稀疏矩阵 M*/
AddSMatrix(TSMatrix M,TSMatrix N,TSMatrix *Q)/*求稀疏矩阵的和 Q=M+N*/
SubtSMatrix(TSMatrix M,TSMatrix N,TSMatrix *Q)/*求稀疏矩阵的差 Q=M-N*/
MultSMatrix(TSMatrix M,TSMatrix N,TSMatrix *Q)/*求稀疏矩阵的乘积 Q=M*N*/
TransposeSMatrix(TSMatrix M,TSMatrix *T) /*求稀疏矩阵 M 的转置矩阵 T*/
```

4. 界面设计

用菜单列出如下功能，要求操作步骤提示清晰，操作结果显示整齐。

  1-新建稀疏矩阵
  2-复制稀疏矩阵
  3-稀疏矩阵的转置
  4-销毁稀疏矩阵
  5-常用稀疏矩阵的运算
  0-退出

其中，矩阵运算子菜单如下。

  1-矩阵加法
  2-矩阵减法
  3-矩阵乘法
  0-返回

5. 编码实现

1) 预处理程序

```
/*程序头文件*/
#include<malloc.h>  /*malloc()等*/
#include<stdio.h>  /*EOF(=^Z 或 F6),NULL*/
#include<process.h>  /*exit()*/
/*函数结果状态代码*/
#define TRUE 1
#define FALSE 0
#define OK 1
#define ERROR 0
#define INFEASIBLE -1
#define OVERFLOW -2
typedef int Status; /*Status 是函数的类型,其值是函数结果状态代码,如 OK 等*/
typedef int Boolean; /*Boolean 是布尔类型,其值是 TRUE 或 FALSE*/
typedef int ElemType;
```

2) 定义数据结构

  /*稀疏矩阵的三元组顺序表存储表示*/

```
#define MAXSIZE 100 /*非零元个数的最大值*/
typedef struct
{
  int i,j; /*行下标,列下标*/
  ElemType e; /*非零元素值*/
}Triple;
typedef struct
{
  Triple data[MAXSIZE+1]; /*非零元三元组表,data[0]未用*/
  int mu,nu,tu; /*矩阵的行数、列数和非零元个数*/
}TSMatrix;
```

3) 三元组稀疏矩阵的基本操作

```
Status CreateSMatrix(TSMatrix *M) /*创建稀疏矩阵M*/
{ int i,m,n;
  ElemType e;
  Status k;
  printf("请输入矩阵的行数,列数,非零元素数:");
  scanf("%d,%d,%d",&(*M).mu,&(*M).nu,&(*M).tu);
  (*M).data[0].i=0; /*为以下比较顺序做准备*/
  for(i=1;i<=(*M).tu;i++)
  {do
    {printf("按行序顺序输入第%d个非零元素所在行(1~%d),列(1~%d),元素值:",i,
        (*M).mu,(*M).nu);
      scanf("%d,%d,%d",&m,&n,&e);
      k=0;
      if(m<1||m> (*M).mu||n<1||n> (*M).nu) k=1; /*行或列超出范围*/
      if(m< (*M).data[i-1].i||m==(*M).data[i-1].i&&n<=(*M).data[i-1].j)
        k=1; /*行或列的顺序有错*/
    }while(k);
    (*M).data[i].i=m; (*M).data[i].j=n;(*M).data[i].e=e;
  }
  return OK;
}
void DestroySMatrix(TSMatrix *M) /*销毁稀疏矩阵M*/
{ (*M).mu=0;(* M).nu=0;(*M).tu=0;}
```

4) 显示函数

```
void PrintSMatrix(TSMatrix M) /*输出稀疏矩阵M*/
{ int i;
  printf("%d行%d列%d个非零元素。\n",M.mu,M.nu,M.tu);
  printf("行  列  元素值\n");
  for(i=1;i<=M.tu;i++)
    printf("%2d%4d%8d\n",M.data[i].i,M.data[i].j,M.data[i].e);
```

}
  Status CopySMatrix(TSMatrix M,TSMatrix *T) /*由稀疏矩阵 M 复制得到 T*/
  { (*T)=M; return OK; }

5) 比较元素的大小

  int comp(int c1,int c2)/*AddSMatrix 函数要用到*/
  { int i;
    if(c1<c2)i=1;
    else if(c1==c2)i=0;
      else i=-1;
    return i;
  }

6) 常用的稀疏矩阵运算函数

  Status AddSMatrix(TSMatrix M,TSMatrix N,TSMatrix *Q) /*求稀疏矩阵的和 Q=M+N*/
  {   Triple *Mp,*Me,*Np,*Ne,*Qh,*Qe;
   if(M.mu!=N.mu)return ERROR;
   if(M.nu!=N.nu) return ERROR;
   (*Q).mu=M.mu; (*Q).nu=M.nu;
   Mp=&M.data[1]; /*Mp 的初值指向矩阵 M 的非零元素首地址*/
   Np=&N.data[1]; /*Np 的初值指向矩阵 N 的非零元素首地址*/
   Me=&M.data[M.tu]; /*Me 指向矩阵 M 的非零元素尾地址*/
   Ne=&N.data[N.tu]; /*Ne 指向矩阵 N 的非零元素尾地址*/
   Qh=Qe=(*Q).data; /*Qh、Qe 的初值指向矩阵 Q 的非零元素首地址的前一地址*/
   while(Mp<=Me&&Np<=Ne)
   { Qe++;
     switch(comp(Mp->i,Np->i))
     {
       case 1:*Qe=*Mp;
               Mp++;
               break;
       case 0:switch(comp(Mp->j,Np->j)) //M、N 矩阵当前非零元素的行相等,继续比
                                          较列
             {
               case 1:*Qe=*Mp;
                      Mp++;
                      break;
               case 0:*Qe=*Mp;
                      Qe->e+=Np->e;
                      if(!Qe->e) /*元素值为 0,不存入压缩矩阵*/
                         Qe--;
                      Mp++;
                      Np++;

```
                              break;
                    case -1:*Qe=*Np;
                             Np++;
                  }
                      break;
         case -1:*Qe=*Np;
                 Np++;
      }
    }
    if(Mp>Me) /*矩阵 M 的元素全部处理完毕*/
      while(Np<=Ne)
      { Qe++;*Qe=* Np; Np++; }
    if(Np>Ne) /*矩阵 N 的元素全部处理完毕*/
      while(Mp<=Me)
      { Qe++; *Qe=* Mp; Mp++;}
    (*Q).tu=Qe- Qh; /*矩阵 Q 的非零元素个数*/
    return OK;
}
Status SubtSMatrix(TSMatrix M,TSMatrix N,TSMatrix *Q) /*求稀疏矩阵的差 Q=M-N*/
{   int i;
    for(i=1;i<=N.tu;i++) N.data[i].e*=-1;
    AddSMatrix(M,N,Q);
    return OK;
}
Status MultSMatrix(TSMatrix M,TSMatrix N,TSMatrix *Q) /*求稀疏矩阵的乘积 Q=M* N*/
{   int i,j,h=M.mu,l=N.nu,Qn=0;
    /*h,l 分别为矩阵 Q 的行、列值,Qn 为矩阵 Q 的非零元素个数,初值为 0*/
    ElemType *Qe;
    if(M.nu!=N.mu)return ERROR;
    (*Q).mu=M.mu;(*Q).nu=N.nu;
    Qe=(ElemType *)malloc(h*l*sizeof(ElemType)); /*Qe 为矩阵 Q 的临时数组*/
    /*矩阵 Q 的第 i 行 j 列的元素值存于*(Qe+(i-1)*l+j-1)中,初值为 0*/
    for(i=0;i<h*l;i++)*(Qe+i)=0; /*赋初值 0*/
    for(i=1;i<=M.tu;i++) /*矩阵元素相乘,结果累加到 Qe*/
      for(j=1;j<=N.tu;j++)
        if(M.data[i].j==N.data[j].i)
          * (Qe+(M.data[i].i-1)*l+N.data[j].j-1)+=M.data[i].e*N.data[j].e;
    for(i=1;i<=M.mu;i++)
      for(j=1;j<=N.nu;j++)
        if(* (Qe+(i-1)* l+j-1)!=0)
        { Qn++; (*Q).data[Qn].e=* (Qe+(i-1)*l+j-1);
          (*Q).data[Qn].i=i; (*Q).data[Qn].j=j;}
```

```c
      free(Qe);
      (*Q).tu=Qn;
      return OK;
}
Status TransposeSMatrix(TSMatrix M,TSMatrix *T) /*求稀疏矩阵M的转置矩阵T*/
{ int p,q,col;
   (*T).mu=M.nu;(*T).nu=M.mu;(*T).tu=M.tu;
   if((*T).tu)
   { q=1;
      for(col=1;col<=M.nu;++col)
        for(p=1;p<=M.tu;++p)
          if(M.data[p].j==col)
          {(*T).data[q].i=M.data[p].j;
            (*T).data[q].j=M.data[p].i;
            (*T).data[q].e=M.data[p].e;
            ++q;
          }
   }
   return OK;
}
```

7) 主菜单

```c
void menu()
{
int i;
for(i=0;i<10;i++)  printf(" ");
for(i=0;i<16;i++)  printf("*");printf("\n");
for(i=0;i<10;i++)  printf(" "); printf("*        ");
printf("1-新建稀疏矩阵 ");
for(i=0;i<12;i++)  printf(" ");printf("*");printf("\n");
for(i=0;i<10;i++)  printf(" "); printf("*        ");
printf("2-复制稀疏矩阵");
for(i=0;i<5;i++)  printf(" ");printf("*");printf("\n");
for(i=0;i<10;i++)  printf(" "); printf("*        ");
printf("3-稀疏矩阵的转置");
for(i=0;i<4;i++)  printf(" ");printf("*");printf("\n");
for(i=0;i<10;i++)  printf(" "); printf("*        ");
printf("4-销毁稀疏矩阵");
for(i=0;i<2;i++)  printf(" ");printf("*");printf("\n");
for(i=0;i<10;i++)  printf(" "); printf("*        ");
printf("5-常用稀疏矩阵的运算");
```

```
    for(i=0;i<1;i++)   printf(" ");printf("*");printf("\n");
    for(i=0;i<10;i++)  printf(" "); printf("*        ");
    printf("0-退出");
    for(i=0;i<7;i++)   printf(" ");printf("*");printf("\n");
    for(i=0;i<10;i++)  printf(" ");
    for(i=0;i<16;i++)  printf("*");printf("\n");
   }
```

8) 矩阵运算子菜单

```
void menu1()
{
int i;
for(i=0;i<10;i++)  printf(" ");
for(i=0;i<16;i++)  printf("*");printf("\n");
for(i=0;i<10;i++)  printf(" "); printf("*        ");
printf("1-矩阵加法 ");
for(i=0;i<12;i++)  printf(" ");printf("*");printf("\n");
for(i=0;i<10;i++)  printf(" "); printf("*        ");
printf("2-矩阵减法");
for(i=0;i<5;i++)   printf(" ");printf("*");printf("\n");
for(i=0;i<10;i++)  printf(" "); printf("*        ");
printf("3-矩阵乘法");
for(i=0;i<4;i++)   printf(" ");printf("*");printf("\n");
for(i=0;i<10;i++)  printf(" "); printf("*        ");
printf("0-返回");
for(i=0;i<7;i++)   printf(" ");printf("*");printf("\n");
for(i=0;i<10;i++)  printf(" ");
for(i=0;i<16;i++)  printf("*");printf("\n");
 }
```

9) 常用矩阵运算函数调用

```
void Matrixp()
{  TSMatrix A,B,C;
   int j,n;
   menu1();
   while (j)
   {printf("请选择 0--3:      ");
   scanf("%d",&n);
   getchar();
   switch (n)
   {
   case 0:return;
   case 1:{ printf("计算 A+B:\n");
```

```
            printf("输入矩阵 A:\n ");
            CreateSMatrix(&A);
            printf("输入矩阵 B 的行、列分别为%d,%d\n",A.mu,A.nu);
            CreateSMatrix(&B);
            AddSMatrix(A,B,&C);
            printf("矩阵 A 是:");
            PrintSMatrix(A);
            printf("矩阵 B 是:");
            PrintSMatrix(B);
            printf("矩阵 A+B 是:");
            PrintSMatrix(C);
            DestroySMatrix(&A);
             DestroySMatrix(&B);
            DestroySMatrix(&C);
            printf("\n");
             break;}
    case 2:{ printf("计算 A-B:\n ");
            printf("输入矩阵 A:\n ");
            CreateSMatrix(&A);
             printf("输入矩阵 B 的行、列分别为%d,%d\n",A.mu,A.nu);
            CreateSMatrix(&B);
            SubtSMatrix(A,B,&C);
            printf("矩阵 A 是 ");
            PrintSMatrix(A);
            printf("矩阵 B 是");
            PrintSMatrix(B);
            printf("矩阵 A+B 是");
            PrintSMatrix(C);
            DestroySMatrix(&A);
             DestroySMatrix(&B);
            DestroySMatrix(&C);
            printf("\n");
             break;}
    case 3: { printf("计算 A* B:\n");
            printf("输入矩阵 A:\n");
            CreateSMatrix(&A);
            printf("输入矩阵 B 的行数为%d)\n",A.nu);
            CreateSMatrix(&B);
            MultSMatrix(A,B,&C);
            printf("矩阵 A 是");
            PrintSMatrix(A);
            printf("矩阵 B 是");
```

```
                    PrintSMatrix(B);
                    printf("矩阵 A* B 是");
                    PrintSMatrix(C);
                    DestroySMatrix(&A);
                     DestroySMatrix(&B);
                    DestroySMatrix(&C);
                    printf("\n");
                     break;}
            default :return;
            }
            printf("继续运行吗 Y(1)/N(0):   ");
            scanf("%d",&j);
            if(!j) return;
            menu1();
        }
    }
```

10) 主函数

```
    void main()
    {
       TSMatrix A,B,C;
       int k,m;
        menu();
         while (k)
         {printf("请选择 0--5:        ");
         scanf("%d",&m);
        getchar();
         switch (m)
         {
         case 0:return;
         case 1:{ printf("创建矩阵 A:");
                CreateSMatrix(&A);
                PrintSMatrix(A);
                printf("\n");
                 break;}
         case 2:{ printf("由矩阵 A 复制矩阵 B:");
                CopySMatrix(A,&B);
                PrintSMatrix(B);
                printf("\n");
                 break;}
         case 3:{ printf("原矩阵是:\n");
                PrintSMatrix(A);
```

```
                printf("转置后的矩阵是:");
                TransposeSMatrix(A,&C);
                PrintSMatrix(C);
                printf("\n");
                break;}
        case 4: { DestroySMatrix(&A);
                printf("销毁矩阵 A 后:\n");
                PrintSMatrix(A);
                 DestroySMatrix(&B);
                printf("销毁矩阵 B 后:\n");
                PrintSMatrix(B);
                DestroySMatrix(&C);
                printf("销毁矩阵 C 后:\n");
                PrintSMatrix(C);printf("\n");
                break;}
        case 5: {
                Matrixp();
                 printf("\n");
                 break;}
          default :return;
        }
    printf("继续运行吗 Y(1)/N(0):   ");
    scanf("%d",&k);if(! k) return;
    menu();
    }
}
```

6. 运行测试

建立稀疏矩阵,输入相关数据,测试各功能函数,并将运行效果截图。

7. 上机训练题

(1) 编程求稀疏矩阵对角线元素之和。
(2) 稀疏矩阵十字链表存储,实现本实验的全部功能。

8. 实验小结

小结本实验过程中出现的错误、面临的困难、这些错误和困难的解决方案,以及今后需要努力的方向。

5.3 广义表的表示和实现

实验目的:

(1) 掌握广义表的存储结构以及基本操作。

(2) 掌握广义表的算法分析方法。

1. 问题描述

广义表是线性表的推广。在广义表中,要求各原子具有相同的类型,但允许各子表具有不同的结构。广义表通常用链式存储结构进行存储,链表中的每个节点对应广义表中的一个元素。对于原子元素,sublist 和 link 都是指针域,前者是子表,后者指向下一个元素。

2. 数据结构设计

```
/*扩展线性链表存储的数据结构*/
struct linknode                        //定义广义表
{
    int tag;                           //区分原子项或子表的标志性
    linknode *link;                    //存放下一个元素的地址
    union data_sublist
    {
        char data;                     //存放原子的值
        linknode *sublist;             //存放子表的指针
    }node;
};
```

3. 功能(函数)设计

广义表的基本操作包括新建、求表长、求表深、求表头、表尾、查找、显示。

4. 界面设计

1) 一级菜单

广义表基本操作

  1-广义表(扩展线性链表存储)

  2-广义表(头尾链表存储)

  0-退 出

2) 二级菜单

二级菜单有两个,操作函数名完全一样,具体功能如下:

广义表(扩展线性链表存储)

  1-新 建

  2-表 长

  3-表 深

  4-表 头

  5-表 尾

6-查　　找
7-显　　示
0-返　　回

5. 编码实现

1) 预处理程序

```
#include<string.h>
  #include<stdio.h>  /*EOF(=^Z 或 F6),NULL*/
#include<process.h>  /*exit()*/
#define SMAX 100
/*此处补充完成头尾链表存储的预处理程序*/
```

2) 定义数据结构

```
/*此处补充完成定义头尾链表存储的数据结构*/
/*扩展线性链表存储的数据结构*/
struct linknode                        //定义广义表
{
int tag;                               //区分原子项或子表的标志性
linknode *link;                        //存放下一个元素的地址
union data_sublist
{
char data;                             //存放原子的值
linknode *sublist;                     //存放子表的指针
}node;
};
```

3) 广义表常用基本操作

```
/*1.广义表常用基本操作(扩展线性链表存储)*/
/*此处补充完成扩展线性链表存储表示的广义表的求表头、表尾,求深度、长度等函数*/
void Disastr (char s[],char hstr[])    //从 s 中分离出表头节点 hstr
{
  int i=0,j=0,k=0,r=0; char rstr[100];
  while (s[i]&&(s[i]!=','||k))
  { if(s[i]=='(')  k++;
     else if(s[i]==')')  k--;
     if(s[i]!=','||(s[i]==','&&k)){ hstr[j]=s[i]; i++; j++;}
  }
  hstr[i]='\0';//完成将表头节点存入数组 hstr
  if(s[i]==',')i++;
  while(s[i]) { rstr[r]=s[i];r++;i++;}
  rstr[r]='\0'; strcpy(s,rstr);//完成将表尾存入数组 s
}
```

```c
linknode * CreateGL1(char s[])
{ linknode *p,*q,* r,* gh;    char subs[100],  hstr[100];
  int len; len=strlen(s);
  if(! strcmp(s,"()")) gh=NULL; //判断是否为空表
else
  if(len==1)
    {gh=new linknode;gh->tag=0;gh->node.data=* s;gh->link=NULL; }//读入原子
  else{ gh=new linknode; gh->tag=1; p=gh; s++;
     strncpy(subs,s,len- 2);//脱掉外层括号后,存入数组 subs
     subs[len-2]='\0';
     do
        {Disastr(subs,hstr);//从 subs 中分离出表头节点,存入 hstr
         r=CreateGL1(hstr);
         p->node.sublist=r;
         q=p;
         len=strlen(subs);
         if(len>0){p=new linknode;p->tag=1;q->link=p;//读入链表指针 }
        }while(len>0);
     q->link=NULL;
    }
  return gh;
}
void Showgl1part(linknode *gnode)    //显示广义表,但第一个括号"("未显示
  {linknode *p,*q;
   if(gnode)
     do
      { p=gnode->node.sublist;   q=gnode->link;
        while(q&&p&&! p->tag)
          { printf("%c,",p->node.data);p=q->node.sublist;q=q->link;}
          if(p&&! p->tag){ printf("%c",p->node.data); break;}
          else{ if(!p)printf("()");
               else{ printf("("); Showgl1part(p);}
               if(q) printf(", ");
               gnode=q;
             }

      }while(gnode);
    printf(")");
}
void Showgl1full(linknode *gnode) //显示广义表
    {printf("("); Showgl1part(gnode);}
int Search1(linknode *gnode,char x)          //查找广义表示中的元素
```

```
{   int find=0;
    if(gnode!=NULL)
      { if(!gnode->tag && gnode->node.data==x) return 1;
        else if(gnode->tag) find=Search1(gnode->node.sublist,x);
        if(find) return 1;
        else    return Search1(gnode->link,x);
      }
    else    return 0;
}
/*2.广义表常用基本操作(头尾链表存储)*/
/*此处补充完成头尾链表存储表示的广义表的新建、显示与查找,求表头表尾,求深度长度等函数*/
```

4) 菜单操作

```
void menu(){
printf("\n");
printf("\n\t\t                广义表基本操作\n");
printf("\n\t\t******************************************");
printf("\n\t\t*           1-广义表（扩展线性链表存储）           *");
printf("\n\t\t*           2-广义表 (头尾链表存储）              *");
printf("\n\t\t*           0-退   出                          *");
printf("\n\t\t****************************************** ");
printf("\n\n\t\t请输入菜单号(0-2):");
}
void vastlist1()
{
    int ch=1,choice;
    char x;
    char str[SMAX];
    linknode *vastlist=NULL;
    while(ch)
    {
    printf("\n");
    printf("\n\t\t         广义表(扩展线性链表存储)\n              ");
    printf("\n\t\t*******************************************");
    printf("\n\t\t*           1-新    建              *");
    printf("\n\t\t*           2-表    长              *");
    printf("\n\t\t*           3-表    深              *");
    printf("\n\t\t*           4-表    头              *");
    printf("\n\t\t*           5-表    尾              *");
    printf("\n\t\t*           6-查    找              *");
    printf("\n\t\t*           7-显    示              *");
```

```
            printf("\n\t\t*                    0-返回                          *");
            printf("\n\t\t****************************************************");
            printf("\n\t\t\t请输入菜单号(0-7):");
              scanf("%u",&choice);
        switch(choice)
        {
        case 1:
            printf("\n\t\t请输入广义表字符串:");
            scanf("%s",&str);
             vastlist=CreateGL1(str);
             printf("\n\t\t新建广义表是:");
             if(vastlist==NULL)
              printf("\n\t\t广义表为空！\n");
            else
            {
                printf("\n\t\t");

                Showgl1full(vastlist);
             }
            break;
        case 2:printf("\n\t\t请你独立补充完成该程序\n");
               break;
        case 3:printf("\n\t\t请你独立补充完成该程序\n");
               break;
        case 4:printf("\n\t\t请你独立补充完成该程序\n");
               break;
        case 5:printf("\n\t\t请你独立补充完成该程序\n");
               break;
        case 6:
            if(vastlist==NULL)
             printf("\n\t\t广义表为空！\n");
            else
            {
                printf("\n\t\t输入要查找的广义表中的元素:");
            scanf("%s",&x);
                if(Search1(vastlist,x)==1)
                   printf("\n\t\t该元素在广义表中存在！\n");
                   else printf("\n\t\t该元素在广义表中不存在！\n");
             }
             break;
        case 7:
            if(vastlist==NULL)
```

```
            printf("\n\t\t 广义表为空！\n");
         else
          {
             printf("\n\t\t");

             Showgl1full(vastlist);
           }
       break;
       case 0:
        ch=0;
        break;
    default:

    system("cls");
    printf("\n\t\t 输入有误！请重新输入！\n");
         }

       if (choice==1||choice==2||choice==3||choice==4||choice==5||choice==6||
          choice==7)
       {
          printf("\n\t\t");
       system("pause");
       system("cls");
       }
       else system("cls");
     }
    }
    void vastlist2()
    {printf("\n\t\t 模仿 vastlist1()编写程序\n");
     }
```
5) 主函数
```
    void main()
    {
       int ch=1,choice;
       while(ch)
    {menu();
    scanf("%u",&choice);
    switch(choice)
     {
        case 1:
            system("cls");
```

```
                vastlist1();
                 break;
            case 2:
                system("cls");
                vastlist2();
                break;
            case 0:
                ch=0;
                break;
            default:
              system("cls");
        }
      }
    }
```

6. 运行测试

运行程序,输入相关数据,测试各功能函数,并将运行效果截图。

7. 上机训练题

(1) 补充完成本实验程序。要求现有函数只可以被调用,不得改动。
(2) 添加程序,完成括号配对检测。如果输入括号不匹配,提醒用户检查后重新输入。

8. 实验小结

小结本实验过程中出现的错误、面临的困难、这些错误和困难的解决方案,以及今后需要努力的方向。

5.4 拓展训练

1. 已知 n 阶方阵用稀疏矩阵三元组表示,编程求它的平方。
2. 设计算法,判断两个广义表是否相等。

第6章 树和二叉树

6.1 二叉树的链式存储和实现

实验目的：理解二叉树的逻辑结构和存储结构，熟练掌握二叉树的相关操作。

1. 问题描述

二叉树(binary tree)是 $n(n \geqslant 0)$ 个节点的有限集合。对于非空树有

(1) 有一个特定的称为根的节点；

(2) 根节点以外的其余节点分别由两棵互不相交的称为左子树和右子树的二叉树组成。

这个递归定义表明二叉树或为空，或是由一个根节点加上两棵分别称为左子树和右子树的互不相交的二叉树组成的。由于左、右子树也是二叉树，则根据二叉树的定义，它们也可以为空。对二叉树所进行的操作有：建立一棵二叉树，访问(遍历)二叉树，求二叉树的深度(高度)等相关操作。

2. 数据结构设计

二叉树一般采用链表存储结构，即用一个链表来存储一棵二叉树，二叉树中每个节点用链表中的一个链节点来存储。常见的有二叉链表。二叉链表的每个节点都有一个数据域和两个指针域，一个指针指向左孩子，另一个指针指向右孩子。具体描述为如下：

```
typedef struct Node2
{   ElemType data;                  /*数据域*/
    struct Node2 *lchild;           /*左指针域*/
    struct Node2 *rchild;           /*右指针域*/
} BTNode;
```

3. 功能(函数)设计

二叉树的基本操作：

```
createbitree(BTNode *&T)              //构建一棵二叉树
DispLeaf(BTNode *b)                   //输出一棵给定二叉树的所有叶子节点
InsertLeftNode(BTNode *p, char x)     //左节点插入
InsertRightNode(BTNode *p, char x)    //右节点插入
DeleteLeftTree(BTNode *p)             //删除左子树
```

```
DeleteRightTree(BTNode *p)              //删除右子树
SearchNode(BTNode *b,char x)            //查找节点
LchildNode(BTNode *p)                   //查找左孩子节点
RchildNode(BTNode *p)                   //查找右孩子节点
BiTreeDepth(BTNode *b)                  //求二叉树的高度
DispBiTree(BTNode *b)                   //输出二叉树
PreOrder(BTNode *p)                     //按先序访问操作
InOrder(BTNode *p)                      //按中序访问操作
PostOrder(BTNode *p)                    // 按后序访问操作
InTongji(BTNode *t,int &m,int &n)       //中序遍历方法统计叶节点的个数
CountLeaf(BTNode *T)                    //返回指针T所指二叉树中所有叶子节点个数
Count(BTNode *T)                        //返回指针T所指二叉树中所有节点个数
```

4．界面设计

用菜单提示下列操作,每一步指示明确。

1-构建一棵二叉树
2-先序输出二叉树
3-中序输出二叉树
4-后序输出二叉树
5-求二叉树的高度
6-输出二叉树叶节点
7-以嵌套形式输出所有节点
0-退出

5．编码实现

1) 程序预处理

```
#include <stdio.h>
#include <string.h>
#include <malloc.h>
```

2) 定义数据结构

```
typedef struct Node2
{   char data;              //数据域
    struct Node2 *lchild,*rchild;   //左指针域,右指针域
}BTNode;    //二叉链节点类型
```

3) 二叉树的基本操作

```
void DispLeaf(BTNode *b)//输出一棵给定二叉树的所有叶子节点
{ if (b!=NULL)
   {if (b->lchild==NULL && b->rchild==NULL)  printf("%c ",b->data);
    else  { DispLeaf(b->lchild);  DispLeaf(b->rchild);  }
```

```
    }
}
BTNode *InsertLeftNode(BTNode *p, char x)  //左节点插入
{BTNode *s , *t;
if(p==NULL)   return NULL;
t=p->lchild;     //保存原 p 所指节点的左子树指针
s= (BTNode * )malloc(sizeof(BTNode));
s->data=x;    s->lchild=t;           //新插入节点的左子树为原 p 的左子树
s->rchild=NULL;   p->lchild =s;    //新节点成为 p 的左子树
return p->lchild;    //返回新插入节点的指针
}
BTNode *InsertRightNode(BTNode *p,char  x)  //右节点插入
{BTNode *s ,*t;
if(p==NULL)   return NULL;
t=p->rchild;     //保存原 p 所指节点的右子树指针
s= (BTNode *)malloc(sizeof(BTNode));
s->data=x;    s->rchild=t;          //新插入节点的右子树为原 p 的右子树
s->lchild=NULL;   p->rchild=s;    //新节点成为 p 的右子树
return p->rchild;            //返回新插入节点的指针
}
BTNode *DeleteLeftTree(BTNode *p)  //删除左子树
{ BTNode *q;
if(p==NULL || p->lchild==NULL) return NULL;
q =p->lchild;p->lchild=NULL; free(q); return p;
}
BTNode *DeleteRightTree(BTNode *p)  //删除右子树
{BTNode *q;
if(p==NULL || p->rchild==NULL) return NULL;
q =p->rchild;p->rchild=NULL;free(q);return p;
}
BTNode *SearchNode(BTNode *b,char x)// 查找节点
{ BTNode *p;
if(b==NULL)    return NULL;         //空二叉树的查找失败出口
 else if (b->data==x)    return b;     //查找成功出口
    else{ p=SearchNode(b->lchild,x);       //在左子树查找
        if(p!=NULL) return p;
        else   return SearchNode(b->rchild,x);   //在右子树查找
       }
}
BTNode *LchildNode(BTNode *p)//查找左孩子节点
{return p->lchild; }
BTNode *RchildNode(BTNode *p)//查找右孩子节点
```

```c
{return p->rchild; }
int BiTreeDepth(BTNode *b)  // 求高度
{ int lchilddep,rchilddep;
   if(b==NULL) return(0);  //空树的高度为 0
   else
     {lchilddep=BiTreeDepth(b->lchild);   //求左子树的高度为 lchilddep
      rchilddep=BiTreeDepth(b->rchild);   //求右子树的高度为 rchilddep
      return(lchilddep> rchilddep)?(lchilddep+1):(rchilddep+1);
     }
}
void DispBiTree(BTNode *b)  //输出二叉树
{if(b!=NULL)
   {printf("%c",b->data);
    if(b->lchild!=NULL || b->rchild!=NULL)
     { printf("(");
       DispBiTree(b->lchild);      //递归处理左子树
       if(b->rchild!=NULL)
          {printf(",");
            DispBiTree(b->rchild);    //递归处理右子树
          }
       printf(")");
     }
   }
}
void PreOrder(BTNode *p)  //按先序访问操作
{ if(p!=NULL)
   {printf("%c",p->data);
    PreOrder(p->lchild);    //按先序次序遍历左子树
    PreOrder(p->rchild);    //按先序次序遍历右子树
   }
}
void InOrder(BTNode *p)  //按中序访问操作
{ if(p!=NULL)
   {InOrder(p->lchild);     //按中序次序遍历左子树
    printf("%c",p->data);
    InOrder(p->rchild);     //按中序次序遍历右子树
   }
}
void PostOrder(BTNode *p)  //按后序访问操作
{ if(p!=NULL)
   {PostOrder(p->lchild);    //按后序次序遍历左子树
    PostOrder(p->rchild);    //按后序次序遍历右子树
```

```c
        printf("%c",p->data);
    }
}
void InTongji(BTNode *t,int &m,int &n)//中序遍历方法统计叶节点的个数
{ if(t!=NULL) {InTongji(t->lchild,m,n);    //中序遍历左子树
            printf("%c",t->data);    //访问根节点
            m++;        //节点计数
            if((t->lchild==NULL)&&(t->rchild==NULL))n++;//叶子节点计数
            InTongji(t->rchild,m,n) ;    //中序遍历右子树
        }
}
int CountLeaf(BTNode  *T) // 返回指针 T 所指二叉树中所有叶子节点个数
{ int m,n;
    if(!T) return 0;
    if(!T->lchild && !T->rchild) return 1;
    else{ m=CountLeaf(T->lchild);
        n=CountLeaf(T->rchild);
        return (m+n);
        }
}
int Count (BTNode *T) // 返回指针 T 所指二叉树中所有节点个数
{ int m,n;
if(!T) return 0;
    if(!T->lchild && ! T->rchild) return 1;
    else{m =Count ( T->lchild);
      n =Count ( T->rchild);
      return(m+n+1);
        }
}
void createbitree(BTNode *&T) //先序产生二叉树
{ char ch;
    scanf("%c",&ch);
    getchar();
    if(ch==' ') T=NULL;
    else
    { T=(BTNode *)malloc(sizeof(BTNode));
        T->data=ch;
        printf("请输入%c 的左孩子:",T->data);
        createbitree(T->lchild);
        printf("请输入%c 的右孩子:",T->data);
        createbitree(T->rchild);
    }
```

```cpp
}
BTNode *GetTreeNode(char item, BTNode *lptr , BTNode *rptr )
{   BTNode *T;
    T=new BTNode;
    T->data=item;
    T->lchild=lptr;
    T->rchild=rptr;
    return T;
}
BTNode *CopyTree(BTNode *T)
{   BTNode *newlptr,*newrptr,*newT;
    if(!T)    return NULL;
    if(T->lchild) newlptr=CopyTree(T->lchild);//复制左子树
    else   newlptr=NULL;
    if(T->rchild ) newrptr=CopyTree(T->rchild);  //复制右子树
    else   newrptr=NULL;
    newT=GetTreeNode(T->data,newlptr,newrptr);
    return newT;
} // CopyTree
```

4）菜单显示函数

```cpp
void output()
{int i;
for(i=0;i<10;i++)printf(" ");
for(i=0;i<32;i++)printf("*");
printf("\n");
}
voidmenu()
{int i;
output();
for(i=0;i<10;i++)printf(" ");printf("*    ");printf("1-构建一棵二叉树");
for(i=0;i<10;i++)   printf("");printf("*");   printf("\n");
for(i=0;i<10;i++)   printf(" "); printf("*    ");printf("2-先序输出二叉树");
for(i=0;i<10;i++)   printf(" ");printf("*");printf("\n");
for(i=0;i<10;i++)   printf(" ");printf("*    ");printf("3-中序输出二叉树");
for(i=0;i<10;i++)   printf(" ");printf("*");printf("\n");
for(i=0;i<10;i++)   printf(" "); printf("*    ");printf("4-后序输出二叉树");
for(i=0;i<10;i++)   printf(" ");printf("*");printf("\n");
for(i=0;i<10;i++)   printf(" "); printf("*    ");printf("5-求二叉树的高度");
for(i=0;i<10;i++)   printf(" ");printf("*");printf("\n");
for(i=0;i<10;i++)   printf(" "); printf("*    ");printf("6-输出二叉树叶节点");
for(i=0;i<8;i++)    printf(" ");printf("*");printf("\n");
```

```
    for(i=0;i<10;i++) printf(" "); printf("*      ");printf ("7-以嵌套形式输出所有
                                                                 节点");
    for(i=0;i<2;i++)   printf(" ");printf("*");printf("\n");
    for(i=0;i<10;i++)   printf(" "); printf("*      ");printf("0-退出");
    for(i=0;i<8;i++)   printf(" ");printf("*");printf("\n");
    output();
    }
```

5) 主函数
```
    void main()
    {
    int m,k=1,t;
    BTNode *root;
    int n;
    m=0;n=0;
      menu();
      t=0;
      while (k)
      {printf("请选择 0-7： "); scanf("%d",&m);
      getchar();
      switch (m)
      {
      case 0:return;
      case 1:printf ("输入字符,构建二叉树\n(无孩子输入空格):\n");createbitree
                (root); break;
      case 2:printf("先序输出二叉树各节点:");
            PreOrder(root); printf("\n");break;
      case 3:printf("中序输出二叉树各节点:");
            InOrder(root); printf("\n");break;
      case 4:printf("后序输出二叉树各节点:");
            PostOrder(root); printf("\n");break;
      case 5:t=BiTreeDepth(root) ;printf("二叉树的高度=% 3d\n",t);break;
      case 6:printf("输出一棵给定二叉树的所有叶子节点:"); DispLeaf(root);
            n=CountLeaf(root);printf("\n 叶子节点总数： n=% 3d\n",n); break;
      case 7:printf("以嵌套形式输出所有节点:\n");
            DispBiTree(root) ;
            printf("\n");break;
      default :return;
      }
      printf("继续运行吗 Y(1)/N(0)： ");  scanf("%d",&k);
      if(!k) return;
      menu();
```

        }
    }

6. 运行测试

建立二叉树,输入相关数据,测试各功能函数,并将运行效果截图。

7. 上机训练题

(1) 已知二叉树 T,编程实现将左右子树互换,并显示转换后的二叉树。
(2) 已知二叉树 T,从键盘输入 x,查找节点 x 是否在 T 中。
(3) 已知二叉树 T,将它用树的凹入表示法表示。
(4) 编写二叉树的层次遍历程序。

8. 实验小结

小结本实验过程中出现的错误、面临的困难、这些错误和困难的解决方案,以及今后需要努力的方向。

6.2 拓展训练

1. 已知二叉树 T,将它用二叉树形状显示出来。
2. 编程实现二叉树的二叉线索存储表示及其基本操作。
3. 编程实现树的二叉链表存储表示及其基本操作。
4. 编程实现森林与二叉树之间的相互转换。

第7章 图

7.1 图的邻接表表示及其基本操作

实验目的：
(1) 掌握图邻接表表示的存储方法及其基本操作。
(2) 掌握图深度优先遍历和广度优先遍历的基本思想。

1. 问题描述

图是由若干个顶点和若干条边构成的结构，每个顶点具有任意多个前驱和后继。顶点是一些具体对象的抽象，而边是对象间关系的抽象。图是一种结构复杂的数据结构，其信息包括两部分：图中数据元素即顶点的信息，元素间的关系（顶点之间的关系）——边或者弧的信息。图的常用存储结构包括邻接矩阵存储、邻接表存储、十字链表存储以及邻接多重表存储。

邻接表表示法类似于树的孩子链表表示法。它对图中的每个顶点建立一个带头节点的线性链表，用于存储图中与顶点相邻接的边或弧的信息。头节点中存放该顶点的信息。所有头节点用一个顺序表存放。

邻接表存储图很容易找到任一顶点的邻接点，但是要判定任意两个顶点之间是否有边或弧相连，则需搜索第 i 个或第 j 个链表，不及邻接矩阵方便。

2. 数据结构设计

本实验用到图的邻接表存储表示和队列的链式存储表示，故数据结构的两种类型定义如下：

```
/*(1)图的邻接表存储表示*/
#define MAX_VERTEX_NUM 20
typedef enum{DG,DN,AG,AN}GraphKind; /*{有向图,有向网,无向图,无向网}*/
typedef struct ArcNode
{
    int adjvex; /*该弧所指向的顶点的位置*/
    struct ArcNode * nextarc; /*指向下一条弧的指针*/
    InfoType * info; /*网的权值指针*/
}ArcNode; /*表节点*/
typedef struct
```

```
{
    VertexType data; /*顶点信息*/
    ArcNode *firstarc; /*第一个表节点的地址,指向第一条依附该顶点的弧的指针*/
}VNode,AdjList[MAX_VERTEX_NUM]; /*头节点*/
typedef struct
{
    AdjList vertices;
    int vexnum,arcnum; /*图的当前顶点数和弧数*/
    int kind; /*图的种类标志*/
}ALGraph;
/* (2)队列的存储表示*/
```

按广度优先非递归遍历图 G。BFSTraverse 需要使用辅助队列 Q 访问标志数组 visited。队列的数据结构定义详见编码实现。

3. 功能(函数)设计

```
CreateGraph(ALGraph *G)    //建立一个有向图的邻接表存储算法
DFS(ALGraph G,int v)       //从第 v 个顶点出发递归地深度优先遍历图 G
DFSTraverse(ALGraph G,void(*Visit)(char*)) //对图 G 作深度优先遍历
BFSTraverse(ALGraph G,void(*Visit)(char*)) //广度优先非递归遍历图。用队列 Q 访
                                           问标志数组 visited.
```

4. 界面设计

用菜单提示下列操作,每一步指示明确。

 1-新建图
 2-修改图
 3-显示图
 4-深度优先遍历图
 5-广度优先遍历图
 6-销毁图
 0-退出

5. 编码实现

1) 程序预处理

```
/*程序需要的头文件*/
#include<malloc.h>  /*malloc()等*/
#include<stdio.h>   /*EOF(=^Z 或 F6),NULL*/
#include<process.h> /*exit()*/
#include<string.h>  /*EOF(=^Z 或 F6),NULL*/
/*函数结果状态返回代码*/
#define TRUE 1
#define FALSE 0
```

```
#define OK 1
#define ERROR 0
#define INFEASIBLE -1
#define OVERFLOW -2
typedef int Status;  /*Status 是函数的类型,其值是函数结果状态代码,如 OK 等*/
typedef int Boolean; /*Boolean 是布尔类型,其值是 TRUE 或 FALSE*/
typedef int ElemType;
#define MAX_NAME 3 /*顶点字符串的最大长度+1*/
typedef int InfoType; /*存放网的权值*/
typedef char VertexType[MAX_NAME]; /*字符串类型*/
```

2) 定义数据结构

```
/*图的邻接表存储表示*/
#define MAX_VERTEX_NUM 20
typedef enum{DG,DN,AG,AN}GraphKind; /*{有向图,有向网,无向图,无向网}*/
typedef struct ArcNode
{
   int adjvex; /*该弧所指向的顶点的位置*/
   struct ArcNode * nextarc; /*指向下一条弧的指针*/
   InfoType * info; /*网的权值指针*/
}ArcNode; /*表节点*/
typedef struct
{
   VertexType data; /*顶点信息*/
   ArcNode * firstarc; /*第一个表节点的地址,指向第一条依附该顶点的弧的指针*/
}VNode,AdjList[MAX_VERTEX_NUM]; /*头节点*/
typedef struct
{
   AdjList vertices;
   int vexnum,arcnum; /*图的当前顶点数和弧数*/
   int kind; /*图的种类标志*/
}ALGraph;
```

3) 队列的存储表示及有关操作

```
/*按广度优先非递归遍历图 G。BFSTraverse 需要使用辅助队列 Q,访问标志数组 visited*/
typedef int QElemType; /*队列类型*/
/*单链队列——队列的链式存储结构*/
typedef struct QNode
{
   QElemType data;
   struct QNode *next;
}QNode,*QueuePtr;
typedef struct
```

```c
{
    QueuePtr front,rear; /*队头、队尾指针*/
}LinkQueue;
/*本实验需要的链队列的基本操作*/
Status InitQueue(LinkQueue *Q)
{ /*构造一个空队列Q*/
    (*Q).front=(*Q).rear=(QueuePtr)malloc(sizeof(QNode));
    if(!(*Q).front)
        exit(OVERFLOW);
    (*Q).front->next=NULL;
    return OK;
}
Status EnQueue(LinkQueue *Q,QElemType e)
{ /*插入元素e为Q的新的队尾元素*/
    QueuePtr p=(QueuePtr)malloc(sizeof(QNode));
    if(!p) /*存储分配失败*/
        exit(OVERFLOW);
    p->data=e;
    p->next=NULL;
    (*Q).rear->next=p;
    (*Q).rear=p;
    return OK;
}
Status DeQueue(LinkQueue *Q,QElemType *e)
{ /*若队列不空,删除Q的队头元素,用e返回其值,并返回OK,否则返回ERROR*/
    QueuePtr p;
    if((*Q).front==(*Q).rear)
        return ERROR;
    p=(*Q).front->next;
    *e=p->data;
    (*Q).front->next=p->next;
    if((*Q).rear==p)
        (*Q).rear=(*Q).front;
    free(p);
    return OK;
}
Status QueueEmpty(LinkQueue Q)
{ /*若Q为空队列,则返回TRUE,否则返回FALSE*/
    if(Q.front==Q.rear)
        return TRUE;
    else
        return FALSE;
```

}

4）常用基本操作

/*图的邻接表存储的基本操作*/

```c
int LocateVex(ALGraph G,VertexType u)
{/*初始条件:图G存在,u和G中顶点有相同特征*/
 /*操作结果:若G中存在顶点u,则返回该顶点在图中位置,否则返回-1*/
    int i;
    for(i=0;i<G.vexnum;++i)
      if(strcmp(u,G.vertices[i].data)==0)
        return i;
    return -1;
}
Status CreateGraph(ALGraph *G)
{/*采用邻接表存储结构,构造没有相关信息的图G(用一个函数构造4种图)*/
    int i,j,k;
    int w; /*权值*/
    VertexType va,vb;
    ArcNode *p;
    printf("请输入图的类型\n有向图:0\n有向网:1\n无向图:2\n无向网:3)\n");
    scanf("%d",&(*G).kind);
    printf("请输入图的顶点数,边数:");
    scanf("%d,%d",&(*G).vexnum,&(*G).arcnum);
    printf("请输入%d个顶点的值(<%d个字符):\n",(*G).vexnum,MAX_NAME);
    for(i=0;i<(*G).vexnum;++i) /*构造顶点向量*/
    {
      scanf("%s",(*G).vertices[i].data);
      (*G).vertices[i].firstarc=NULL;
    }
    if((*G).kind==1||(*G).kind==3) /*网*/
      printf("请顺序输入每条弧(边)的权值、弧尾和弧头(以空格作为间隔):\n");
    else /*图*/
      printf("请顺序输入每条弧(边)的弧尾和弧头(以空格作为间隔):\n");
    for(k=0;k<(*G).arcnum;++k) /*构造表节点链表*/
    {
      if((*G).kind==1||(*G).kind==3) /*网*/
        scanf("%d%s%s",&w,va,vb);
      else /*图*/
        scanf("%s%s",va,vb);
      i=LocateVex(*G,va); /*弧尾*/
      j=LocateVex(*G,vb); /*弧头*/
      p=(ArcNode*)malloc(sizeof(ArcNode));
```

```c
      p->adjvex=j;
      if((*G).kind==1||(*G).kind==3) /*网*/
      {
        p->info=(int *)malloc(sizeof(int));
        *(p->info)=w;
      }
      else
        p->info=NULL; /*图*/
      p->nextarc=(*G).vertices[i].firstarc; /*插在表头*/
      (*G).vertices[i].firstarc=p;
      if((*G).kind>=2) /*无向图或网,产生第二个表节点*/
      {
        p=(ArcNode* )malloc(sizeof(ArcNode));
        p->adjvex=i;
        if((*G).kind==3) /*无向网*/
        {
          p->info=(int*)malloc(sizeof(int));
          *(p->info)=w;
        }
        else
          p->info=NULL; /*无向图*/
        p->nextarc=(*G).vertices[j].firstarc; /*插在表头*/
        (*G).vertices[j].firstarc=p;
      }
    }
    return OK;
}
int DestroyGraph(ALGraph *G)
{ /*初始条件:图 G 存在。操作结果:销毁图 G*/
    int i;
    ArcNode *p,*q;
    (*G).vexnum=0;
    (*G).arcnum=0;
    for(i=0;i<(*G).vexnum;++i)
    {
      p=(*G).vertices[i].firstarc;
      while(p)
      {
        q=p->nextarc;
        if((*G).kind%2) /*网*/
          free(p->info);
        free(p);
```

```
        p=q;
      }
  }
  return OK;
}
VertexType* GetVex(ALGraph G,int v)
{ /*初始条件:图 G 存在,v 是 G 中某个顶点的序号。操作结果:返回 v 的值*/
  if(v>=G.vexnum||v<0)
    exit(ERROR);
  return &G.vertices[v].data;
}
Status PutVex(ALGraph *G,VertexType v,VertexType value)
{ /*初始条件:图 G 存在,v 是 G 中某个顶点*/
  /*操作结果:对 v 赋新值 value*/
  int i;
  i=LocateVex(*G,v);
  if(i>-1) /*v 是 G 的顶点*/
  {
    strcpy((*G).vertices[i].data,value);
    return OK;
  }
  return ERROR;
}
int FirstAdjVex(ALGraph G,VertexType v)
{ /*初始条件:图 G 存在,v 是 G 中某个顶点*/
  /*操作结果:返回 v 的第一个邻接顶点的序号。若顶点在 G 中没有邻接顶点,则返回-1*/
  ArcNode *p;
  int v1;
  v1=LocateVex(G,v); /*v1 为顶点 v 在图 G 中的序号*/
  p=G.vertices[v1].firstarc;
  if(p)
    return p->adjvex;
  else
    return -1;
}
int NextAdjVex(ALGraph G,VertexType v,VertexType w)
{ /*初始条件:图 G 存在,v 是 G 中某个顶点,w 是 v 的邻接顶点*/
  /*操作结果:返回 v 的(相对于 w 的)下一个邻接顶点的序号*/
  /*若 w 是 v 的最后一个邻接点,则返回-1*/
  ArcNode *p;
  int v1,w1;
  v1=LocateVex(G,v); /*v1 为顶点 v 在图 G 中的序号*/
```

```
    w1=LocateVex(G,w); /*w1 为顶点 w 在图 G 中的序号*/
    p=G.vertices[v1].firstarc;
    while(p&&p->adjvex!=w1) /*指针 p 不空且所指表节点不是 w*/
      p=p->nextarc;
    if(!p||!p->nextarc) /*没找到 w 或 w 是最后一个邻接点*/
      return -1;
    else /*p->adjvex==w*/
      return p->nextarc->adjvex; /*返回 v 的(相对于 w 的)下一个邻接顶点的序号*/
}
void InsertVex(ALGraph *G,VertexType v)
{ /*初始条件:图 G 存在,v 和图中顶点有相同特征*/
    /*操作结果:在图 G 中增添新顶点 v(不增添与顶点相关的弧,留待 InsertArc()去做)*/
    strcpy((*G).vertices[(*G).vexnum].data,v); /*构造新顶点向量*/
    (*G).vertices[(*G).vexnum].firstarc=NULL;
    (*G).vexnum++; /*图 G 的顶点数加 1*/
}
Status DeleteVex(ALGraph *G,VertexType v)
{ /*初始条件:图 G 存在,v 是 G 中某个顶点*/
    /*操作结果:删除 G 中顶点 v 及其相关的弧*/
    int i,j;
    ArcNode *p,*q;
    j=LocateVex(*G,v); /*j 是顶点 v 的序号*/
    if(j<0) /*v 不是图 G 的顶点*/
      return ERROR;
    p=(*G).vertices[j].firstarc; /*删除以 v 为出度的弧或边*/
    while(p)
    {
      q=p;
      p=p->nextarc;
      if((*G).kind%2) /*网*/
        free(q->info);
      free(q);
      (*G).arcnum--; /*弧或边数减 1*/
    }
    (*G).vexnum--; /*顶点数减 1*/
    for(i=j;i<(*G).vexnum;i++) /*顶点 v 后面的顶点前移*/
      (*G).vertices[i]=(*G).vertices[i+1];
    for(i=0;i<(*G).vexnum;i++) /*删除以 v 为入度的弧或边且必要时修改表节点的顶点位置值*/
    {
      p=(*G).vertices[i].firstarc; /*指向第 1 条弧或边*/
      while(p) /*有弧*/
```

```c
      {
        if(p->adjvex==j)
        {
          if(p==(*G).vertices[i].firstarc) /*待删节点是第1个节点*/
          {
            (*G).vertices[i].firstarc=p->nextarc;
            if((*G).kind%2) /*网*/
              free(p->info);
            free(p);
            p=(*G).vertices[i].firstarc;
            if((*G).kind<2) /*有向*/
              (*G).arcnum--; /*弧或边数减1*/
          }
          else
          {
            q->nextarc=p->nextarc;
            if((*G).kind%2) /*网*/
              free(p->info);
            free(p);
            p=q->nextarc;
            if((*G).kind<2) /*有向*/
              (*G).arcnum--; /*弧或边数减1*/
          }
        }
        else
        {
          if(p->adjvex>j)
            p->adjvex--; /*修改表节点的顶点位置值(序号)*/
          q=p;
          p=p->nextarc;
        }
      }
    }
    return OK;
}
Status InsertArc(ALGraph *G,VertexType v,VertexType w)
{ /*初始条件:图G存在,v和w是G中两个顶点*/
  /*操作结果:在G中增添弧<v,w>,若G是无向的,则还增添对称弧<w,v>*/
  ArcNode *p;
  int w1,i,j;
  i=LocateVex(*G,v); /*弧尾或边的序号*/
  j=LocateVex(*G,w); /*弧头或边的序号*/
```

```c
    if(i<0||j<0)
      return ERROR;
    (*G).arcnum++; /*图 G 的弧或边的数目加 1*/
    if((*G).kind% 2) /*网*/
    {
      printf("请输入弧(边)%s→%s 的权值:",v,w);
      scanf("%d",&w1);
    }
    p=(ArcNode*)malloc(sizeof(ArcNode));
    p->adjvex=j;
    if((*G).kind%2) /*网*/
    {
      p->info=(int*)malloc(sizeof(int));
      *(p->info)=w1;
    }
    else
      p->info=NULL;
    p->nextarc=(*G).vertices[i].firstarc; /*插在表头*/
    (*G).vertices[i].firstarc=p;
    if((*G).kind>=2) /*无向,生成另一个表节点*/
    {
      p=(ArcNode*)malloc(sizeof(ArcNode));
      p->adjvex=i;
      if((*G).kind==3) /*无向网*/
      {
        p->info=(int*)malloc(sizeof(int));
        *(p->info)=w1;
      }
      else
        p->info=NULL;
      p->nextarc=(*G).vertices[j].firstarc; /*插在表头*/
      (*G).vertices[j].firstarc=p;
    }
    return OK;
}
Status DeleteArc(ALGraph *G,VertexType v,VertexType w)
{ /*初始条件:图 G 存在,v 和 w 是 G 中两个顶点*/
    /*操作结果:在 G 中删除弧<v,w> ,若 G 是无向的,则删除对称弧<w,v> */
    ArcNode *p,*q;
    int i,j;
    i=LocateVex(*G,v); /*i 是顶点 v(弧尾)的序号*/
    j=LocateVex(*G,w); /*j 是顶点 w(弧头)的序号*/
```

```c
    if(i<0||j<0||i==j)
      return ERROR;
    p=(*G).vertices[i].firstarc; /*p指向顶点v的第一条出弧*/
    while(p&&p->adjvex!=j) /*p不空且所指之弧不是待删除弧<v,w>*/
    { /*p指向下一条弧*/
      q=p;
      p=p->nextarc;
    }
    if(p&&p->adjvex==j) /*找到弧<v,w>*/
    {
      if(p==(*G).vertices[i].firstarc) /*p所指是第1条弧*/
        (*G).vertices[i].firstarc=p->nextarc; /*指向下一条弧*/
      else
        q->nextarc=p->nextarc; /*指向下一条弧*/
      if((*G).kind% 2) /*网*/
        free(p->info);
      free(p); /*释放此节点*/
      (*G).arcnum--; /*弧或边数减1*/
    }
    if((*G).kind>=2) /*无向,删除对称弧<w,v>*/
    {
      p=(*G).vertices[j].firstarc; /*p指向顶点的第一条出弧*/
      while(p&&p->adjvex!=i) /*p不空且所指之弧不是待删除弧<w,v>*/
      { /*p指向下一条弧*/
        q=p;
        p=p->nextarc;
      }
      if(p&&p->adjvex==i) /*找到弧<w,v>*/
      {
        if(p==(*G).vertices[j].firstarc) /*p所指是第1条弧*/
          (*G).vertices[j].firstarc=p->nextarc; /*指向下一条弧*/
        else
          q->nextarc=p->nextarc; /*指向下一条弧*/
        if((*G).kind==3) /*无向网*/
          free(p->info);
        free(p); /*释放此节点*/
      }
    }
    return OK;
}
/*对图G作深度优先遍历*/
Boolean visited[MAX_VERTEX_NUM]; /*访问标志数组(全局量)*/
```

```c
void(*VisitFunc)(char*v); /*函数变量(全局量)*/
void DFS(ALGraph G,int v)
{ /*从第v个顶点出发递归地深度优先遍历图G*/
    int w;
    VertexType v1,w1;
    strcpy(v1,*GetVex(G,v));
    visited[v]=TRUE; /*设置访问标志为TRUE(已访问)*/
    VisitFunc(G.vertices[v].data); /*访问第v个顶点*/
    for(w=FirstAdjVex(G,v1);w>=0;w=NextAdjVex(G,v1,strcpy(w1,*GetVex(G,w))))
      if(!visited[w])
        DFS(G,w); /*对v的尚未访问的邻接点w递归调用DFS*/
}
void DFSTraverse(ALGraph G,void(*Visit)(char*))
{ /*对图G作深度优先遍历*/
    int v;
    VisitFunc=Visit; /*使用全局变量VisitFunc,使DFS不必设函数指针参数*/
    for(v=0;v<G.vexnum;v++)
      visited[v]=FALSE; /*访问标志数组初始化*/
    for(v=0;v<G.vexnum;v++)
      if(!visited[v])
        DFS(G,v); /*对尚未访问的顶点调用DFS*/
    printf("\n");
}
/*广度优先非递归遍历图*/
void BFSTraverse(ALGraph G,void(*Visit)(char*))
{/*按广度优先非递归遍历图G。使用辅助队列Q和访问标志数组visited*/
    int v,u,w;
    VertexType u1,w1;
    LinkQueue Q;
    for(v=0;v<G.vexnum;++v)
      visited[v]=FALSE; /*置初值*/
    InitQueue(&Q); /*置空的辅助队列Q*/
    for(v=0;v<G.vexnum;v++) /*如果是连通图,只v=0就遍历全图*/
      if(!visited[v]) /*v尚未访问*/
      {
        visited[v]=TRUE;
        Visit(G.vertices[v].data);
        EnQueue(&Q,v); /*v入队列*/
        while(!QueueEmpty(Q)) /*队列不空*/
        {
          DeQueue(&Q,&u); /*队头元素出队并置为u*/
          strcpy(u1,*GetVex(G,u));
```

```c
            for(w=FirstAdjVex(G,u1);w>=0;w=NextAdjVex(G,u1,strcpy(w1,*GetVex(G,w))))
                if(!visited[w]) /*w为u的尚未访问的邻接顶点*/
                {
                    visited[w]=TRUE;
                    Visit(G.vertices[w].data);
                    EnQueue(&Q,w); /*w入队*/
                }
        }
    }
    printf("\n");
}

/*显示图的邻接表形式*/
void Display(ALGraph G)
{ /*显示图的邻接表形式*/
    int i;
    ArcNode *p;
    switch(G.kind)
    {
      case DG:printf("有向图\n");
              break;
      case DN:printf("有向网\n");
              break;
      case AG:printf("无向图\n");
              break;
      case AN:printf("无向网\n");
    }
    printf("%d个顶点:\n",G.vexnum);
    for(i=0;i<G.vexnum;++i)
        printf("%s ",G.vertices[i].data);
    printf("\n%d条弧(边):\n",G.arcnum);
    for(i=0;i<G.vexnum;i++)
    {
      p=G.vertices[i].firstarc;
      while(p)
      {
        if(G.kind<=1) /*有向*/
        {
          printf("%s→%s ",G.vertices[i].data,G.vertices[p->adjvex].data);
          if(G.kind==DN) /*网*/
            printf(":%d ",*(p->info));
```

```
            }
         else /*无向(避免输出两次)*/
         {
           if(i<p->adjvex)
           {
              printf("%s—%s ",G.vertices[i].data,G.vertices[p->adjvex].data);
              if(G.kind==AN) /*网*/
                printf(":%d ",* (p->info));
           }
         }
         p=p->nextarc;
       }
      printf("\n");
    }
}
void print(char *i)
{
   printf("%s ",i);
}
/*修改图*/
void newgraph( ALGraph G)
{ int i,j,k,n,x,y;
   VertexType v1,v2;
      printf("1、修改顶点的值\n2、删除顶点\n3、删除边(弧)\n4、插入顶点\n\n0、退出修改\n");
            while (x)
              { printf("请选择(0---4):");
                scanf("%d",&y);
                getchar();
                switch (y)
                 {
                  case 1:
                 {printf("进行修改顶点的值\n 输入格式(原值 新值):");
                        scanf("%s%s",v1,v2);
                        PutVex(&G,v1,v2);
                           break;
                    }
                    case 2:
                        printf("删除顶点及相关的弧或边\n 请输入待删除顶点的值:");
                        scanf("%s",v1);
                        i=DeleteVex(&G,v1);
                        if(i==ERROR)printf("待删顶点不在图中！\n");
                        else Display(G);
```

```
                    break;
                case 3:
                    printf("删除一条边或弧\n请输入待删除边(弧)的弧尾 弧头:\n");
                    scanf("%s%s",v1,v2);
                    DeleteArc(&G,v1,v2);
                    Display(G);
                    break;
                case 4:
                    printf("插入新顶点\n输入待插入顶点的值:");
                    scanf("%s",v1);
                    InsertVex(&G,v1);
                    printf("插入与新顶点有关弧或边\n请输入弧或边数:");
                    scanf("%d",&n);
                    for(k=0;k<n;k++)
                      { printf("请输入另一顶点的值:");
                        scanf("%s",v2);
                        printf("对于有向图,请输入另一顶点的方向(0:弧头 1:弧尾):");
                         scanf("%d",&j);
                        if(j) InsertArc(&G,v2,v1);
                        else InsertArc(&G,v1,v2); //无向图
                      }
                    Display(G);
                     }
                    break;
                default :return;
                  }
      printf("继续修改图 Y(1)/N(0):  ");
      scanf("%d",&x);
      if(! x) return;
    printf("1、修改顶点的值\n2、删除顶点\n3、删除边(弧)\n4、插入顶点\n0、退出修改\n");
       }
  }
5) 菜单函数
   void menu()
   {int i;
   for(i=0;i<10;i++)   printf(" "); for(i=0;i<13;i++)   printf("*");printf("\n");
   for(i=0;i<10;i++)   printf(" "); printf("*       ");printf("1-新建图 ");
   for(i=0;i<10;i++)   printf(" ");printf("*");printf("\n");
   for(i=0;i<10;i++)   printf(" "); printf("*       ");printf("2-修改图");
   for(i=0;i<11;i++)   printf(" ");printf("*");printf("\n");
   for(i=0;i<10;i++)   printf(" "); printf("*       ");printf("3-显示图");
```

```
            for(i=0;i<11;i++)   printf(" ");printf("*");printf("\n");
            for(i=0;i<10;i++)   printf(" "); printf("*      ");printf("4-深度优先遍历图");
            for(i=0;i<3;i++)    printf(" ");printf("*");printf("\n");
            for(i=0;i<10;i++)   printf(" "); printf("*      ");printf("5-广度优先遍历图");
            for(i=0;i<3;i++)    printf(" ");printf("*");printf("\n");
            for(i=0;i<10;i++)   printf(" "); printf("*      ");printf("6-销毁图");
            for(i=0;i<11;i++)   printf(" ");printf("*");printf("\n");
            for(i=0;i<10;i++)   printf(" "); printf("*      ");printf("0-退出");
            for(i=0;i<1;i++)    printf(" ");printf("*");printf("\n"); for(i=0;i<10;i++)
        printf(" ");
            for(i=0;i<13;i++)   printf("*");printf("\n");
        }
```

6) 主函数

```
        void main()
        {
          int k,m;
          ALGraph g;
          menu();
          while (k)
          {printf("\t\t 请选择 0-7：     ");
           scanf("%d",&m);
           getchar();
           switch (m)
           {
           case 0:return;
           case 1:
                    printf("新建图\n");
                    CreateGraph(&g);
                    Display(g);
                    break;
           case 2:newgraph(g);
                    break;
           case 3:printf("当前图:");
                    Display(g);
                    break;
           case 4:printf("深度优先搜索的结果:\n");
                    DFSTraverse(g,print);
                    break;
           case 5:printf("广度优先搜索的结果:\n");
                    BFSTraverse(g,print);
                    break;
```

```
        case 6:{ if( DestroyGraph(&g)!=OK);
                 printf("当前图已销毁.\n ");
                     break;}
       default :return;
     }
     printf("继续运行吗 Y(1)/N(0):   ");
     scanf("%d",&k);
     if(! k) return;
     menu();
  }
```

6. 运行测试

运行程序,输入相关数据,测试各功能函数,并将运行效果截图。

7. 上机训练题

(1) 将二叉树分别用先序遍历和用图深度优先遍历,遍历序列是一样的吗?请编写程序,输入若干不同的二叉树进行验证。
(2) 编程实现图的邻接矩阵表示及其基本操作(要求实现本实验的全部函数)。

8. 实验小结

小结本实验过程中出现的错误、面临的困难、这些错误和困难的解决方案,以及今后需要努力的方向。

7.2 拓展训练

1. 给定图 G 及图中有两个顶点 u、v,试编程找出两点之间所有的简单路径。
2. 用 Prim 算法,求连通网的最小生成树。
3. 用 Kruskal 算法,求连通网的最小生成树。

第 8 章 查 找

8.1 顺序查找、二分查找、二叉排序树查找的实现

实验目的：通过查找实验理解查找的基本算法，熟悉各种查找方法的适用场合及平均查找长度，掌握静态查找和动态查找的区别。掌握顺序查找、二分查找和二叉排序树的基本思想及其算法。

1. 问题描述

顺序查找又称为线性查找，是一种最简单的查找方法。它是从线性表的一端开始，顺序扫描线性表，依次将扫描到的节点关键字和给定值 k 相比较，若当前扫描到的元素关键字与 k 相等，则查找成功；若扫描结束后，仍未找到关键字等于 k 的节点，则查找失败。

二分查找也称为折半查找，要求线性表中的元素必须按关键字递增或递减顺序排列。它首先将查找的关键字 k 与中间位置的元素的关键字相比较，这个中间元素把线性表分成了两个子表，若比较结果相等则查找完成；若不相等，再根据 k 与该中间元素的关键字比较的结果确定下一步查找哪个子表。这样递归进行下去，直到找到满足条件的元素或者在该线性表中没有找到这样的元素。

对于二叉排序树，从根节点出发，当访问到树中某个节点时，如果该节点的关键字值等于给定关键字值，就宣布查找成功。反之，如果该节点的关键字值大（小）于已给的关键字值，下一步就只需考虑查找右（左）子树了。换言之，每次只需查找左或右子树的一枝便够了，效率明显提高。二叉排序树是以链表方式组织存储的，是一种动态数据结构。这种结构的插入、删除操作非常方便，无须大量移动元素。

2. 数据结构设计

（1）顺序查找和二分查找，利用数组存储元素。
（2）二叉排序树用二叉链表存储元素（数据结构定义见编码实现部分）。

3. 功能（函数）设计

（1）顺序查找函数 Void SeqSearch()。
（2）二分查找函数 Void BinSearch()。
（3）二叉排序树的基本操作：
   BSTree CreateBST(void);   // 建立二叉树的二叉链表存储

```
Void SearchBST(BSTree T,KeyType Key);        // 查找节点
Void InsBST(BSTree *Tptr,KeyType Key);       // 插入节点
Void DelBSTNode(BSTree *Tptr,KeyType Key);   // 删除节点
```

4. 界面设计

用菜单提示下列操作,每一步指示明确。

一级菜单:

<pre>
                         查找操作
            ****
                      -------静态查找表-------
                           1-顺序查找
                           2-二分查找
                      -------动态查找表-------
                           3-二叉排序树
                           4-平衡二叉树
                           0-返回
            ****
</pre>

二级菜单:

<pre>
                       二叉排序树的基本操作
            **"
                     ------1-新建二叉排序树-------
                     --------修改二叉排序树-------
                           2-插入节点
                           3-删除节点
                     ------4-显示二叉排序树-------
                     ------5-查 找 节 点-------
                     ------0-返   回-------
            ****
</pre>

5. 编码实现

1) 程序预处理

```
#include<string.h>
#include<stdio.h>
#define SEARCHMAX 100
#define N 10
```

2) 顺序查找函数

```
void SeqSearch()
{
int a[N],i,x,m;
char ch1,ch2,ch;
```

```c
printf("\n\t\t 建立一个整数的顺序表(以回车为间隔,以-1 结束):\n");
for(i=0;i<SEARCHMAX;i++)
{
printf("\t\t");
scanf("%d",&a[i]);
if(a[i]==-1)
{m=i;
printf("\n\t\t 顺序表共有%d 个元素:\n",m);
break;}
}
ch1='y';
printf("\n\t\t 需要查找请输入 Y,否则输入 N:");
scanf("%s",&ch1);
getchar();
ch=ch1;
while(ch=='y'||ch=='Y')
{
printf("\n\t\t 请输入要查找的数据:");
scanf("%d",&x);
i=m-1;
while(i>=0&&a[i]!=x)i--;
if(i==-1)printf("\n\t\t 抱歉!比较了%d 次,没有您要查找的数据。\n",m);
else
{   ch2='y';
printf("\n\t\t 您要查找的数据在第%d 个位置上。\n",i+1);
printf("\n\t\t 比较了%d 次。\n",i+1);
}
printf("\n\t\t 继续查找输入 Y,否则输入 N:");
scanf("%s",&ch2);
getchar();
ch=ch2;
}
}
```

3) 二分查找函数

```c
void BinSearch()
{
int R[SEARCHMAX],i,k,low,mid,high,m,nn;
char ch,ch1,ch2;
printf("\n\t\t 建立递增有序的查找顺序表(以回车为间隔,以-1 结束):\n");
for(i=0;i<SEARCHMAX;i++)
{
```

```c
        printf("\t\t");
        scanf("%d",&R[i]);
        getchar();
        if(R[i]==-1)
        {nn=i;break;}
}
printf("\n\t\t查找请输入Y,退出输入N:");
scanf("%s",&ch1);
getchar();
ch=ch1;
while(ch=='y'||ch=='Y')
{
    printf("\n\t\t请输入要查找的数据:");
    scanf("%d",&k);
    getchar();
    low=0;
    high=nn-1;
m=0;
while(low<=high)
{
mid=(low+high)/2;
m++;
if(R[mid]>k)
    high=mid-1;
else
    if(R[mid]<k)
        low=mid+1;
    else
        break;
}
if(low>high)
{
    printf("\n\t\t抱歉！没有您要查找的数据.\n");
    printf("\n\t\t共进行%d次比较.\n",m);
    if(R[mid]<k)
        mid++;
    printf("\n\t\t可将此数插入到第%d个位置上.\n",mid+1);
}
else
{
    printf("\n\t\t要找的数据 %d 在第 %d 个位置上.\n",k,mid+1);
    printf("\n\t\t共进行 %d 次比较.\n",m);
```

```
}
    printf("\n\t\t继续查找输入 Y,否则输入 N:");
    scanf("%s",&ch2);
    getchar();
    ch=ch2;
}
}
```

4) 二叉排序树查找的相关程序

/*1.定义二叉排序树的数据结构(二叉链表)*/

```
typedef int KeyType;
typedef struct node
{
   KeyType  key;
   struct  node  *lchild, *rchild;
}BSTNode;
typedef BSTNode *BSTree;
```

/*2.二叉排序树的新建、修改、显示(中序遍历)、查找等函数*/

```
void InsBST(BSTree *T,KeyType Key)
{
BSTNode *f,*p;
p=(*T);
while(p)
{
if(p->key==Key)
{
printf("\n\t\t树中已有%d,不需插入.\n",Key);
return;
}
f=p;
p= (Key<p->key)? p->lchild:p->rchild;
}
p=new BSTNode;
p->key=Key;
p->lchild=p->rchild=NULL;
if((*T)==NULL)
(*T)=p;
else
if(Key<f->key)
f->lchild=p;
```

```c
else
    f->rchild=p;
}
void DelBSTNode(BSTree *T,KeyType key)
{
    BSTNode *parent=NULL,*p,*q,*child;
    p=*T;
    while(p)
    {
        if(p->key==key) break;
        parent=p;
        p= (key<p->key)? p->lchild:p->rchild;
    }
    if(!p)
    {
        printf("\n\t\t没有找到你要删除的节点");
        return;
    }
    q=p;
    if(q->lchild&&q->rchild)
        for(parent=q,p=q->rchild;p->lchild;parent=p,p=p->lchild);
    child= (p->lchild)? p->lchild:p->rchild;
    if(!parent)   *T=child;
    else
    {
        if(p==parent->lchild)
            parent->lchild=child;
        else
            parent->rchild=child;
        if(p!=q)
            q->key=p->key;
    }
    delete(p);
}
BSTree CreateBST(void)
{
    BSTree  T;

    KeyType key;
    T=NULL;
    printf("\n\t\t请输入一组整数关键字(输入 0 时结束输入)：  ");
```

```c
        scanf("%d",&key);
        while(key)
        {
           InsBST(&T,key);
           printf("\n\t\t请输入下一个整数关键字(输入 0 时结束输入):   ");
        scanf("%d",&key);
        }
        return T;
        }
        void SearchBST(BSTree T,KeyType Key)
        {int i=0;
        BSTNode *p=T;
        while(p)
        {i=i+1;
        if(p->key==Key)
        {
        printf("\n\t\t通过%d次比较,已经找到您输入的数据%d.",i,Key);
        return ;
        }
        p= (Key<p->key)? p->lchild:p->rchild;
        }
        printf("\n\t\t抱歉!通过%d次比较,没有找到您输入的数据.\n",i);
        }

        void InorderBST(BSTree T)
        {
        if(T!=NULL)
          {
        InorderBST(T->lchild);
        printf("\t%d",T->key);
        InorderBST(T->rchild);
        }
        }
        /*3.二叉排序树函数菜单操作*/
        void BTSearch()
        {
             BSTree T=NULL;
             char ch1,ch2;
             KeyType Key;
             printf("\n\t\t请输入一组整数,创建二叉排序树:\n");
             T=CreateBST();
              if(T!=NULL) printf("\n\t\t你新建的二叉排序树如下:\n");
```

```c
        else printf("\n\t\t 二叉排序树创建失败了！\n");
         printf("\n\t\t");
          InorderBST(T);
      ch1='y';
        getchar();
while(ch1=='y'||ch1=='Y')
{
printf("\n");
printf("\n\t\t               二叉排序树的基本操作               ");
printf("\n\t\t*********************************************** ");
printf("\n\t\t*           ------1-新建二叉排序树-------          *");
printf("\n\t\t*           ---------修改二叉排序树-------         *");
printf("\n\t\t*               2-插入节点                *");
printf("\n\t\t*               3-删除节点                *");
printf("\n\t\t*           ------4-显示二叉排序树-------         *");
printf("\n\t\t*           ------5-查  找  节  点-------         *");
printf("\n\t\t*           ------0-返        回-------          *");
printf("\n\t\t***********************************************");
printf("\n\t\t 请选择菜单号(0-5):");
scanf("%s",&ch2);
getchar();
switch(ch2)
{
case  '1':
      T=CreateBST();
         break;
case  '2':printf("\n\t\t 请输入要插入的数据： ");
          scanf("%d",&Key);
          getchar();
          InsBST(&T,Key);
          printf("\n\t\t 插入完成！\n ");
          break;
case '3':  printf("\n\t\t 请输入要删除的数据： ");
          scanf("%d",&Key);getchar();
          DelBSTNode(&T,Key);
          printf("\n\t\t 删除完毕！\n");break;
case '4':  printf("\n\t\t");
           InorderBST(T);
            printf("\n\t\t 二叉排序树输出完毕.\n");break;
case '5':printf("\n\t\t 请输入要查找的数据： ");
         scanf("%d",&Key);
         getchar();
```

```
                SearchBST(T,Key);
                 printf("\n\t\t 查找完毕！\n");break;
case '0' :ch1='n' ;
return;
default :printf("\n\t\t 输入错误！请重新输入.\n");
        }
      }
    }
```

5) 平衡二叉树查找的相关程序

```
/*---------------------------*/
/*定义平衡二叉树的数据结构(二叉链表)*/
/*学生独立模仿二叉排序树完成数据结构定义*/


/*二叉排序树的新建、修改、显示(中序遍历),查找等函数*/
/*学生模仿二叉排序树,独立编写函数程序*/
```

6) 主函数

```
    void main()
    {
    int choice;
    char ch;
    ch='y';
    while(ch=='y'||ch=='Y')
    {
    printf("\n");
    printf("\n\t\t            查  找  操  作            ");
    printf("\n\t\t*******************************");
    printf("\n\t\t        -------静态查找表-------        ");
    printf("\n\t\t            1-顺序查找 \n            ");
    printf("\n\t\t            2-二分查找  \n            ");
    printf("\n\t\t        -------动态查找表-------        ");
    printf("\n\t\t            3-二叉排序树\n            ");
    printf("\n\t\t            4-平衡二叉树\n            ");
    printf("\n\t\t            0-返回                ");
    printf("\n\t\t*******************************");
    printf("\n\t\t 请选择菜单号(0--4):");
    scanf("%d",&choice);
    switch(choice)
    {
    case 1:SeqSearch(); break;
    case 2:BinSearch(); break;
    case 3:BTSearch(); break;
```

```
case 4:printf("\n\t\t");printf("请编写平衡二叉树查找程序！\n");
/*此处仅需填写调用平衡二叉树相关函数*/
    break;
case 0:ch='n'; break;
default:printf("\n\t\t 菜单选择错误！  请重输.");
}
        }
    }
```

6. 运行测试

运行程序,输入相关数据,测试各功能函数,并将运行效果截图。

7. 上机训练题

(1) 设计一组整数输入序列,使得每个元素的顺序查找与二分查找比较次数一样。

(2) 设计一组整数输入序列,使得每个元素的顺序查找与二叉排序树查找比较次数一样。

(3) 设计一组整数输入序列,使得每个元素的二分查找与二叉排序树查找比较次数一样。

(4) 编程实现平衡二叉树的建立、插入、删除、查找等操作。

8. 实验小结

小结本实验过程中出现的错误、面临的困难、这些错误和困难的解决方案,以及今后需要努力的方向。

8.2 拓展训练

1. 编程实现 B－树及其查找。
2. 编程实现 B＋树及其查找。

第9章 内部排序

9.1 插入与交换排序操作

实验目的：掌握常用插入与交换排序方法的基本思想，通过实验加深理解各种排序算法并掌握各种排序方法的时间复杂度。了解各种排序方法的优缺点及适用范围。

1. 问题描述

排序就是把一组无序的记录按其关键字的某种次序排列起来，使其具有一定的顺序，便于进行数据查找。排序过程中主要有两种基本操作。

(1) 比较两个关键字值的大小。
(2) 根据比较结果移动记录的位置。

本实验的重难点是希尔排序算法和快速排序算法的实现。

希尔排序是对直接插入排序的一种改进，它的基本思想是：先将整个待排序记录序列分割成若干个子序列，在子序列内分别进行直接插入排序，待整个序列基本有序时，再对全体记录进行一次直接插入排序。

快速排序是对冒泡排序的一种改进，其基本思想是：首先选一个轴值（比较的基准），将待排序记录分割成独立的两部分，左侧记录的关键码均小于或等于轴值，右侧记录的关键码均大于或等于轴值，然后分别对这两部分重复上述过程，直到整个序列有序。

2. 数据结构设计

本实验用顺序表存储记录，数据结构定义如下。

1) 定义待排序记录的数据类型

```
typedef struct
{
    KeyType key; /*关键字项*/
    InfoType otherinfo; /*其他数据项,具体类型在主程序中定义*/
}RedType; /*记录类型*/
```

2) 定义顺序表类型

```
typedef struct
{
    RedType r[MAXSIZE+1]; /*r[0]闲置或用作哨兵单元*/
    int length; /*顺序表长度*/
```

}SqList;

3. 功能（函数）设计

```
InsertSort(SqList *L)//对顺序表 L 进行直接插入排序
BInsertSort(SqList *L)//对顺序表 L 进行折半插入排序
P2_InsertSort(SqList *L)// 2 路插入排序
ShellInsert(SqList *L,int dk)//对顺序表 L 执行一趟希尔插入排序
Partition(SqList *L,int low,int high)
```

交换顺序表 L 中子表 r[low..high]的记录，枢轴记录到位，并返回其所在位置，此时在它之前（后）的记录均不大（小）于它。

4. 界面设计

菜单显示操作项目，操作步骤提示清晰。

5. 编码实现

1) 预处理程序

```
#include <malloc.h>
#define N 10
/*对两个数值型关键字的比较约定为如下宏定义 */
#define EQ(a,b) ((a)==(b))
#define LT(a,b) ((a)<(b))
#define LQ(a,b) ((a)<=(b))
#define MAXSIZE 20      /*顺序表的最大长度*/
typedef int KeyType;    /*定义关键字类型为整型*/
typedef int InfoType;   /*定义其他数据项的类型为整型*/
```

2) 定义数据结构

```
/*待排序记录的数据类型*/
typedef struct
{
   KeyType key; /*关键字项*/
   InfoType otherinfo; /*其他数据项,具体类型在主程序中定义*/
}RedType; /*记录类型*/
typedef struct
{
   RedType r[MAXSIZE+1]; /*r[0]闲置或用作哨兵单元*/
   int length; /*顺序表长度*/
}SqList; /*顺序表类型*/
```

3) 顺序表插入排序的函数

```
/*1.顺序表直接插入排序*/
```

```c
void InsertSort(SqList *L) /*对顺序表L进行直接插入排序*/
{   int i,j;
    for(i=2;i<=(*L).length;++i)
      if LT((*L).r[i].key,(*L).r[i-1].key)   /*"<",需将L.r[i]插入有序子表*/
      { (*L).r[0]=(*L).r[i];      /*复制为哨兵*/
          for(j=i-1;LT((*L).r[0].key,(*L).r[j].key);--j) (*L).r[j+1]=(*L).r[j]; /*记录后移*/
        (*L).r[j+1]=(*L).r[0];       /*插入到正确位置*/
      }
}
/*2.顺序表折半插入排序*/
void BInsertSort(SqList *L) /*对顺序表L进行折半插入排序*/
{   int i,j,m,low,high;
    for(i=2;i<=(*L).length;++i)
    {(*L).r[0]=(*L).r[i]; /*将L.r[i]暂存到L.r[0]*/
low=1;  high=i-1;
      while(low<=high) /*在r[low..high]中折半查找有序插入的位置*/
       {  m=(low+high)/2; /*折半*/
         if LT((*L).r[0].key,(*L).r[m].key) high=m-1; /*插入点在低半区*/
         else   low=m+1;    /*插入点在高半区*/
        }
      for(j=i-1;j>=high+1;--j)  (*L).r[j+1]=(*L).r[j]; /*记录后移*/
       (*L).r[high+1]=(*L).r[0];    /*插入*/
    }
}
/*3.2路插入排序*/
void P2_InsertSort(SqList *L) /*2路插入排序*/
{ int i,j,first,final;
    RedType *d;
      d=(RedType*)malloc((*L).length* sizeof(RedType)); /*生成L.length个记录的临时空间*/
    d[0]=(*L).r[1]; /*设L的第1个记录为d中排好序的记录(在位置[0])*/
    first=final=0; /*first、final分别指示d中排好序的记录的第1个和最后1个记录的位置*/
    for(i=2;i<=(*L).length;++i) /*依次将L的第2~最后1个记录插入d中*/
     {if((*L).r[i].key<d[first].key)
/*待插记录小于d中最小值,插到d[first]之前(不需移动d数组的元素)*/
       { first=(first-1+(*L).length)%(*L).length; /*设d为循环向量*/
        d[first]=(*L).r[i];
       }
       else if((*L).r[i].key>d[final].key)
```

```c
    { /*待插记录大于d中最大值,插到d[final]之后(不需移动d数组的元素)*/
      final=final+1; d[final]=(*L).r[i];
    }
    else
    { //待插记录大于d中最小值,小于d中最大值,插到d的中间(移动d数组的元素)
      j=final++; /*移动d的尾部元素以便按序插入记录*/
      while((*L).r[i].key<d[j].key)
        { d[(j+1)%(*L).length]=d[j]; j=(j-1+(*L).length)%(*L).length; }
      d[j+1]=(*L).r[i];
    }
  }
  for(i=1;i<=(*L).length;i++) (*L).r[i]=d[(i+first- 1)%(*L).length];
  /*把d赋给L.r*/
}
/*4.希尔排序*/
void ShellInsert(SqList *L,int dk)
{ /*对顺序表L执行一趟希尔插入排序*/
  /*(1)前后记录位置的增量是dk,直接插入排序相当于希尔插入排序增量是1*/
  /*(2)r[0]只是暂存单元,不是哨兵。当j<=0时,插入位置已找到*/
  int i,j;
  for(i=dk+1;i<=(*L).length;++i)
    if LT((*L).r[i].key,(*L).r[i- dk].key) /*需将(*L).r[i]插入有序增量子表*/
      {(*L).r[0]=(*L).r[i]; /*暂存在(*L).r[0]*/
        for(j=i-dk;j> 0&&LT((*L).r[0].key,(*L).r[j].key);j- =dk)
          (*L).r[j+dk]=(*L).r[j]; /*记录后移,查找插入位置*/
        (*L).r[j+dk]=(*L).r[0]; /*插入*/
      }
}
void print(SqList L);
void ShellSort(SqList *L,int dlta[],int t) /*按增量序列dlta[0..t-1]对顺序表L
                                              进行希尔排序*/
{   int k;
  for(k=0;k<t;++k)
  { ShellInsert(L,dlta[k]); /*一趟增量为dlta[k]的插入排序*/
    printf("第%d趟排序结果:",k+1);
    print(*L);
  }
}
/*5.冒泡排序函数*/
/*请学生独立补充冒泡排序程序*/
/*6、快速排序函数*/
int Partition(SqList *L,int low,int high)
```

```
    { /*交换顺序表 L 中子表 r[low..high]的记录,枢轴记录到位,并返回其所在位置,此时在
它之前(后)的记录均不大(小)于它*/
      KeyType pivotkey;
      (*L).r[0]=(*L).r[low]; /*用子表的第一个记录作为枢轴记录*/
      pivotkey=(*L).r[low].key; /*枢轴记录关键字*/
      while(low<high) /*从表的两端交替地向中间扫描*/
      {while(low<high&&(*L).r[high].key>=pivotkey) --high;
        (*L).r[low]=(*L).r[high]; /*将比枢轴记录小的记录移到低端*/
        while(low<high&&(*L).r[low].key<=pivotkey) ++low;
        (*L).r[high]=(*L).r[low]; /*将比枢轴记录大的记录移到高端*/
      }
      (*L).r[low]=(*L).r[0]; /*枢轴记录到位*/
      return low; /*返回枢轴位置*/
    }


  void QSort(SqList *L,int low,int high)
  { /*对顺序表 L 中的子序列 L.r[low..high]作快速排序*/
    int pivotloc;
    if(low<high) /*长度大于 1 时*/
    {  pivotloc=Partition(L,low,high); /*将 L.r[low..high]一分为二*/
      QSort(L,low,pivotloc- 1); /*对低子表递归排序,pivotloc 是枢轴位置*/
      QSort(L,pivotloc+1,high); /*对高子表递归排序*/
    }
  }
  void QuickSort(SqList *L) /*对顺序表 L 作快速排序*/
    {  QSort(L,1,(*L).length);}
/*7.显示函数*/
  void print(SqList L)
  { int i;
    for(i=1;i<=L.length;i++)   printf(" (%d,%d)",L.r[i].key,L.r[i].otherinfo);
    printf("\n");
  }
```

4) 菜单函数

```
  void menu()
  {int i;
  printf("\t\t 插入排序操作\n ");
  for(i=0;i<9;i++)  printf(" ");for(i=0;i<12;i++)  printf("*");printf("\n");
  for(i=0;i<10;i++)   printf(" "); printf("*    "); printf("1.直接插入排序");
  for(i=0;i<3;i++)   printf(" ");printf("*");printf("\n");
  for(i=0;i<10;i++)   printf(" "); printf("*    ");printf("2.折半插入排序");
```

```
         for(i=0;i<3;i++)   printf(" ");printf("*");printf("\n");
         for(i=0;i<10;i++)  printf(" "); printf("*       ");printf("3.2路插入排序");
         for(i=0;i<3;i++)   printf(" ");printf("*");printf("\n");
         for(i=0;i<10;i++)  printf(" "); printf("*       ");printf("4.希尔排序");
         for(i=0;i<7;i++)   printf(" ");printf("*");printf("\n");
         for(i=0;i<10;i++)  printf(" ");
         for(i=0;i<12;i++)  printf("* ");printf("\n");printf("\t\t交换排序操作\n ");
         for(i=0;i<9;i++)   printf(" ");for(i=0;i<12;i++)  printf("* ");printf("\n");
         for(i=0;i<10;i++)  printf(" "); printf("*       ");printf("5.冒泡排序");
         for(i=0;i<7;i++)   printf(" ");printf("*");printf("\n");
         for(i=0;i<10;i++)  printf(" "); printf("*       ");printf("6.快速排序");
         for(i=0;i<7;i++)   printf(" ");printf("*");printf("\n");
         for(i=0;i<10;i++)  printf(" "); printf("*       ");printf("0.退出");
         for(i=0;i<10;i++)  printf(" ");printf("*");printf("\n");
         for(i=0;i<10;i++)  printf(" "); for(i=0;i<12;i++)  printf("*");printf("\n");
       }
```

5）主函数

```
       void main()
       {  SqList l,l1,l2,l3,l4,l5,l6;
          int i,k,m,dt[3];
          printf("请输入%d个待排序数据:\n",N);
          for(i=0;i<N;i++)
          {scanf("%d",&l.r[i+1].key);
           l.r[i+1].otherinfo=i+1;}
          l.length=N;
           menu();
           while (k)
           {printf("请选择 0-6:    ");
           scanf("%d",&m);
           getchar();
           switch (m)
           {
           case 0:return;
           case 1:l1=l;
                  printf("排序前:\n");
                  print(l1);
                  printf("(a,b)中 a 是输入的整数,b 是 a 排序前的序号。\n",N);
                  InsertSort(&l1);
                  printf("直接插入排序后:\n");
                  print(l1);
                  printf("\n");
```

```
              break;
case 2:   l2=l;
          printf("排序前:\n");
          print(l2);
          printf("(a,b)中a是输入的整数,b是a排序前的序号。\n",N);
          BInsertSort(&l2);
          printf("折半插入排序后:\n");
          print(l2);
          printf("\n");
          break;
case 3:   l3=l;
          printf("排序前:\n");
          print(l3);
          printf("(a,b)中a是输入的整数,b是a排序前的序号。\n",N);
          P2_InsertSort(&l3);
          printf("2_路插入排序后:\n");
          print(l3);
          printf("\n");
          break;
case 4:{l4=l;
          printf("本程序增量序列数组为dt[]={5,3,1}\n",N);
          for(k=0;k<3;k++)
          dt[k]=5- 2* k;//增量序列数组赋值
          printf("排序前:");
          print(l4);
          printf("(a,b)中a是输入的整数,b是a排序前的序号。\n",N);
          ShellSort(&l4,dt,3);
          printf("排序后:");
          print(l4);
           break;}
case 5:{   l5=l;
          printf("请学生独立补充冒泡排序程序\n");
          break;}
case 6:{ l6=l;
        printf("排序前:\n");
        print(l6);
        QuickSort(&l6);
        printf("排序后:\n");
        print(l6);
        break;}
   default :return;
 }
```

```
            printf("继续运行吗 Y(1)/N(0):  ");
            scanf("%d",&k);
            if(! k) return;
            menu();
        }

}
```

6. 运行测试

运行程序,输入相关数据,测试各功能函数,并将运行效果截图。

7. 上机训练题

(1) 对各种排序算法,显示每趟排序的结果。
(2) 编程实现报告各种排序的比较、移动、交换次数。
(3) 设计算法,使得在尽可能少的时间内重排数组,让所有取负值的关键字位于取非负数值的前面。

8. 实验小结

小结本实验过程中出现的错误、面临的困难、这些错误和困难的解决方案,以及今后需要努力的方向。

9.2 选择排序与归并排序操作

实验目的:掌握常用选择与归并排序方法的基本思想,通过实验加深理解各种排序算法并掌握各种排序方法的时间复杂度分析方法。了解各种排序方法的优缺点及适用范围。

1. 问题描述

本实验的重难点是希尔排序算法和快速排序算法的实现。

堆排序是简单选择排序的一种改进,其基本思想是:首先将待排序的记录序列构造成一个堆,此时,选出了堆中所有记录的最大值即堆顶记录,然后将它从堆中移走(通常将堆顶记录和堆中最后一个记录交换),并将剩余的记录再调整成堆,这样又找出了次大的记录,以此类推,直到堆中只有一个记录。

归并排序是一种借助"归并"进行排序的方法,其主要思想是:将若干有序序列逐步归并,最终归并成为一个有序序列。

2. 数据结构设计

本实验用顺序表存储记录,数据结构定义如下。
1) 定义待排序记录的数据类型
```
    typedef struct
```

```
    {
        KeyType key; /*关键字项*/
        InfoType otherinfo; /*其他数据项,具体类型在主程序中定义*/
    }RedType; /*记录类型*/
```

2) 定义顺序表类型

```
    typedef struct
    {
        RedType r[MAXSIZE+1]; /*r[0]闲置或用作哨兵单元*/
        int length; /*顺序表长度*/
    }SqList;
```

3. 功能（函数）设计

```
    InsertSort(SqList *L)//对顺序表 L 进行直接插入排序
    BInsertSort(SqList *L)//对顺序表 L 进行折半插入排序
    P2_InsertSort(SqList *L)// 2 路插入排序
    ShellInsert(SqList *L,int dk)//对顺序表 L 执行一趟希尔插入排序
    Partition(SqList *L,int low,int high)
```

交换顺序表 L 中子表 r[low..high]的记录,枢轴记录到位,并返回其所在位置,此时在它之前（后）的记录均不大（小）于它。

4. 界面设计

菜单显示操作项目,操作步骤提示清晰。

5. 编码实现

1) 预处理程序

```
    /*程序需要的头文件*/
    #include<stdio.h>   /*EOF(=^Z 或 F6),NULL*/
    #include <malloc.h>
    #include <math.h>
    #include<limits.h>
    #define N 10
    /*对两个数值型关键字的比较约定为如下的宏定义*/
    #define EQ(a,b) ((a)==(b))
    #define LT(a,b) ((a)<(b))
    #define LQ(a,b) ((a)<=(b))
    #define MAXSIZE 20    /*顺序表的最大长度*/
    typedef int KeyType;    /*定义关键字类型为整型*/
    typedef int InfoType;   /*定义其他数据项的类型为整型*/
```

2) 定义数据结构

```
    /*待排记录的数据类型*/
```

```
typedef struct
{
    KeyType key; /*关键字项*/
    InfoType otherinfo; /*其他数据项,具体类型在主程序中定义*/
}RedType; /*记录类型*/
typedef struct
{
    RedType r[MAXSIZE+1]; /*r[0]闲置或用作哨兵单元*/
    int length; /*顺序表长度*/
}SqList; /*顺序表类型*/
```

3) 选择排序与归并排序函数

```
/*1.简单选择排序*/
int SelectMinKey(SqList L,int i)
{ /*返回在 L.r[i..L.length]中 key 最小的记录的序号*/
    KeyType min;
    int j,k;
    k=i; /*设第 i 个为最小*/
    min=L.r[i].key;
    for(j=i+1;j<=L.length;j++)
        if(L.r[j].key<min) /*找到更小的*/
        {
            k=j;
            min=L.r[j].key;
        }
    return k;
}

void SelectSort(SqList *L)
{ /*对顺序表 L 作简单选择排序*/
    int i,j;
    RedType t;
    for(i=1;i<(*L).length;++i)
    { /*选择第 i 小的记录,并交换到位*/
        j=SelectMinKey(*L,i); /*在 L.r[i..L.length]中选择 key 最小的记录*/
        if(i!=j)
        { /*与第 i 个记录交换*/
            t=(*L).r[i];
            (*L).r[i]=(*L).r[j];
            (*L).r[j]=t;
        }
    }
}
```

```
    }
/*2.树型选择排序*/
void TreeSort(SqList *L)
{ /*树型选择排序*/
    int i,j,j1,k,k1,l,n=(*L).length;
    RedType *t;
    l=(int)ceil(log(n)/log(2))+1; /*完全二叉树的层数*/
    k=(int)pow(2,l)-1; /*l层完全二叉树的节点总数*/
    k1=(int)pow(2,l-1)-1; /*l-1层完全二叉树的节点总数*/
    t=(RedType*)malloc(k*sizeof(RedType)); /*二叉树采用顺序存储结构*/
    for(i=1;i<=n;i++) /*将 L.r 赋给叶子节点*/
       t[k1+i-1]=(*L).r[i];
    for(i=k1+n;i<k;i++) /*给多余的叶子的关键字赋无穷大值*/
       t[i].key=INT_MAX;
    j1=k1;
    j=k;
    while(j1)
    { /*给非叶子节点赋值*/
       for(i=j1;i<j;i+=2)
          t[i].key<t[i+1].key? (t[(i+1)/2-1]=t[i]):(t[(i+1)/2-1]=t[i+1]);
       j=j1;
       j1=(j1-1)/2;
    }
    for(i=0;i<n;i++)
    {
       (*L).r[i+1]=t[0]; /*将当前最小值赋给 L.r[i]*/
       j1=0;
       for(j=1;j<l;j++) /*沿树根找节点 t[0]在叶子中的序号 j1*/
          t[2*j1+1].key==t[j1].key? (j1=2*j1+1):(j1=2*j1+2);
       t[j1].key=INT_MAX;
       while(j1)
       {
          j1=(j1+1)/2-1; /*序号为 j1 的节点的双亲节点序号*/
          t[2*j1+1].key<=t[2* j1+2].key? (t[j1]=t[2*j1+1]):(t[j1]=t[2* j1+2]);
       }
    }
    free(t);
}


/*3.堆排序*/
#include<stdio.h>
typedef SqList HeapType; /*堆采用顺序表存储表示*/
```

```c
void HeapAdjust(HeapType *H,int s,int m)
{ /*已知 H.r[s..m]中记录的关键字除 H.r[s].key 之外均满足堆的定义,*/
  /*本函数功能是调整 H.r[s]的关键字,使 H.r[s..m]成为一个大顶堆(对其中记录的关键
字而言)*/
    RedType rc;
    int j;
    rc=(*H).r[s];
    for(j=2*s;j<=m;j*=2)
    { /*沿 key 较大的孩子节点向下筛选*/
        if(j<m&&LT((*H).r[j].key,(*H).r[j+1].key))
          ++j; /*j 为 key 较大的记录的下标*/
        if(! LT(rc.key,(*H).r[j].key))
          break; /*rc 应插入在位置 s*/
        (*H).r[s]=(*H).r[j];
        s=j;
    }
    (*H).r[s]=rc; /*插入*/
}

void HeapSort(HeapType *H)
{ /*对顺序表 H 进行堆排序*/
    RedType t;
    int i;
    for(i=(*H).length/2;i> 0;--i) /*把 H.r[1..H.length]建成大顶堆*/
        HeapAdjust(H,i,(*H).length);
    for(i=(*H).length;i> 1;--i)
    { /*将堆顶记录和当前未经排序子序列 H.r[1..i]中最后一个记录相互交换*/
        t=(*H).r[1];
        (*H).r[1]=(*H).r[i];
        (*H).r[i]=t;
        HeapAdjust(H,1,i-1); /*将 H.r[1..i-1]重新调整为大顶堆*/
    }
}
/*4.归并排序*/
void Merge(RedType SR[],RedType TR[],int i,int m,int n)
{ /*将有序的 SR[i..m]和 SR[m+1..n]归并为有序的 TR[i..n]   */
    int j,k,l;
    for(j=m+1,k=i;i<=m&&j<=n;++k) /*将 SR 中记录由小到大并入 TR*/
        if LQ(SR[i].key,SR[j].key)
            TR[k]=SR[i++];
        else
            TR[k]=SR[j++];
```

```c
        if(i<=m)
          for(l=0;l<=m-i;l++)
            TR[k+l]=SR[i+l];  /*将剩余的 SR[i..m]复制到 TR*/
        if(j<=n)
          for(l=0;l<=n-j;l++)
            TR[k+l]=SR[j+l];  /*将剩余的 SR[j..n]复制到 TR*/
    }
    void MSort(RedType SR[],RedType TR1[],int s, int t)
    { /*将 SR[s..t]归并排序为 TR1[s..t]*/
        int m;
        RedType TR2[MAXSIZE+1];
        if(s==t)
          TR1[s]=SR[s];
        else
        {
          m=(s+t)/2;  /*将 SR[s..t]平分为 SR[s..m]和 SR[m+1..t]*/
          MSort(SR,TR2,s,m);  /*递归地将 SR[s..m]归并为有序的 TR2[s..m]*/
          MSort(SR,TR2,m+1,t);  /*递归地将 SR[m+1..t]归并为有序的 TR2[m+1..t]*/
          Merge(TR2,TR1,s,m,t);  /*将 TR2[s..m]和 TR2[m+1..t]归并到 TR1[s..t]*/
        }
    }
    void MergeSort(SqList *L)
    { /*对顺序表 L 进行归并排序*/
        MSort((*L).r,(*L).r,1,(*L).length);
    }
    /*5.显示函数*/
    void print(SqList L)
    {
        int i;
        for(i=1;i<=L.length;i++)
          printf("(%d,%d)",L.r[i].key,L.r[i].otherinfo);
        printf("\n");
    }
```

4）菜单函数

```c
    void menu()
    {
    int i;
    printf("\t 选择与归并排序操作\n ");
    for(i=0;i<9;i++)  printf(" ");
    for(i=0;i<12;i++)  printf("*");printf("\n");
    for(i=0;i<10;i++)  printf(" "); printf("*       ");
```

```
    printf("1.简单选择排序");
    for(i=0;i<3;i++)   printf(" ");printf("*");printf("\n");
    for(i=0;i<10;i++)  printf(" "); printf("*     ");
    printf("2.树型选择排序");
    for(i=0;i<3;i++)   printf(" ");printf("*");printf("\n");
    for(i=0;i<10;i++)  printf(" "); printf("*     ");
    printf("3.堆排序");
    for(i=0;i<9;i++)   printf(" ");printf("*");printf("\n");
    for(i=0;i<10;i++)  printf(" ");
    for(i=0;i<12;i++)  printf("*");printf("\n");
    for(i=0;i<10;i++)  printf(" "); printf("*     ");
    printf("4.归并排序操作");
    for(i=0;i<3;i++)   printf(" ");printf("*");printf("\n");
    for(i=0;i<10;i++)  printf(" "); printf("*     ");
    printf("0.退出");
    for(i=0;i<10;i++)  printf(" ");printf(" * ");printf("\n");
    for(i=0;i<10;i++)  printf(" ");
    for(i=0;i<12;i++)  printf("*");printf("\n");
}
```

5) 主函数

```
void main()
{
   SqList l,l1,l2,l3,l4;
   int i,k,m,dt[3];
   printf("请输入%d个待排序数据:\n",N);
   for(i=0;i<N;i++)
   {scanf("%d",&l.r[i+1].key);
   l.r[i+1].otherinfo=i+1;}
   l.length=N;
    menu();
    while (k)
   {printf("\t\t请选择 0-4:    ");
   scanf("%d",&m);
   getchar();
   switch (m)
   {
   case 0:return;
   case 1:l1=l;
         printf("排序前:\n");
         print(l1);
         printf("(a,b)中a是输入的整数,b是a排序前的序号。\n",N);
```

```
                SelectSort(&l1);
                printf("简单选择排序后:\n");
                print(l1);
                printf("\n");
                break;
        case 2:  l2=l;
                printf("排序前:\n");
                print(l2);
                printf("(a,b)中a是输入的整数,b是a排序前的序号。\n",N);
                TreeSort(&l2);
                printf("树形选择排序后:\n");
                print(l2);
                printf("\n");
                break;
        case 3:  l3=l;
                printf("排序前:\n");
                print(l3);
                printf("(a,b)中a是输入的整数,b是a排序前的序号。\n",N);
                 HeapSort(&l3);
                printf("堆排序后:\n");
                print(l3);
                 printf("\n");
                 break;
        case 4:  l4=l;
                printf("排序前:\n");
                print(l4);
                MergeSort(&l4);
                printf("归并排序后:\n");
                print(l4);
                 break;
        default :return;
        }
    printf("继续运行吗 Y(1)/N(0):   ");
    scanf("%d",&k);
    if(!k) return;
    menu();
    }
}
```

6. 运行测试

运行程序,输入相关数据,测试各功能函数,并将运行效果截图。

7. 上机训练题

(1) 对各种排序算法,显示每趟排序的结果。
(2) 编程实现报告各种排序的比较、移动、交换次数。

8. 实验小结

小结本实验过程中出现的错误、面临的困难、这些错误和困难的解决方案,以及今后需要努力的方向。

9.3 链式基数排序

实验目的:掌握链式基数排序算法及其时间和空间复杂性分析,理解算法的优缺点及适用范围。

1. 问题描述

(1) 算法思路:基数排序是典型的 LSD 排序方法,利用"分配"和"收集"两种运算对单关键字进行排序。在这种方法中,把单关键字 K_i 看成是一个 d 元组:

$$(K_i^1, K_i^2, \cdots, K_i^d)$$

其中的每一个分量 K_i^j 也可看成是一个关键字。分量 K_i^j 有 radix 种取值,则称 radix 为基数。

例如,关键字 984 可以看成是一个 3 元组(9,8,4),每一位有 0,1,…,9 等 10 种取值,基数 radix=10。关键字'data'可以看成是一个 4 元组(d,a,t,a),每一位有'a','b',…,'z'等 26 种取值,radix = 26。

针对 d 元组中的每一位分量,把对象序列中的所有对象,按 K_i^j 的取值,先"分配"到 rd 个队列中去。然后再按各队列的顺序,依次把对象从队列中"收集"起来,这样所有对象按取值 K_i^j 排序完成。

如果对于所有对象的关键字 $K_0, K_1, \cdots, K_{n-1}$,依次对各位的分量,让 j=d,d-1,…,1,分别用这种"分配"、"收集"的运算逐趟进行排序,在最后一趟"分配"、"收集"完成后,所有对象就按其关键字的值从小到大排序了。

各队列采用链式队列结构,分配到同一队列的关键字用链接指针链接起来。每一队列设置两个队列指针:int front [radix]指示队头,int rear [radix] 指向队尾。

为了有效地存储和重排 n 个待排序对象,以静态链表作为它们的存储结构。在对象重排时不必移动对象,只需修改各对象的链接指针即可。

(2) 复杂性分析:以静态链表存储 n 个待排序对象。若每个关键字有 d 位,需要重复执行 d 趟"分配"与"收集"。每趟对 n 个对象进行"分配"的时间复杂度为 O(n)。对 radix 个队列进行"收集",每趟收集的时间复杂度为 O(radix)。整个排序过程需要进行 d 趟"分配"与"收集",总时间复杂度为 O(d (n+radix))。

若基数 radix 相同,对于对象个数较多而关键字位数较少的情况,使用链式基数排序较好。

基数排序需要增加 n+2radix 个附加链接指针。

(3) 稳定性:基数排序是稳定的排序方法。

2. 数据结构设计

本实验用静态链表存储记录,数据结构定义如下。

1) 记录的数据类型

```
typedef struct
{
    KeyType key; /*关键字项*/
    InfoType otherinfo; /*其他数据项*/
}RedType; /*记录类型*/
```

2) 静态链表数据类型

```
typedef struct
{
    KeysType keys[MAX_NUM_OF_KEY]; /*关键字*/
    InfoType otheritems; /*其他数据项*/
    int next;
}SLCell; /*静态链表的节点类型*/
typedef struct
{
    SLCell r[MAX_SPACE]; /*静态链表的可利用空间,r[0]为头节点*/
    int keynum; /*记录的当前关键字个数*/
    int recnum; /*静态链表的当前长度*/
}SLList; /*静态链表类型*/
typedef int ArrType[RADIX]; /*指针数组类型*/
```

3. 功能(函数)设计

`InitList(SLList *L,RedType D[],int n)`

初始化静态链表 L(把数组 D 中的数据存于 L 中)。

`Distribute(SLCell r[],int i,ArrType f,ArrType e)`

本算法按静态键表 L 的 r 域中记录已按(keys[0],…,keys[i−1])有序。

第 i 个关键字 keys[i]建立 RADIX 个子表,使同一子表中记录的 keys[i]相同。

`Collect(SLCell r[],ArrType f,ArrType e)`

本算法按 keys[i]自小至大地将 f[0..RADIX−1]所指各子表依次链接成一个链表,e[0..RADIX−1]为各子表的尾指针。

`RadixSort(SLList *L)`

L是采用静态链表表示的顺序表。对L作基数排序,使得L成为按关键字自小到大的有序静态链表,L.r[0]为头节点。

```
Sort(SLList L,int adr[])
```

求得 adr[1..L.length],adr[i]为静态链表L的第i个最小记录的序号。

```
Rearrange(SLList *L,int adr[])
```

adr给出静态链表L的有序次序,即L.r[adr[i]]是第i小的记录。本算法按adr重排L.r,使其有序.(L的类型有变)。

4. 界面设计

菜单显示操作项目,操作步骤提示清晰。

5. 编码实现

1) 预处理程序

```
/*程序需要的头文件*/
#include<stdio.h>  /*EOF(=^Z 或 F6),NULL*/
#include<math.h>  /*exit()*/
#include<malloc.h>  /*malloc()等*/
#include<string.h>
#include<stdlib.h>
/*函数结果状态返回代码*/
#define TRUE 1
#define FALSE 0
#define OK 1
#define ERROR 0
#define INFEASIBLE -1
#define N 10
#define MAX_NUM_OF_KEY 8 /*关键字项数的最大值*/
#define RADIX 10 /*关键字基数,此时是十进制整数的基数*/
#define MAX_SPACE 1000
typedef int KeyType; /*定义 RedType 类型的关键字为整型*/
typedef int InfoType; /*定义其他数据项的类型*/
typedef char KeysType; /*定义关键字类型为字符型*/
```

2) 定义数据结构

```
/*1.记录的数据类型*/
typedef struct
{
    KeyType key; /*关键字项*/
    InfoType otherinfo; /*其他数据项*/
}RedType; /*记录类型*/
```

/*2.静态链表数据类型*/

```c
typedef struct
{
    KeysType keys[MAX_NUM_OF_KEY]; /*关键字*/
    InfoType otheritems; /*其他数据项*/
    int next;
}SLCell; /*静态链表的节点类型*/
typedef struct
{
    SLCell r[MAX_SPACE]; /*静态链表的可利用空间,r[0]为头节点*/
    int keynum; /*记录的当前关键字个数*/
    int recnum; /*静态链表的当前长度*/
}SLList; /*静态链表类型*/
typedef int ArrType[RADIX]; /*指针数组类型*/
```

3) 链式基数排序基本操作

```c
void InitList(SLList *L,RedType D[],int n)
{ /*初始化静态链表L(把数组D中的数据存于L中)*/
    char c[MAX_NUM_OF_KEY],c1[MAX_NUM_OF_KEY];
    int i,j,max=D[0].key; /*max为关键字的最大值*/
    for(i=1;i<n;i++)
      if(max<D[i].key)
        max=D[i].key;
    (*L).keynum=(int)(ceil(log10(max)));
    (*L).recnum=n;
    for(i=1;i<=n;i++)
    {
      (*L).r[i].otheritems=D[i-1].otherinfo;
      itoa(D[i-1].key,c,10); /*将十进制整型转化为字符型,存入c*/
      for(j=strlen(c);j<(*L).keynum;j++) /*若c的长度<max的位数,则在c前补'0'*/
      {
        strcpy(c1,"0");
        strcat(c1,c);
        strcpy(c,c1);
      }
      for(j=0;j<(*L).keynum;j++)
        (*L).r[i].keys[j]=c[(*L).keynum-1-j];
    }
}
int ord(char c)
{ /*返回k的映射(个位整数)*/
```

```
    return c-'0';
}
void Distribute(SLCell r[],int i,ArrType f,ArrType e)
{  /*本算法静态键表 L 的 r 域中记录已按(keys[0],…,keys[i-1])有序*/
   /*第 i 个关键字 keys[i]建立 RADIX 个子表,使同一子表中记录的 keys[i]相同*/
   /*f[0..RADIX-1]和 e[0..RADIX-1]分别指向各子表中第一个和最后一个记录*/
   int j,p;
   for(j=0;j<RADIX;++j)
     f[j]=0; /*各子表初始化为空表*/
   for(p=r[0].next;p;p=r[p].next)
   {
     j=ord(r[p].keys[i]); /*ord 将记录中第 i 个关键字映射到[0..RADIX-1]*/
     if(!f[j])
       f[j]=p;
     else
       r[e[j]].next=p;
     e[j]=p; /*将 p 所指的节点插入第 j 个子表中*/
   }
}
int succ(int i)
{ /*求后继函数*/
   return ++i;
}

void Collect(SLCell r[],ArrType f,ArrType e)
{ /*本算法按 keys[i]自小至大地将 f[0..RADIX-1]所指各子表依次链接成一个链表,
  e[0..RADIX-1]为各子表的尾指针*/
   int j,t;
   for(j=0;!f[j];j=succ(j)); /*找第一个非空子表,succ 为求后继函数*/
   r[0].next=f[j];
   t=e[j]; /*r[0].next 指向第一个非空子表中第一个节点*/
   while(j<RADIX-1)
   {
     for(j=succ(j);j<RADIX-1&&!f[j];j=succ(j)); /*找下一个非空子表*/
     if(f[j])
     { /*链接两个非空子表*/
       r[t].next=f[j];
       t=e[j];
     }
   }
   r[t].next=0; /*t 指向最后一个非空子表中的最后一个节点*/
}
```

```c
void printl(SLList L)
{ /*按链表输出静态链表*/
   int i=L.r[0].next,j;
   while(i)
   {
     for(j=L.keynum-1;j>=0;j--)
       printf("%c",L.r[i].keys[j]);
     printf(" ");
     i=L.r[i].next;
   }
}


void RadixSort(SLList *L)
{ /*L是采用静态链表表示的顺序表。对L作基数排序,使得L成为按关键字自小到大的有序
    静态链表,L.r[0]为头节点*/
   int i;
   ArrType f,e;
   for(i=0;i<(*L).recnum;++i)
     (*L).r[i].next=i+1;
   (*L).r[(*L).recnum].next=0; /*将L改造为静态链表*/
   for(i=0;i<(*L).keynum;++i)
   { /*按最低位优先依次对各关键字进行分配和收集*/
     Distribute((*L).r,i,f,e); /*第i趟分配*/
     Collect((*L).r,f,e); /*第i趟收集*/
     printf("第%d趟收集后:\n",i+1);
     printl(*L);
     printf("\n");
   }
}
void print(SLList L)
{ /*按数组序号输出静态链表*/
   int i,j;
   printf("keynum=%d recnum=%d\n",L.keynum,L.recnum);
   for(i=1;i<=L.recnum;i++)
   {
     printf("keys=");
     for(j=L.keynum-1;j>=0;j--)
       printf("%c",L.r[i].keys[j]);
     printf(" otheritems=%d next=%d\n",L.r[i].otheritems,L.r[i].next);
   }
}
void Sort(SLList L,int adr[])
```

```
    { /*求得 adr[1..L.length],adr[i]为静态链表 L 的第 i 个最小记录的序号*/
      int i=1,p=L.r[0].next;
      while(p)
      {
        adr[i++]=p;
        p=L.r[p].next;
      }
    }
    void Rearrange(SLList *L,int adr[])
    { /*adr 给出静态链表 L 的有序次序,即 L.r[adr[i]]是第 i 小的记录*/
      /*本算法按 adr 重排 L.r,使其有序(L 的类型有变)*/
      int i,j,k;
      for(i=1;i<(*L).recnum;++i)
        if(adr[i]!=i)
        {
          j=i;
          (*L).r[0]=(*L).r[i]; /*暂存记录(*L).r[i]*/
          while(adr[j]!=i)
          { /*调整(*L).r[adr[j]]的记录到位,直到 adr[j]=i 为止*/
            k=adr[j];
            (*L).r[j]=(*L).r[k];
            adr[j]=j;
            j=k; /*记录按序到位*/
          }
          (*L).r[j]=(*L).r[0];
          adr[j]=j;
        }
    }
    void main()
    { RedType d[N],r[N];
      int *adr;
      int i;
      SLList l;
      printf("请输入%d 个待排序数据:\n",N);
      for(i=0;i<N;i++){ printf("请输入%d 个记录的 key 值:",i+1);
                       scanf("%d",&r[i].key);
                   printf("请输入%d 个记录的 otherinfo 值:",i+1);
                       scanf("%d",&r[i].otherinfo);}
      for(i=0;i<N;i++){ d[i].key=r[i].key;
                       d[i].otherinfo=r[i].otherinfo;}
      InitList(&l,d,N);
      printf("排序前(next 域还没赋值):\n");
```

```
        print(l);
        RadixSort(&l);
        printf("排序后(静态链表):\n");
        print(l);
        adr=(int*)malloc((l.recnum)*sizeof(int));
        Sort(l,adr);
        Rearrange(&l,adr);
        printf("排序后(重排记录):\n");
        print(l);
    }
```

6. 运行测试

运行程序,输入相关数据,测试各功能函数,并将运行效果截图。

7. 上机训练题

(1) 修改程序,显示每趟分配和收集的结果。

(2) 实验程序显示的排序结果是对主关键字升序排列,次关键字降序。请改为对主、次关键字都是升序排列。

8. 实验小结

小结本实验过程中出现的错误、面临的困难、这些错误和困难的解决方案,以及今后需要努力的方向。

9.4 拓 展 训 练

1. 假设待排序对象用单链表存储,修改本章实验的插入、交换、选择、归并等排序算法。

2. 编程比较希尔排序、快速排序、堆排序、归并排序时间效率,使其符合以下几点要求。

(1) 程序说明界面。

     排序算法的实现与比较程序

  你有25秒钟的时间浏览以下说明,25秒钟之后程序开始!说明:在这个程序中,请按照菜单提示执行程序,实现希尔、快速、堆排序、归并等4种排序算法,在程序的第一步选择待排数组的个数,多次执行程序,根据待排数据个数的不同和各个排序算法的执行时间不同比较各排序算法的性能!

(2) 程序操作界面。

   ========== 排序算法时间效率比较 ==========
   1- 随机产生待排数据,存文件
   2- 读取待排数据

3- 运行程序,显示四种排序算法的运行时间

4- 排序结果存文件

0- 退出

3. 功能函数说明。本程序由 main.cpp、sort.h 和 operate.h 三部分组成。sort.h 头文件中实现了希尔排序、快速排序、堆排序、归并排序算法；operate.h 头文件中有随机产生的待排数据,将数据写入文件,从文件读数据,计时,输出执行时间的函数；main.cpp 主函数调用头文件里的函数。函数的调用关系如下图所示。

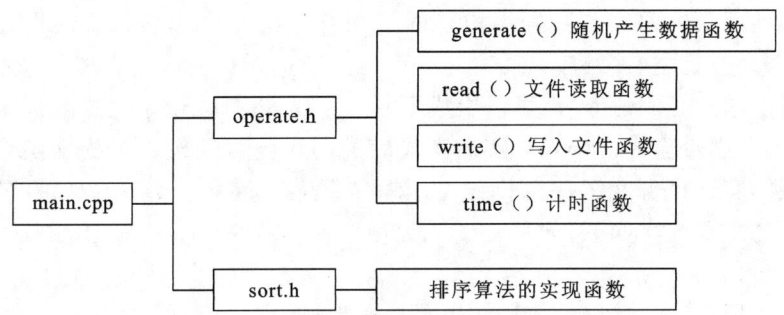

4. 实验小结。通过分析实例,说明排序算法最适用的待排序数据的状态。例如,数据状态是数据量大,输入顺序随机(杂乱无序),且排序结果没有稳定性要求,采用快速排序效果最好。

第二篇　应用实训项目

学生在实训前联系好校内(外)指导教师,共同拟定实训项目,利用课外时间完成实训项目。应用实训项目选题应与数据结构基础知识和方法紧密结合。实现语言仅限于 C 语言,代码量在 800 行左右为宜。

学生既可以单独完成任务,也可以组成不超过 2 人的团队合作完成实训。组成团队时,必须指定一名学生作为协调人。实训完成后的两周内必须按要求提交实训报告。要求提交电子版的实训报告和程序源代码。压缩包命名为姓名 1-姓名 2-项目名称。应用实训项目报告的主要内容如下。

实验报告页眉：　　　　　数据结构课程实验报告

应用实训项目(居中,四号,黑体)

团队成员:(1)姓名_____　　学号_____　　(2)姓名_____　　学号_____
　　　　指导教师（校外）姓名_____　　所在单位_____
　　　　　　　　（校内）姓名_____　　所在单位_____
　　　　　　　　实训时间_____　　实训地点_____

1. 实训目的:(左对齐,小四号,宋体)(正文用五号宋体)
2. 项目功能描述(小四号,宋体)(正文用五号宋体)
3. 数据结构设计(小四号,宋体)(正文用五号宋体)
4. 功能(函数)设计(小四号,宋体)(正文用五号宋体)
   包括函数名称和接口、主要函数的初始条件与操作结果及程序流程图。
5. 界面设计(小四号,宋体)(正文用五号宋体)
6. 编码实现(小四号,宋体)(正文中文用五号宋体,英文用 Times New Roman)
   包括程序预处理、数据结构、功能函数、菜单显示、主函数等完整程序。
7. 运行测试(小四号,宋体)(正文用五号宋体)
   运行程序,测试各功能函数,并将运行效果截图。
8. 实训小结(小四号,宋体)(正文用五号宋体)
   (1) 详细介绍团队成员任务分工情况。
   (2) 小结本次应用实训过程中出现的错误、面临的困难以及这些错误和困难的解决方案,并明确今后需要努力的方向。

应用实训项目一 一元多项式加、减、乘、除运算的实现

1. 实训目的

一元多项式的加、减、乘、除运算是线性表的典型应用实训项目。通过实训,熟练运用线性表的存储结构和基本操作解决应用问题。

2. 项目功能描述

(1) 使用链式存储结构实现一元多项式的加、减、乘、除运算。
(2) 多项式的系数类型为浮点实数,指数类型为整型。
(3) 菜单提示操作。

3. 数据结构设计

定义多项式每一项的类型。

```
typedef struct linknode
{ float coe;
  int index;
  struct linknode *next;
}linnode; //定义节点类型linknode
```

4. 功能(函数)设计

(要求学生详细描述函数名称和接口、主要函数的初始条件与操作结果及程序流程图。)

```
linnode *CreateList()            //创建多项式
linnode *Sort(linnode *S)        //多项式按降序排列
linnode *Negate(linnode *head)   //多项式系数取反
void ShowList(linnode *head)     //显示多项式
linnode *Copy(linnode *copy)     //复制多项式
linnode *SearchList(linnode *head,int x)   //查找指数相同的项
linnode *AddSame(linnode *head)  //合并同类项
linnode *Add(linnode *head1,linnode *head2)   //多项式加法函数
linnode *Sub(linnode *head1,linnode *head2)
//多项式作减法运算函数,并向函数传递两个链表(两个待相加的多项式)
```

```
linnode *Mul(linnode *s,linnode *p)
//多项式作乘法运算函数,两个参数用于传进两个待相乘的多项式链表
linnode *Mulr(linnode *s,linnode *p)        //项与多项式相乘(辅助除法运算)
void Div(linnode *head1,linnode *head2)     //除法
```

5. 界面设计

软件运行过程中操作步骤提示清晰。通过选择式菜单提示如下功能:

数据结构应用实训项目

一、多项式的加法、减法、乘法运算

1. 多项式创建
2. 多项式相加
3. 多项式相减
4. 多项式相乘
5. 清空多项式

6. 编码实现

```
#include "stdio.h"
#include "iostream"
typedef struct linknode   //定义多项式项的结构体
{
  float coe;
  int index;
  struct linknode *next;
}linnode;//定义节点类型 linknode
linnode *Sort(linnode *S)       //多项式降序排列
{linnode *z,*s;
  s=S;
  z=new linnode;
  z->next=NULL;
  while(S->next!=NULL)
  {for(linnode *x=S->next;x->next!=NULL;x=x->next)
    {if(S->next->index<x->next->index)
      { z->coe=x->next->coe;
         x->next->coe=S->next->coe;
         S->next->coe=z->coe;
         z->index=x->next->index;
         x->next->index=S->next->index;
         S->next->index=z->index;
      }
    }
```

```
        S=S->next;
    }
    return s;
}
linnode *Negate(linnode *head)    //多项式系数取反
{   linnode *p;
    p=head;
    while(head->next!=NULL)
    {
    head->next->coe=-(head->next->coe);
    head=head->next;
    }
    return p;
}
linnode *CreateList()    //创建多项式
{   int n=0,z=1;
    linnode *p,*s,*head;
    float coe;
    int index;
    head=new linnode;
    head->next=NULL;
    p=head;
    while(z)
    {   printf("\n\t\t请输入:");
        scanf("%f",&coe);
        scanf("%d",&index);
        getchar();
        if(coe!=0||index!=0)
        {   s=new linnode;
            s->coe=coe;
            s->index=index;
            p->next=s;
            s->next=NULL;
            p=s;
        }
        else  z=0;
    }
    return Sort(head);
}
void ShowList(linnode *head)// 显示多项式
{
    linnode *P=Sort(head);
```

```
        if(head->next==NULL)printf("多项式为空！");
        else
        {   while(P->next!=NULL)
            {if((P->next->coe)!=0)
                {(P->next->coe)>0? printf("+%5.2f",P->next->coe):printf("%
                 5.2f ",P->next->coe);
                (P->next->index)!=0? printf("X^%d",P->next->index):printf("");
                }
                P=P->next;
            }
        }
}
linnode *Copy(linnode *copy)//复制多项式
{ linnode *d,*head3,*a;
    d=new linnode;
    head3=d;
    if(copy->next!=NULL)
    { while(copy->next!=NULL)
        {   a=new linnode;
            a->coe=copy->next->coe;
            a->index=copy->next->index;
            d->next=a;
            a->next=NULL;
            d=a;
            copy=copy->next;
        }
      return head3;
    }
   else   return copy;
}

linnode *SearchList(linnode *head,int x)   //查找指数相同的项
{
   linnode *p;
   if(head!=NULL)
   {   p=head->next;
       while(p!=NULL&&p->index!=x)
       {
           p=p->next;
       }
       if(p!=NULL)
          return p;
```

```
            else
                return NULL;
        }
    else return NULL;
}
linnode *AddSame(linnode *head)     //合并同类项
{   linnode *heads,*s;
    heads=head;
    while(head->next!=NULL)
    {
        linnode *x=SearchList(head->next,head->next->index);      //搜索同类项
        if(x!=NULL)
        {   head->next->coe+=x->coe;
            for(s=head->next;(s->next->index)!=x->index;)
                s=s->next;
            s->next=x->next;
            delete x;
        }
        Else   head=head->next;
    }
    return heads;
}
linnode *Sub(linnode *head1,linnode *head2)
//多项式减法函数,并向函数传递两个链表(两个待相加的多项式)
{    linnode *s,*p,*head3;    //定义三个节点指针变量
    s=head1;
    head3=s;//用于存储第一个传进来的链表的头指针
    p=head2;
    while(s->next!=NULL)//当第一个链表不为空时依次循环获取每一个节点的index值
      { linnode *z=SearchList(p,s->next->index);
//用于搜索第一链表的每个节点的 index 值在第二链表中是否存在并返回其节点
        if(z!=NULL) //条件为真,在第二链表中查找到与第一链表中相同 index 值的节点
        { s->next->coe- =z->coe;
            while((p->next->index)!=z->index)//查找搜索到节点在第二链表的位置
              { p=p->next;}
            p->next=z->next;
            delete z; //在第二链表中删除查找到的节点
        }
        s=s->next;    //头指针向后移动
      }
    for(s->next=head2->next;s->next!=NULL;s=s->next)
        s->next->coe=-(s->next->coe);
```

```
        return AddSame(head3);//返回第一链表的头指针
}
linnode *Add(linnode *head1,linnode *head2)    //多项式加法函数
{   linnode *s,*p,*d,*a,*head3;
    s=head1;
    p=head2;
    d=new linnode;
    head3=d;
    while(s->next!=NULL)
    {   a=new linnode;
        a->coe=s->next->coe;
        a->index=s->next->index;
        d->next=a;
        a->next=NULL;
        d=a;
        s=s->next;
    }
    while (p->next!=NULL)
    {   a=new linnode;
        a->coe=p->next->coe;
        a->index=p->next->index;
        d->next=a;
        a->next=NULL;
        d=a;
        p=p->next;
    }
    return  AddSame(head3);    //合并同类项后返回
}
linnode *Mul(linnode *s,linnode *p)
//多项式作乘法运算函数,两个参数用于传进两个待相乘的多项式链表
{   linnode *head1,*head2,*head3,*n,*head4; //链表指针用于存储多项式的项指针
    head1=s;      //将第一个用于存储多项式的链表的头指针赋值给 head1
    head2=p;      //将第二个用于存储多项式的链表的头指针赋值给 head2
    head4=new linnode;//创建一个头节点
    head4->next=NULL;
    head3=head4;//用于存储新创建的链表的头指针
    if(head1->next!=NULL&&head2->next!=NULL)//两个多项式不为空时
    {for(;head1->next!=NULL;head2=p,head1=head1->next)
       //循环实现多项式中的乘法运算
       {for(;head2->next!=NULL;head2=head2->next)//循环实现多项式中的乘法运算
          { n=new linnode; //新建一个节点用于存储多项式相乘之后每一项的结果
            n->coe=(head1->next->coe*head2->next->coe); //系数相乘
```

```
              n->index= (head1->next->index+head2->next->index);//指数相加
              head3->next=n;
              n->next=NULL;
              head3=n;
           }
        }
        return AddSame(head4);
    }
    else return head4;
}
linnode *Mulr(linnode *s,linnode *p)    //一个节点乘以整个多项式的系数(在除法运
                                          算中调用此函数)
{ linnode *head2,*n,*head1,*head;
  head2=new linnode;
  head2->next=NULL;
  head=head2;
  head1=p;
  while(p->next!=NULL&&s->coe!=0)
  { n=new linnode;
    n->coe=s->coe*p->next->coe;
    n->index=s->index+p->next->index;
    n->next=NULL;
    head2->next=n;
    head2=n;
    p=p->next;
  }
  p=head1;
  return head;
}
void Div(linnode *head1,linnode *head2)    //除法
{   linnode *temp1,*head3,*head4,*z;
    temp1=new linnode;
    temp1->next=NULL;
    head3=temp1;//商的指针
while (head1!=NULL&&head1->next!=NULL&&head1->next->index> =head2->next->
     index)   //判断指数大小
        {   z=new linnode;
            z->coe=head1->next->coe/head2->next->coe;
            z->index=head1->next->index- head2->next->index;
            temp1->next=z;
            z->next=NULL;
            temp1=z;
```

```
                head4=Mulr(z,head2);
                linnode *head5=head1;
                while(head1->next!=NULL)
                {head1=head1->next;}
                head4=Negate(head4); //系数取反
                head1->next=head4->next;
                head1=AddSame(head5);//合并同类项
                while(head1->next!=NULL&&head1->next->coe==0)
                {head1=head1->next;}
        }
        printf("\nF(X)/G(X)");
        printf("\n商:");
        ShowList(head3);
        printf("\n余数:");
        ShowList(head1);
}
        void menu()//菜单显示函数
{学生自己填写,实现界面设计要求}
        int main()
{       system("color 0B");
        int choice,j=1;
        linnode *head1,*head2,*add,*sub,*mul,*copy1,*copy2;
        add=new linnode;
        sub=new linnode;
        mul=new linnode;
        head1=new linnode;
        head2=new linnode;
        copy1=new linnode;
        copy2=new linnode;
        head1->next=NULL;
        head2->next=NULL;
        head1->index=NULL;
        head2->index=NULL;
        add->next=NULL;
        sub->next=NULL;
        mul->next=NULL;
        copy1->next=NULL;
        copy2->next=NULL;
        while(j)
        {       menu()
                scanf("%d",&choice);
                getchar();
```

```c
switch(choice)
{ case 1:head1->next=NULL;
        head2->next=NULL;
        printf("\n\t\t请逐个输入第 1 个多项式的节点,以 0 0 作为结束标记! \n");
        head1=CreateList();
        printf("\n\t\t请逐个输入第 2 个多项式的节点,以 0 0 作为结束标记! \n");
        head2=CreateList();
        system("cls");
        printf("\n多项式成功输入,请选择计算方式!");break;
  case 2:system("cls");
        printf("\n多项式 1:F(X)=");
        ShowList(head1);
        printf("\n多项式 2:G(X)=");
        ShowList(head2);break;
  case 3:system("cls");
        printf("\n多项式 1:F(X)=");
        ShowList(head1);
        printf("\n多项式 2:G(X)=");
        ShowList(head2);
        if(head1->next!=NULL||head1->next!=NULL)
        {
            add=Add(head1,head2);
            printf("\n多项式:F(X)+G(X)=");
            ShowList(add);
        }
        else printf("请输入多项式!");break;
  case 4:system("cls");
        printf("\n多项式 1:F(X)=");
        ShowList(head1);
        printf("\n多项式 2:G(X)=");
        ShowList(head2);
        if(head1->next!=NULL||head1->next!=NULL)
        {   copy1=Copy(head1);
            copy2=Copy(head2);
            sub=Sub(copy1,copy2);
            printf("\n多项式:F(X)-G(X)=");
            ShowList(sub);
        }
        else printf("请输入多项式!");break;
  case 5:system("cls");
        printf("\n多项式 1:F(X)=");
        ShowList(head1);
```

```
                printf("\n多项式 2:G(X)=");
                ShowList(head2);
                if(head1->next!=NULL&&head2->next!=NULL)
                {   mul=Mul(head1,head2);
                    printf("\n多项式:F(X)*G(X)=");
                    ShowList(mul);
                }
                    else if(head1->next==NULL||head1->next==NULL)
                    { printf("\n多项式:F(X)*G(X)=0");}
                      else {printf("请输入多项式!");}
                     break;
          case 6:system("cls");
                printf("\n多项式 1:F(X)=");
                ShowList(head1);
                printf("\n多项式 2:G(X)=");
                ShowList(head2);
                if(head1->next!=NULL&&head2->next!=NULL)
                { copy1=Copy(head1);
                  copy2=Copy(head2);
                  Div(copy1,copy2);
                }
                else   printf("\n多项式:F(X)/G(X)=0");
                break;
          case 0:printf("\n====谢谢您的使用!<<==\n\n");   /*结束程序*/
                system("pause");
                exit(0);break;
          default:system("cls");
                printf("\n\t\t您的输入有误!请从新输入!");
        }
      }
    return 0;
  }
```

7. 运行测试

运行程序,测试各功能函数,并将运行效果截图。

8. 实训小结

(1) 详细介绍团队成员任务分工情况。

(2) 小结本应用实训项目中出现的错误、面临的困难以及这些错误和困难的解决方案,并明确今后需要努力的方向。

拓 展 训 练

(1) 补充一元多项式的求值、导数、不定积分、定积分等运算。

(2) 设计有一元多项式的插入操作,对输入的单项式,如果原多项式不存在与它指数相同的项,就插入,否则合并同类项。改写多项式的运算程序。

(3) 编程求两个整系数一元多项式的最大公因式和最小公倍式。

(4) 采用如下定义的顺序表实现多项式的加法、减法、乘法、除法运算。比较它与链式存储的优缺点。

存储结构定义如下

```
#define MAXSIZE 20 //定义线性表最大容量
//定义多项式项数据类型
typedef struct
{   float coef; //系数
    int expn;//指数
} term,elemType;
typedef struct
{   term terms[MAXSIZE];//线性表中数组元素
    int last;//指向线性表中最后一个元素位置
} SeqList;
typedef SeqList polynomial;
```

应用实训项目二 迷宫问题实现

1. 实训目的

(1) 熟悉栈的结构特性,掌握其在实际问题背景下的应用。
(2) 熟悉并掌握栈的基本操作。
(3) 掌握栈的典型应用——迷宫问题的实现。

2. 项目功能描述

以一个 m×n 的长方阵表示迷宫,0 和 1 分别表示迷宫中的通路和障碍。设计一个程序,对任意设定的迷宫,判断有无通路。如果有通路,求出一条从入口到出口的通路。

3. 数据结构设计

(1) 定义坐标:

```
typedef struct
{
  int x;
  int y;
} item;
```

(2) 定义坐标和方向:

```
typedef struct
{
  int x;
  int y;
  int d;
} dataType;
```

(3) 定义顺序栈的类型:

```
typedef struct
{
  dataType data[MAXLEN];
  int top;
}SeqStack;
```

(4) 8 邻域试探方向数组 item move[8]。
(5) 0-1 矩阵定义迷宫数组 int maze[M+2][N+2]。

4. 功能(函数)设计

(要求学生详细描述函数名称和接口、主要函数的初始条件与操作结果及程序流程图。)

```
void print_Path(SeqStack*s);//输出迷宫路线
SeqStack* InitSeqStack();
//该函数初始化一个空栈,并返回指向该栈的存储单元首地址
int Push(SeqStack *s,dataType x)
//将元素 x 入栈 s,若入栈成功则返回结果 1,否则返回 0
int StackEmpty(SeqStack *s)
//该函数判断栈是否为空,若栈空则返回结果 1,否则返回 0
int Pop(SeqStack *s,dataType *x)
//将栈顶元素出栈,放入 x 所指向的存储单元中,若出栈则返回结果 1,否则返回 0
void init_move(item move[8])  //初始化 8 邻域方向
int find_Path(int maze[M+2][N+2],item move[8])
//迷宫 maze 二维数组中按 move 的 8 邻域方向探测迷宫路线,存在返回 1,否则返回 0
void print_Path(SeqStack*s)//输出栈 s 中所有迷宫路径
```

5. 界面设计

软件运行过程中操作步骤提示清晰。

6. 编码实现

```c
#include <stdio.h>
#include <stdlib.h>
#define M 6   //定义迷宫行数
#define N 8 //定义迷宫列数
#define MAXLEN 100 //定义顺序栈最大容量
typedef struct//定义坐标
{ int x;
  int y;
}item;//定义坐标和方向
typedef struct
{ int x;
  int y;
  int d;
}dataType;//定义顺序栈的类型定义
typedef struct
{ dataType data[MAXLEN];
  int top;
}SeqStack;
item move[8];//8 邻域试探方向数组
```

```c
int maze[M+2][N+2]={
  {1,1,1,1,1,1,1,1,1,1},
  {1,0,1,1,1,0,1,1,1,1},
  {1,1,0,1,0,1,1,1,1,1},
  {1,0,1,0,0,0,0,0,1,1},
  {1,0,1,1,1,0,1,1,1,1},
  {1,1,0,0,1,1,0,0,0,1},
  {1,0,1,1,0,0,1,1,0,1},
  {1,1,1,1,1,1,1,1,1,1}
};//定义迷宫数组
void print_Path(SeqStack*s);//输出迷宫路线
SeqStack* InitSeqStack()
//该函数初始化一个空栈,并返回指向该栈的存储单元首地址
{
  SeqStack *s;
  s=new SeqStack;//分配栈空间
  s->top=-1;//置空栈
  return s;
}
int Push(SeqStack *s,dataType x)
//将元素x入栈s,若入栈成功则返回结果1,否则返回0
{
  if (s->top==MAXLEN-1) //栈满
    {
      return 0;
    }
    else//入栈操作
    {
      s->top++;
      s->data[s->top]=x;
      return 1;
    }
}
int StackEmpty(SeqStack *s)
//该函数判断栈是否为空,若栈空,则返回结果1,否则返回0
{
  if (s->top==-1)//栈为空
  {
    return 1;
  }
  else
  {
```

```
        return 0;
    }
}
int Pop(SeqStack * s,dataType * x)
//将栈顶元素出栈,放入 x 所指向的存储单元中,若出栈则返回结果 1,否则返回 0
{
    if (StackEmpty(s))//栈空
    {
        return 0;
    }
    else//出栈
    {
        *x=s->data[s->top];
        s->top--;
        return 1;
    }
}
void init_move(item move[8])
//初始化 8 邻域方向
{
    move[0].x=0;
    move[0].y=1;
    move[1].x=1;
    move[1].y=1;
    move[2].x=1;
    move[2].y=0;
    move[3].x=1;
    move[3].y=-1;
    move[4].x=0;
    move[4].y=-1;
    move[5].x=-1;
    move[5].y=-1;
    move[6].x=-1;
    move[6].y=0;
    move[7].x=-1;
    move[7].y=1;
}
void printS(dataType temp)
{
    int static i=0;
    printf("第%d次入栈元素为:",++i);
    printf("(%d,%d)%d\n",temp.x,temp.y,temp.d);
```

```c
}
int find_Path(int maze[M+2][N+2],item move[8])
//在迷宫 maze 二维数组中按 move 的 8 邻域方向探测迷宫路线,存在返回 1,否则返回 0
{
    SeqStack* s=InitSeqStack();//初始化栈
    dataType temp;
    int x,y,d,i,j;
    temp.x=1;
    temp.y=1;
    temp.d=-1;//初始化入口点坐标和方向
    Push( s,temp);
    while (!StackEmpty(s))
    { Pop(s,&temp);//当前位置和方向入栈
      x=temp.x;
      y=temp.y;
      d=temp.d+1;
      while (d<8) //沿 8 个方向试探是否有路可通过
      { i=x+move[d].x;
        j=y+move[d].y;
        if (maze[i][j]==0)//当前位置可以到达
        { temp.x=x;
          temp.y=y;
          temp.d=d;
          Push(s,temp);//坐标和方向入栈
          printS(temp);
          x=i;
          y=j;
          maze[x][y]=-1;//该位置已经达到
          if (x==M && y==N)//已经到达出口
          { print_Path(s);//按栈反向输出迷宫路线
            return 1;
          }
          else
          { d=0;//重新初始化探测方向
          }
        }
        Else { d++; }//探测下一个方向
      }
    }
    return 0;
}
```

```
void print_Path(SeqStack*s)
//输出栈 s 中所有迷宫路径
{
  printf("迷宫路径为:\n");
  for (int i=0;i<s->top;i++)
  {
    printf("(%d,%d)%d->",s->data[i].x,s->data[i].y,s->data[i].d);
  }
  printf("(%d,%d)%d\n",s->data[i].x,s->data[i].y,s->data[i].d);
}
void main()//主函数
{
  init_move(move);//初始化迷宫探测方向数组
  if(!find_Path(maze,move))//求迷宫路径
  {
    printf("迷宫路径不存在");
  }
}
```

7. 运行测试

运行程序,测试各功能函数,并将运行效果截图。

8. 实训小结

(1) 详细介绍团队成员任务分工情况。

(2) 小结本应用实训项目中出现的错误、面临的困难以及这些错误和困难的解决方案,并明确今后需要努力的方向。

拓 展 训 练

(1) 修改程序,迷宫可以通过键盘输入创建或者计算机自动生成。增加检测人工输入的路径序列是否是迷宫的一条通路。

(2) 编程实现行编辑程序。

(3) 简单文本编辑器设计与实现。

(4) 利用栈实现表达式求解。

应用实训项目三　舞伴搭配问题

1. 实训目的

(1) 熟练掌握队列的存储结构及其基本操作。
(2) 掌握用队列分析解决实际问题的方法。

2. 项目功能描述

某班有 m 个女生,有 n 个男生(m 不等于 n),现要开一个舞会,男女生分别编号坐在舞池两边的椅子上,每曲开始时,依次从男生和女生中各出一人配对跳舞,本曲没成功配对者坐着等待下一曲找舞伴。设计一系统动态地模拟上述过程,要求如下。
(1) 输出每曲配对情况。
(2) 计算出任何一个男生(编号为 X)和任意女生(编号为 Y),在第 K 曲配对跳舞的情况,至少求出 K 的两个值。
菜单提示操作。

3. 数据结构设计

根据以上问题给出以下存储结构定义:

```
//定义链队节点类型
typedef struct QNode
{
  int num;
  struct QNode *next;
}QNode,*QueuePtr;
//定义链队头指针类型
typedef struct
{
  QueuePtr front;//队头指针
  QueuePtr rear;//队尾指针
}LinkQueue;
```

4. 功能(函数)设计

(学生详细描述函数名称和接口、主要函数的初始条件与操作结果及程序流程图。)

```
void sleep( clock_t wait );   /*延迟函数*/
```

```
void InitQ(LinkQueue &Q)/*建立空队列*/
void EnQueue(LinkQueue &Q,int num)/*入队列*/
void DeQueue(LinkQueue &Q, int &num)/*出队列*/
void DestroyQueue(LinkQueue &Q) /*删除队列*/
void printF(LinkQueue &F,int i)/*打印第 i 首曲子时女队的情况*/
void printM(LinkQueue &M,int i) /*打印第 i 首曲子时男队的情况*/
void check(int n) /*判断输入 n 是否合法*/
```

5. 界面设计

软件运行过程中操作步骤提示清晰。

6. 编码实现

```
#include <stdio.h>
#include <time.h>
#include <stdlib.h>
void check(int n);
//定义链队节点类型
typedef struct QNode
{
   int num;
   struct QNode *next;
}QNode,*QueuePtr;
//定义链队头指针类型
typedef struct
{
   QueuePtr front;//队头指针
   QueuePtr rear;//队尾指针
}LinkQueue;

void sleep( clock_t wait )/*延迟函数*/
{
   clock_t goal;
   goal=wait+clock();
   while( goal>clock() ) ;
}

void InitQ(LinkQueue &Q)
/*建立空队列*/
{
   QueuePtr p;
   p=(QueuePtr)malloc(sizeof(QNode));
```

```
    if(p==NULL)
      exit(-1);
    Q.front=p;
    Q.rear=p;
    Q.front->next=NULL;
}
void EnQueue(LinkQueue &Q,int num)
/*入队列*/
{
    QueuePtr p;
    p=(QueuePtr)malloc(sizeof(QNode));
    if(p==NULL)
      exit(-1);
    p->num=num;
    p->next=NULL;
    Q.rear->next=p;
    Q.rear=p;
}
void DeQueue(LinkQueue &Q, int &num)
/*出队列*/
{
    QueuePtr p;
    if(Q.front==Q.rear)
    {
      printf("队列为空");
      return ;
    }
    p=Q.front->next;
    num=p->num;
    Q.front->next=p->next;
    if(! p->next)
      Q.rear=Q.front;
    free(p);
}
void DestroyQueue(LinkQueue &Q)
//删除队列
{
    while(Q.front)
    {
      Q.rear=Q.front->next;
      free(Q.front);
      Q.front=Q.rear;
```

```
    }
}
void printF(LinkQueue &F,int i)
/*打印第i首曲子时女队的情况*/
{
  QueuePtr p;
  int n=1;
  while(n<i)
  {
    printf("_ ");
    n++;
  }
  p=F.front->next;
  while(F.rear!=p){
    printf("%d ",p->num);
    p=p->next;}
  printf("%d \n",p->num);
}
void printM(LinkQueue &M,int i)
/*打印第i首曲子时男队的情况*/
{
  QueuePtr p;
  int n=1;
  while(n<i)
  {
    printf("_ ");
    n++;
  }
  p=M.front->next;
  while(M.rear!=p){
    printf("%d ",p->num);
    p=p->next;}
  printf("%d \n",p->num);
}

void main()//主函数
{
  int m,n,k,i,num;
  QueuePtr p,q;
  LinkQueue F; /*女生队*/
  LinkQueue M;/*男生队*/
  printf("请输入女生数量:");
```

```c
scanf("%d",&m);
check(m);
printf("请输入男生数量:");
scanf("%d",&n);
check(n);
printf("请输曲子号:");
scanf("%d",&k);
check(k);
InitQ(F);
InitQ(M);
for(i=1;i<=m;i++)
{
   EnQueue(F,i);
}
for(i=1;i<=n;i++)
{
   EnQueue(M,i);
}

for(i=1;i<=k;i++)
{
   system("CLS");
   printf("第%d首曲子   \n",i);
   printF(F,i);
   printM(M,i);
   p=F.front->next;
   q=M.front->next;
   printf("k11111:目前跳舞的是第%d号女生和第%d号男生\n",p->num,q->num);
   //k的第一个值
   sleep(1000);
   DeQueue(F,num);
   EnQueue(F,num);
   DeQueue(M,num);
   EnQueue(M,num);
}

InitQ(F);
InitQ(M);
for(i=1;i<=m;i++)
{
   EnQueue(F,i);
}
```

```
    for(i=1;i<=n;i++)
    {
      EnQueue(M,i);
    }
    for(i=1;i<=k;i++)
    {
      system("CLS");
      printf("第%d首曲子   \n",i);
      printF(F,i);
      printM(M,i);
      p=F.front->next;
      q=M.front->next;
      if(p->num+1 <=m)    //把上次女生配对的人往后错一个
      printf("k22222:目前跳舞的是第%d号女生和第%d号男生\n",p->num+1,q->num);
    //k的第二个值
      else    //如果是最后一个女生,就错到第一个
      printf("k22222:目前跳舞的是第%d号女生和第%d号男生\n",p->num-m+1,q->num);
      sleep(1000);
      DeQueue(F,num);
      EnQueue(F,num);
      DeQueue(M,num);
      EnQueue(M,num);
    }
    sleep(1000);
    DestroyQueue(F);
    DestroyQueue(M);
}
void check(int n)
/*判断输入n是否合法*/
{
  if(n <0 )
  {
    printf("Error input!");
    exit(0);
  }
}
```

7. 运行测试

运行程序,测试各功能函数,并将运行效果截图。

8. 实训小结

(1) 详细介绍团队成员任务分工情况。

（2）小结本应用实训项目中出现的错误、面临的困难以及这些错误和困难的解决方案，并明确今后需要努力的方向。

拓 展 训 练

（1）挑选三人（至少一人为男或女）作为教练，这三人跳完一曲后，只能间歇一曲，必须再跳。在这种情况下编程实现跳舞搭配问题。

（2）（银行业务模拟）编程实现严蔚敏等编写的《数据结构（C语言版）》中，§3.5离散事件模拟算法3.6、算法3.7的程序。要求实现输入顾客编号，即可查看该顾客需要等待的时间。

应用实训项目四　压缩软件实现

1. 实训目的

（1）熟练掌握赫夫曼树的定义，掌握构造赫夫曼树的方法。
（2）掌握赫夫曼编码和译码方法。
（3）掌握文本文件的读写方法。

2. 项目功能描述

完整的系统应具备以下功能。

（1）从终端读入字符集大小 n，以及 n 个字符和 n 个权值，建立赫夫曼树，并将它存放在文件 hfmTree 中。

（2）利用已建立好的赫夫曼树（如不在内存，则从文件 hfmTree 中读入），对文件 ToBeTran 中的正文进行编码，然后将结果代码存（传输）到文件 codeFile 中。

（3）译码（decoding）。利用已建好的赫夫曼树，对传输到达的 codeFile 中的数据代码进行译码，将译码结果存入文件 textFile。

（4）将文件 codeFile 以紧凑格式显示在终端上，每行 50 个字符。同时将此字符形式的编码文件写入文件 codePrin 中。

（5）打印赫夫曼树（TreePrinting）。将已在内存中的赫夫曼树以直观的方式（树或凹入表的形式）显示在终端上，同时将此字符形式的赫夫曼树写入文件 TreePrint 中。

3. 数据结构设计

根据下面给出的存储结构定义

```
    typedef struct              //定义赫夫曼树中每个节点结构体类型
    {
      char ch;                  //节点字符信息
      int weight;               //定义一个整型权值变量
      int *lchild;              //定义左、右孩子及双亲指针
      int *rchild;
      int *parent;
    } HTNode;
    typedef HTNode HFMT[MAXLEN];   //用户自定义 HFMT 数组类型
    typedef char **HfCode;         //动态分配字符数组存储赫夫曼编码表
```

4. 功能(函数)设计

(要求学生详细描述函数名称和接口、主要函数的初始条件与操作结果及程序流程图。)

```
void InitHFMT(HFMT T);//初始化赫夫曼树
void InputWeight(HFMT T,char*weightFile);// 输入权值
void SelectMin(HFMT T,int i,int *p1,int *p2);
//选择所有节点中较小的节点
void CreatHFMT(HFMT T);//构造赫夫曼树,T[2*n-1]为其根节点
void PrintHFMT (HFMT T);//输出向量状态表
void printHfCode(HfCode hc);//输出字符的赫夫曼编码序列
HfCode hfEnCoding(HFMT T);//利用构成的赫夫曼树生成字符的编码
void print_HuffmanTree(HFMT HT,int t,int i)//按树形态输出赫夫曼树的形态
void Encoder(char*original,char*codeFile,HfCode hc,HFMT HT);
//利用已建好的赫夫曼树,对 original 文件中要传输的原始数据进行编码,
//将编码结果存入文件 codeFile 中
void Decoder(char*codeFile ,char*textFile,HFMT  HT);
//利用已建好的赫夫曼树,对传输到达的 codeFile 中的数据代码进行译码,
//将译码结果存入文件 textFile 中
```

5. 界面设计

软件运行过程中的操作步骤提示清晰。

6. 编码实现

```
#include<string.h>
#include<stdlib.h>
#include<stdio.h>
#include<iostream.h>
#define MAXLEN 100
typedef struct                    //定义赫夫曼树中每个节点结构体类型
{
    char ch;                      //节点字符信息
int weight;                       //定义一个整型权值变量
    int lchild;                   //定义左、右孩子及双亲指针
    int rchild;
    int parent;
} HTNode;
typedef HTNode HFMT[MAXLEN];      //用户自定义 HFMT 数组类型
typedef char**HfCode;             //动态分配字符数组存储赫夫曼编码表
int n;
void InitHFMT(HFMT   T)           //初始化赫夫曼树
```

```c
{
  int i;
  printf ("\n\t\t请输入共有多少个权值 (小于100):");
  scanf ("%d",&n);
  getchar();
  for (i=0; i<2*n-1; i++)
  {
    T[i].weight=0;
    T[i].lchild=-1;
    T[i].rchild=-1;
    T[i].parent=-1;
  }
}
void InputWeight(HFMT T,char*  weightFile)
//输入权值
{
  int w;
  int i;
  int n;
  char ch;
  FILE *fp;
  if((fp = fopen(weightFile, "r")) !=NULL)
  {
    fscanf(fp,"%d\n",&n);
    for(i=0;i<n;i++)
    {
      ch=fgetc(fp);
      fscanf(fp,"%d\n",&w);
      T[i].ch=ch;
      T[i].weight=w;
    }
  }
  fclose(fp);
}
void SelectMin(HFMT T, int i, int *p1,int *p2)// 选择所有节点中两个节点较小的节点
{
    long min1=999999; // 预设两个值,并使它大于可能出现的最大权值
    long min2=999999;
    int j;
    for(j=0;j<=i;j++)
    {
      if(T[j].parent==- 1)
```

```c
      {
        if (min1>T[j].weight)
        {
          min1=T[j].weight;        // 找出最小的权值
          *p1=j;                   // 通过*p1带回序号
        }
      }
    }
    for(j=0;j<=i;j++)
    {
      if(T[j].parent==-1)
      {
        if(min2>T[j].weight && j!=(*p1) )
        {
          min2=T[j].weight;        // 找出次小的权值
          *p2=j;
        }                          // 通过*p2带回序号
      }
    }
}
void CreatHFMT(HFMT T)
//构造赫夫曼树，T[2*n-1]为其根节点
{
    int i,p1,p2;
    InitHFMT (T);
    InputWeight(T,"weight.txt");
    for(i=n;i<2*n-1;i++)
    {
        SelectMin (T,i-1,&p1,&p2);
        T[p1].parent=T[p2].parent=i;
        //T[i].lchild=T[p1].weight;
        //T[i].rchild=T[p2].weight;
        T[i].lchild=p1;
        T[i].rchild=p2;
        T[i].weight=T[p1].weight+T[p2].weight;
    }
}
void PrintHFMT (HFMT T) // 输出向量状态表
{
    int i,k=0;
    for(i=0; i<2*n-1; i++)
        while (T[i].lchild!=-1)
```

```
    {
      if (!(k%2))
      {
        printf ("\n");
      }
     printf ("\t\t(%d%d),(%d%d)",T[i].weight,T[i].lchild,T[i].weight,T[i].rchild);
      k++;
      break;
    }
}
void printHfCode(HfCode hc)
//输出字符的赫夫曼编码序列
{
  for(int i=0;i<n;i++)
  {
    printf("%s",hc[i]);
  }
}
HfCode hfEnCoding(HFMT T)
//利用构成的赫夫曼树生成字符的编码
{
  int start;
  HfCode hc=new char*[(n+1)*sizeof(char*)];//分配 n 个字符编码
  char*cd=new char[n*sizeof(char)];//分配求编码的工作空间
  cd[n-1]='\0';//编码结束符
  int c;
  int f;
  for(int i=0;i<n;i++)
  {
    start=n-1;
    for(c=i,f=T[i].parent;f!=-1;c=f,f=T[f].parent)//从叶子节点到根逆向求编码
    {
      if(T[f].lchild==c)
      {
        cd[--start]='0';
      }
      else
      {
        cd[--start]='1';
```

```
            }
        }
        hc[i]=new char[(n-start)*sizeof(char)];//为第i个编码分配空间
        strcpy(hc[i],&cd[start]);
        printf("\n%c:%s",T[i].ch,hc[i]);
    }
    return hc;
}
void print_HuffmanTree(HFMT HT,int t,int i)//按树形态输出赫夫曼树的形态
{
    if(HT[t].rchild!=-1)//先打印出右子树
        {
            print_HuffmanTree(HT,HT[t].rchild,i+1);
        }
        for(int j=1;j<=3*i;j++)//打印空格表示节点所在的层次
        {
            printf(" ");
        }
        //再输出根节点
        if(HT[t].lchild!=-1|| HT[t].rchild!=-1)
        {
            printf("%d\n",HT[t].weight);
        }
        else
        {
            printf("%c(%d)\n",HT[t].ch,HT[t].weight);
        }
        //最后输出左子树
        if(HT[t].lchild!=-1)
        {
            print_HuffmanTree(HT,HT[t].lchild,i+1);
        }
}
void Encoder(char* original,char* codeFile,HfCode hc,HFMT HT)
//利用已建好的赫夫曼树,对original文件中要传输的原始数据进行编码,
//将编码结果存入文件codeFile中
{
    char *str;            //用于存储需编码内容
    int i=0;
char ch;
    int k=0;
    FILE* fin;
```

```cpp
    FILE*  fout;
    if((fin = fopen(original, "r")) != NULL)
      {
        fscanf(fin,"%c",&ch);
        while(!feof(fin))
          {
            k++;                          //计算 codeFile 中代码长度
            fscanf(fin,"%c",&ch);
          }
      }
    fclose(fin);

    str=new char[k+1];
    k=0;
    if ((fin = fopen(original, "r")) != NULL)
      {
        fscanf(fin,"%c",&ch);
        while(!feof(fin))
         {
           str[k++]=ch;
           fscanf(fin,"%c",&ch);
         }
      }
    fclose(fin);
    str[k]='\0';       //结束标识符
    printf("要编码的数据是:\n");
    printf("%s\n",str);
    k=0;
    if((fout = fopen(codeFile, "w")) != NULL)
    {
      while (str[k]!='\0') //将字符编码
       {
         for(i=0;i<n;i++)
          {
            if(str[k]==HT[i].ch)
             {
                fprintf(fout,"%s",hc[i]);
                break;
             }
          }
         k++;
       }
```

```
            printf("已编码!且存到文件 CodeFile.dat 中!\n\n");
        }
        fclose(fout);
}

void Decoder(char* codeFile ,char* textFile,HFMT  HT)
//利用已建好的赫夫曼树,对传输到达的 codeFile 中的数据代码进行译码,
//将译码结果存入文件 textFile 中
{
    int i=0,k=0;
    int j=n*2-1-1;         //表示从根节点开始往下搜索
    char*bitStr;
    FILE*fin;//读取 codeFile 文本文件指针
    FILE*fout;
    printf("经译码的内容为:\n");
    char ch;
    if((fin =fopen(codeFile, "r")) !=NULL)
    {
        fscanf(fin,"%c",&ch);
        while(!feof(fin))
        {
            k++;                        //计算 codeFile 中代码长度
            fscanf(fin,"%c",&ch);
        }
    }
    fclose(fin);

    bitStr=new char[k+1];
    k=0;
      if((fin =fopen(codeFile, "r")) !=NULL)
      {
        fscanf(fin,"%c",&ch);
        while(!feof(fin))
        {
            bitStr[k++]=ch;
            fscanf(fin,"%c",&ch);
        }
    }
    fclose(fin);
    bitStr[k]='\0';       //结束标识符
    if(HT==NULL)          //还未建赫夫曼树
    {
```

```
        printf("请先编码!\n");
        return;
    }
    if ((fout = fopen (textFile,"w")) != NULL) //将字符形式的编码文件写入文件
                                                 textFile 中
      while(bitStr[i]!='\0')
    {
        if(bitStr[i]=='0')
          j=HT[j].lchild;           //往左走
        else
          j=HT[j].rchild;           //往右走
        if(HT[j].rchild==-1)        //到达叶子节点
        {
          ch=HT[j].ch;
          fprintf(fout,"%c",ch);
          j=n*2-1-1;//重新从根节点开始往下搜索

        }
        i++;
    }//while
    fclose(fout);
    printf("\n译码成功且已存到文件 textFile.txt\n\n");
}
void main() // 主函数
{
    HFMT HT;
    CreatHFMT(HT);
    PrintHFMT(HT);
    HfCode hc=hfEnCoding(HT);
    printf("\n 赫夫曼树形态为:\n");
    print_HuffmanTree(HT,2*n-2,0);
    Encoder("original.txt","codefile.txt",hc,HT);
    Decoder("codeFile.txt" ,"textfile.txt",HT);
    printf("\n");
}
```

7. 运行测试

运行程序,测试各功能函数,并将运行效果截图。

8. 实训小结

(1) 详细介绍团队成员任务分工情况。

(2) 小结本应用实训项目中出现的错误、面临的困难以及这些错误和困难的解决方案,并明确今后需要努力的方向。

拓 展 训 练

(1) 在哪些情况下,使用赫夫曼编码压缩效果不明显,设计测试数据验证你的结论。

(2) 农夫买了一根木头,需要锯成 N 块(不计损耗),每块木头长度为 $L_i(1 \leqslant i \leqslant N)$。木匠收费是每锯一次收一次钱,共计收 $N-1$ 次钱。每一次收费标准是锯一段木头收取的费用等于这段木头的长度。编程帮助农夫找到最少花费的锯木头方案。

示例一:要将长度为 21 的木头锯成长度为 8、5、8 三段,有如下方案。

方案一:只需要锯 2 次。第一次开始时木头长度为 21,付款 21 元。将木头锯成 13 和 8 两段。第二次锯长为 13 的一段,付款 13 元。将木头锯成 5 和 8 两段。本方案付款总计 34 元。

方案二:只需要锯 2 次。第一次开始时木头长度为 21,付款 21 元。将木头锯成 16 和 5 两段。第二次锯长为 16 的一段,付款 16 元。将木头锯成 8 和 8 两段。本方案付款总计 37 元。

本问题只有这两种方案,故方案一为最少花费。

示例二:要将长度为 21 的木头锯成长度为 5、7、9 三段,有如下方案。

方案一:只需要锯 2 次。第一次开始时木头长度为 21,付款 21 元。将木头锯成 12 和 9 两段。第二次锯长为 12 的一段,付款 12 元。将木头锯成 5 和 7 两段。本方案付款总计 33 元。

方案二:只需要锯 2 次。第一次开始时木头长度为 21,付款 21 元。将木头锯成 14 和 7 两段。第二次锯长为 14 的一段,付款 14 元。将木头锯成 5 和 9 两段。本方案付款总计 35 元。

方案三:只需要锯 2 次。第一次开始时木头长度为 21,付款 21 元。将木头锯成 16 和 5 两段。第二次锯长为 16 的一段,付款 16 元。将木头锯成 7 和 9 两段。本方案付款总计 37 元。

本问题只有三种方案,故方案一为最少花费。

应用实训项目五　校园导游咨询

1. 实训目的

(1) 熟悉并掌握图的顺序存储和链式存储结构。
(2) 熟悉并掌握图的数据结构的基本操作和遍历算法。
(3) 熟悉并掌握顶点间的最短路径的算法。
(4) 掌握图的典型应用——校园导游咨询设计与实现。

2. 项目功能描述

设计一个校园导游程序,为来访的客人提供各种信息咨询服务,功能如下。

(1) 设计你所在学校的校园平面图,所含景点不少于 5 个。以图中顶点表示校内各景点,存放景点的名称、代号、简介等信息;以边表示路径,存放路径长度等相关信息。

(2) 为来访客人提供图中任意景点相关信息的咨询。

(3) 为来访客人提供图中任意景点的问路查询,即查询任意两个景点之间的一条最短的简单路径。

3. 数据结构设计

```
#define INT_MAX 10000
#define n 10  /*定义全局变量*/
int cost[n][n];  /*边的值*/
int shortest[n][n];/*两点间的最短距离*/
int path[n][n];/*经过的景点*/
```

4. 功能(函数)设计

(要求学生详细描述函数名称和接口、主要函数的初始条件与操作结果以及程序流程图。)

```
void introduce();//景点介绍
int shortestdistance();//要查找的两个景点的最短距离
void floyed();//用 floyed 算法求两个景点的最短路径
void display(int i,int j);  //显示两个景点的路径及最短距离
```

5. 界面设计

软件运行过程中操作步骤提示清晰。

---------------- 欢迎使用湖北工程学院校园导游系统！----------------
1. 景点信息查询………请按 i (introduc)键
2. 景点最短路径查询…请按 s (shortestdistance)键
3. 退出系统…………请按 e (exit)键
学校景点列表：
1:学校南门 2:一号教学楼 3:湛林体育馆 4:大学生活动中心 5:春晖湖
6:秋池 7:人文广场 8:运动场 9:图书馆 10:三声园

6. 编码实现

```c
#include <stdlib.h>
#include <stdio.h>
#define INT_MAX 10000
#define n 10
/*定义全局变量*/
int cost[n][n];/*边的值*/
int shortest[n][n];/*两点间的最短距离*/
int path[n][n];/*经过的景点*/
/*自定义函数原型说明*/
void introduce();
int shortestdistance();
void floyed();
void display(int i,int j);
voidmenu( );

void main()
{/*主函数*/
    int i,j;
    char k;
    for(i=0;i<=n;i++)
      for(j=0;j<=n;j++)
        cost[i][j]=INT_MAX;
    cost[1][2]=cost[2][1]=2;
    cost[2][3]=cost[3][2]=1;
    cost[2][4]=cost[4][2]=2;
    cost[3][4]=cost[4][3]=4;
    cost[1][4]=cost[4][1]=5;
    cost[2][5]=cost[5][2]=3;
    cost[5][10]=cost[10][5]=8;
    cost[5][6]=cost[6][5]=2;
    cost[6][7]=cost[7][6]=1;
    cost[7][8]=cost[8][7]=3;
```

```c
    cost[7][9]=cost[9][7]=3;
    cost[8][9]=cost[9][8]=4;
    cost[1][1]=cost[2][2]=cost[3][3]=cost[4][4]=cost[5][5]=0;
    cost[6][6]=cost[7][7]=cost[8][8]=cost[9][9]=cost[10][10]=0;
    while(1)
    {menu( )  /*学生在此处补充菜单显示程序*/

      switch(k)
      {
      case 'i':
        printf("进入景点信息查询:");
        introduce();
        break;
      case 's':
        printf("进入最短路径查询:");
        shortestdistance();
        break;
      case 'e':
        exit(0);
      default:
        printf("输入信息错误！\n请输入字母 i 或 s 或 e.\n");
        break;
      }
    }
}/*main*/
voidmenu( );
{/*学生在此处补充菜单显示程序*/}
void introduce()
{/*景点介绍*/
  int a;
  printf("您想查询哪个景点的详细信息？请输入景点编号:");
  scanf("%d",&a);
  getchar();
  printf("\n");
  switch(a)
  {
  case 1:
    printf("1:学校南门\n\n    ……….\n\n");break;
  case 2:
    printf("2:一号教学楼\n\n    …………\n\n");break;
  case 3:
    printf("3:湛林体育馆\n\n    ……….\n\n");break;
```

```
            case 4:
                printf("4:大学生活动中心\n\n    ………..\n\n");break;
            case 5:
                printf("5:春晖湖\n\n    ……….\n\n");break;
            case 6:
                printf("6:秋池\n\n    ……….\n\n");break;
            case 7:
                printf("7:人文广场\n\n    ……..\n\n");break;
            case 8:
                printf("8:运动场\n\n………\n\n");break;
            case 9:
                printf("9:图书馆\n\n…………\n\n");break;
            case 10:
                printf("10:三声园\n\n   绿竹如荫    。\n\n");break;
            default:
                printf("景点编号输入错误！请输入 1->10 的数字编号！\n\n"); break;
        }
}/*introduce*/


int shortestdistance()
{/*要查找的两个景点的最短距离*/
    int i,j;
    printf("请输入要查询的两个景点的编号(1->10 的数字编号,并用','间隔):");
    scanf("%d,%d",&i,&j);
    if(i>n||i<=0||j>n||j<0)
    {
        printf("输入信息错误！\n\n");
        printf("请输入要查询的两个景点的编号(1->10 的数字编号,并用','间隔):\n");
        scanf("%d,%d",&i,&j);
    }
    else
    {
        floyed();
        display(i,j);
    }
    return 1;
}/*shortestdistance*/


void floyed()
{/*用 floyed 算法求两个景点的最短路径*/
    int i,j,k;
    for(i=1;i<=n;i++)
```

```
        for(j=1;j<=n;j++)
        {
          shortest[i][j]=cost[i][j];
          path[i][j]=0;
        }
        for(k=1;k<=n;k++)
          for(i=1;i<=n;i++)
            for(j=1;j<=n;j++)
              if(shortest[i][j]>(shortest[i][k]+shortest[k][j]))
                {/*用 path[][]记录从 i 到 j 的最短路径上点 j 的前驱景点的序号*/
                  shortest[i][j]=shortest[i][k]+shortest[k][j];
                  path[i][j]=k;
                  path[j][i]=k;
                }
}/*floyed*/

void display(int i,int j)
{/*打印两个景点的路径及最短距离*/
  int a,b;
  a=i;
  b=j;
  printf("您要查询的两景点间最短路径是:\n\n");
  if(shortest[i][j]!=INT_MAX)
  {
    if(i<j)
    {
      printf("%d",b);
      while(path[i][j]!=0)
      {/*把 i 到 j 的路径上所有经过的景点逆序打印出来*/
        printf("<-%d",path[i][j]);
        if(i<j)
          j=path[i][j];
        else
          i=path[j][i];
      }
      printf("<-%d",a);
      printf("\n\n");
      printf("(%d->%d)最短距离是:%d 米\n\n",a,b,shortest[a][b]);
    }
    else
    {
      printf("%d",a);
```

```
            while(path[i][j]!=0)
            {/*把i到j的路径上所有经过的景点顺序打印出来*/
              printf("->%d",path[i][j]);
              if(i<j)
                j=path[i][j];
              else
                i=path[j][i];
            }
            printf("->%d",b);
            printf("\n\n");
            printf("(%d->%d)最短距离是:% 5d米\n\n",a,b,shortest[a][b]);
          }
        }
        else
          printf("输入错误！不存在此路！\n\n");
        printf("\n");
}/*display*/
```

7. 运行测试

运行程序,测试各功能函数,并将运行效果截图。

8. 实训小结

(1) 详细介绍团队成员任务分工情况。

(2) 小结本应用实训项目中出现的错误、面临的困难以及这些错误和困难的解决方案,并明确今后需要努力的方向。

拓 展 训 练

(1) 实测湖北工程学院所有教学楼之间途经的景点和距离。编制程序,推荐学生转换教学楼的最短路径。

(2) S国有N座城市,在每两个城市之间,要么有一条道路相连,要么没有道路连接。现在有一些货物要从一座城市转移到另一座城市,运输费用由两部分组成:①在途经的每两座城市之间的路上的花费;②货物通过一座城市所要支付的税费(出发地和目的地都不用纳税)。

编写程序,求出最小花费路线。

应用实训项目六 散列表的设计与实现

1. 实训目的

(1) 熟悉并掌握散列表存储结构。
(2) 熟悉并掌握散列表的查找操作。
(3) 掌握散列表的冲突解决方法的实现。

2. 项目功能描述

设计散列表实现电话号码查找系统,每个记录有下列数据项:电话号码、用户名、地址。

(1) 从键盘输入各记录,分别以电话号码和用户名为关键字建立散列表。
(2) 采用一定的方法解决冲突。
(3) 查找并显示给定电话号码的记录。
(4) 查找并显示给定用户名的记录。

3. 数据结构设计

根据以上问题给出以下存储结构定义:

```
#define NULL 0
unsigned int key;
unsigned int key2;
int *p;
struct Node //定义节点
{
  char name[8];//姓名
char address[20]; //地址
  char num[11]; //电话号码
  struct Node *next; //指向下一个节点指针
};
typedef Node* pNode;
typedef Node* pName;
Node **phone;
Node **nam;
Node *a;
```

4. 功能(函数)设计

(要求学生详细描述函数名称和接口、主要函数的初始条件与操作结果以及程序流程图。)

```
void hash(char num[11]);//电话号码哈希函数
void hash2(char name[8]);//姓名哈希函数
Node* input();//输入记录信息
int append();//添加记录信息
void create();//新建电话号码节点信息
void create2();//新建姓名节点信息
void list();//显示电话号码列表
void list2();//显示姓名列表
void find(char num[11]);//查找用户信息
void find2(char name[8]);//查找用户信息
void save();//保存用户信息
void menu();//菜单
```

5. 界面设计

软件运行过程中的操作步骤提示清晰。

6. 编码实现

```
#include<iostream.h>
#include<string.h>
#include<stdlib.h>
#include<stdio.h>
#define NULL 0
unsigned int key;
unsigned int key2;
int *p;

struct Node //定义节点
{
    char name[8];//姓名
    char address[20]; //地址
    char num[11]; //电话号码
    struct Node *next; //指向下一个节点指针
};
typedef Node*pNode;
typedef Node*pName;
Node **phone;
Node **nam;
```

```cpp
Node *a;
void hash(char num[11])
//电话号码哈希函数
{
    int i =3;
    key=(int)num[2];

    while(num[i]!=NULL)
    {
        key+=(int)num[i];
        i++;
    }
    key=key%20;
}
void hash2(char name[8])
//姓名哈希函数
{
    int i=1;
    key2=(int)name[0];

    while(name[i]!=NULL)
    {
        key2+=(int)name[i];
        i++;
    }
    key2=key2%20;
}

Node*  input()
//输入记录信息
{
    Node *temp;
    temp =new Node;
    temp->next=NULL;
    cout<<"输入姓名(最多 8 个字符):"<<endl;
    cin>>temp->name;
    cout<<"输入地址(最多 20 个字符):"<<endl;
    cin>>temp->address;
    cout<<"输入电话(最多 11 个字符):"<<endl;
    cin>>temp->num;
    return temp;
}
```

```cpp
int append()
//添加记录信息
{
    Node *newphone;
    Node *newname;
    newphone=input();
    newname=newphone;
    newphone->next=NULL;
    newname->next=NULL;
    hash(newphone->num);
    hash2(newname->name);
    newphone->next =phone[key]->next;
    phone[key]->next=newphone;
    newname->next =nam[key2]->next;
    nam[key2]->next=newname;
    return 0;
}
void create()
//新建电话号码节点信息
{
    int i;
    phone=new pNode[20];
    for(i=0;i<20;i++)
    {
        phone[i]=new Node;
        phone[i]->next=NULL;

    }
}
void create2()
//新建姓名节点信息
{
    int i;
    nam=new pName[20];
    for(i=0;i<20;i++)
    {
        nam[i]=new Node;
        nam[i]->next=NULL;
    }
}
void list()
```

```cpp
//显示电话号码列表
{
    int i;
    Node *p;
    for(i=0;i<20;i++)
    {
        p=phone[i]->next;
        while(p)
        {
            cout<<p->name<<'_'<<p->address<<'_'<<p->num<<endl;
            p=p->next;
        }
    }
}
void list2()
//显示姓名列表
{
    int i;
    Node *p;
    for(i=0;i<20;i++)
    {
        p=nam[i]->next;
        while(p)
        {
            cout<<p->name<<'_'<<p->address<<'_'<<p->num<<endl;
            p=p->next;
        }
    }
}

void find(char num[11])
//查找用户信息
{
    hash(num);
    Node *q=phone[key]->next;
    while(q!=NULL)
    {
        if(strcmp(num,q->num)==0)
            break;
        q=q->next;
    }
    if(q)
```

```cpp
        cout<<q->name<<"_" <<q->address<<"_"<<q->num<<endl;
      else cout<<"无此记录"<<endl;
}
void find2(char name[8])
//查找用户信息
{
    hash2(name);
    Node *q=nam[key2]->next;
    while(q!=NULL)
    {
        if(strcmp(name,q->name)==0)
            break;
        q=q->next;
    }
    if(q)
        cout<<q->name<<"_" <<q->address<<"_"<<q->num<<endl;
      else cout<<"无此记录"<<endl;
}


void save()
//保存用户信息
{
    int i;
    Node *p;
    FILE*  fout;
    if ((fout=fopen("out.txt","w"))!=NULL)
    {
        for(i=0;i<20;i++)
        {
          p=phone[i]->next;
          while(p)
          {
            fprintf(fout,"%s %s %s\n",p->name,p->address,p->num);
            p=p->next;
          }
        }
      fclose(fout);
    }
}
```

```cpp
void menu()
//菜单
{
    cout<<"\t*0.添加记录                    *"<<endl;
    cout<<"\t*1.查找记录                    *"<<endl;
    cout<<"\t*2.姓名散列                    *"<<endl;
    cout<<"\t*3.号码散列                    *"<<endl;
    cout<<"\t*4.清空记录                    *"<<endl;
    cout<<"\t*5.保存记录                    *"<<endl;
    cout<<"\t*6.退出系统                    *"<<endl;
    cout<<"\t*******************************"<<endl;
}

int main()
{
    char num[11];
    char name[8];
    create();
    create2();
    int sel;
    while(1)
    {
        menu();
        cin>>sel;
        if(sel==1)
        {
            cout<<"1号码查询,2姓名查询"<<endl;
            int b;
            cin>>b;
            if(b==9)
            {
                cout<<"请输入电话号码:"<<endl;
                cin>>num;
                cout<<"输出查找的信息:"<<endl;
                find(num);
            }
            else
            {
                cout<<"请输入姓名:"<<endl;
                cin>>name;
                cout<<"输出查找的信息:"<<endl;
                find2(name);
```

```
        }
      }
      if(sel==2)
      {
        cout<<"姓名散列结果:"<<endl;
        list2();
      }

      if(sel==0)
      {
        cout<<"请输入要添加的内容:"<<endl;
        append();
      }
      if(sel==3)
      {
        cout<<"号码散列结果:"<<endl;
        list();
      }
      if(sel==4)
      {
        cout<<"列表已清空:"<<endl;
        create();
        create2();
      }
      if(sel==5)
      {
        cout<<"通信录已保存:"<<endl;
        save();
      }
      if(sel==6)
        return 0;
    }
    return 0;
  }
```

7. 运行测试

运行程序,测试各功能函数,并将运行效果截图。

8. 实训小结

(1) 详细介绍团队成员任务分工情况。
(2) 小结本应用实训项目中出现的错误、面临的困难以及这些错误和困难的解决方案,并明确今后需要努力的方向。

拓 展 训 练

(1) 设计不同的 hash 函数,比较冲突发生的次数。
(2) 在 hash 函数确定后,设计不同的处理冲突方法,比较平均查找长度的变化。

应用实训项目七　简单文本编辑器设计与实现

1. 实训目的

(1) 熟悉并掌握双向链表存储结构实现及其基本操作。
(2) 熟悉并掌握字符串模式匹配操作。
(3) 掌握简单文本编辑器的实现。

2. 项目功能描述

输入一页文字,采用动态存储结构存储,每行最多不超过 80 个字符,共 N 行;具体要求如下。

(1) 分别统计出其中英文字母数、空格数及整篇文章总字数。
(2) 统计某一字符串在文章中出现的次数,并输出该次数。
(3) 在指定行前插入文本,删除指定行文本。
(4) 查找定位某个单词在文本中的位置。
(5) 装入和保存文本。

3. 数据结构设计

根据下面给出的存储结构定义

```
typedef struct          //定义赫夫曼树中每个节点结构体类型
{
    char ch;            //节点字符信息
    int weight;         //定义一个整型权值变量
    int *lchild;            //定义左、右孩子及双亲指针
    int *rchild;
    int *parent;
} HTNode;
typedef HTNode HFMT[MAXLEN];//用户自定义 HFMT 数组类型
typedef char**  HfCode;//动态分配字符数组存储赫夫曼编码表
```

4. 功能(函数)设计

(要求学生详细描述函数名称和接口、主要函数的初始条件与操作结果以及程序流程图。)

根据以上问题给出以下存储结构定义:

```c
struct line//定义文本行数据类型
{
    char text[81];
    int num;                    /*行号*/
    struct line *next;      /*指向下一个行的指针*/
    struct line *prior;     /*指向前一个行的指针*/
};
struct line  *start;       /*指向表中第一行的指针*/
struct line  *last;        /*指向表中最后一行的指针*/
```

5. 界面设计

软件运行过程中操作步骤提示清晰，菜单显示如下功能：

1-输入
2-删除一行
3-显示全部
4-单词统计
5-查找定位单词
6-定行位置插入
7-文件存盘
8-装入文件
9-退出

6. 编码实现

```c
#include "stdlib.h"
#include<string.h>
#include<ctype.h>
typedef struct line //定义文本行数据类型
{
    char text[81];
    int num;                    /*行号*/
    struct line*next;       /*指向下一个输入项目的指针*/
    struct line*prior;      /*指向前一个项目的指针*/
} txtLine;

txtLine  *start;       /*指向表中第一行的指针*/
txtLine  *last;        /*指向表中最后一行的指针*/

/*查找一行文本*/
txtLine *find(int linenum)
{
```

```c
    txtLine *info;
    info=start;
    while(info)
    {
        if(linenum==info->num)//等于行号
        {
            return(info);
        }
        info=info->next;//指向下一行
    }
    return(NULL);
}
/*当文本内容插在文件中间时其下面的内容的行号必须增加 1,而删除时,被删除的文本后面的行号必须减 1*/
void patchup(int n,int incr)
{
    txtLine *i;
    i=find(n);//查找第 n 行
    while(i)
    {
        i->num=i->num+incr;//调整行号
        i=i->next;
    }
}
/*按行号排序后插入*/
txtLine *insert_Line(txtLine *i)
{
    txtLine *old,*p;
    if(last==NULL)//空文本
    {
        i->next=NULL;
        i->prior=NULL;
        last=i;
        return(i);
    }
    p=start;
    old=NULL;
    while(p)
    {
        if(p->num<i->num)
        {
            old=p;
```

```c
            p=p->next;
        }
        else
        {
            if(p->prior)
            {
                p->prior->next=i;
                i->next=p;
                p->prior=i;
                return start;
            }
            i->next=p;
            i->prior=NULL;
            p->prior=i;
            return(i);
        }
    }
    old->next=i;
    i->next=NULL;
    i->prior=old;
    last=i;
    return start;
}
/*将文本插在指定行前面*/
int enter(int linenum)
{
    txtLine *info;
    for(;;)
    {
        /*分配行存储空间*/
        info=(txtLine *)malloc(sizeof(txtLine));
        if(!info)
        {
            printf("\t!内存不够!\n");
            return(NULL);
        }
        printf("%d:",linenum);
        gets(info->text);
        info->num=linenum;
        if(* info->text)
        {
            if(find(linenum) //查找对应行文本是否存在
```

```c
                patchup(linenum,1);
                if(* info->text)
                    start=insert_Line(info);
            }
            else
                break;
            linenum++;
    }
    return(linenum);
}

/*删除一行*/
void delete_text()
{
    txtLine *info;
    char s[80];
    int linenum;
    printf("\t行号:");
    gets(s);
    linenum=atoi(s);//把字符串转换成整型数
    info=find(linenum);
    if(info)
    {
        if(start==info)
        {
            start=info->next;
            if(start)
                start->prior=NULL;
            else
                last=NULL;
        }
        else
        {
            info->prior->next=info->next;
            if(info!=last)
                info->next->prior=info->prior;
            else
                last=info->prior;
        }
        free(info);
        patchup(linenum+1,-1);
    }
```

```c
}
/*显示文本*/
void list()
{
    txtLine *info;
    info=start;
    while(info)
    {
        printf("%d:%s\n",info->num,info->text);
        info=info->next;
    }
    printf("\n\n");
}

void wordnum()//单词的统计
{
    line *p;
    char keyword[80];
    printf("请输入你要统计的单词:");
    gets(keyword);
    char *key=keyword,*q,*r;
    int len=strlen(key),i=0;
    p=start;
    do
    {
        q=p->text;
        q--;
        do
        {
            if(q=strstr(++q,key))
            //在字符串q中寻找字符串key,如果找到了就返回指针,否则返回NULL
            {
                r=q;
                if(!((((*(r-1)>='a'&&*(r-1)<='z')||
                    (*(r-1)>='A'&&*(r-1)<='Z'))&&
                    ((*(r+len)>='a'&&*(r+len)<='z')||
                    (*(r+len)>='A'&&*(r+len)<='Z'))))
                    i++;
            }
        }while(q!=NULL);
        p=p->next;
    }while(p);
```

```c
        printf("你输入的单词在本文中出现的次数为:%d\n",i);
}
//查找定位单词
void wordfind()
{
    txtLine *p;
    char keyword[80];
    printf("请输入你要查找的单词:");
    gets(keyword);
    char *key=keyword,*q,*r;
    int len=strlen(key),i;
    p=start;
    do
    {
        q=p->text;
        q--;
        do
        {
            i=1;
            if(q=strstr(++q,key))//字符串 q 中寻找字符串 key,如果找到则返
                                 回首字符指针
            {
                r=q;
                //判断是否是单词
                if(!(((*(r-1)>='a'&&*(r-1)<='z')||
                    (*(r-1)>='A'&&*(r-1)<='Z'))&&
                    ((*(r+len)>='a'&&*(r+len)<='z')||
                    (*(r+len)>='A'&&*(r+len)<='Z'))))
                {
                    for(r=p->text;r!=q;r++)
                        if(!(*r>='a'&&*r<='z'||*r>='A'&&*r<='Z'))
                            i++;
                    printf("你查找的单词在第%d行第%d个\n",p->num,i);
                    printf("继续下一个查找输入'y'回车将停止查找 :");
                    char s;
                    fflush(stdin);//清除输入缓冲区
                    scanf("%c",&s);
                    switch(s)
                    {
                    case 'y':
                    case 'Y':
```

```c
                        continue;
                    default:
                        printf("\n查找已停止!\n");
                        return;
                    }

                }
            }
        }while(q!=NULL);
        p=p->next;
    }while(p);
    printf("查找完毕!");
}
/*存文件*/
void save(char *fname)
{
    txtLine *info;
    char *p;
    FILE *fp;
    if((fp=fopen("text.txt","w"))==NULL)
    {
        printf("\t文件打不开!\n");
        exit(0);
    }
    printf("\t正在存入文件:\n");
    info=start;
    while(info)
    {
        p=info->text;
        while(*p)
            putc(*p++,fp);

        putc('\n',fp);
        info=info->next;
    }
    fclose(fp);
}
/*装入文件*/
void load(char *fname)
{
    txtLine *info,*temp;
    char *p;
```

```c
FILE *fp;
int size,inct;
if((fp=fopen("text.txt","r"))==NULL)
{
    printf("\t 文件打不开！\n");
    exit(0);
}
while(start)
{
    temp=start;
    start=start->next;
    free(temp);
}
printf("\n\t 正装入文件!\n");
size=sizeof(txtLine);
start=(txtLine*)malloc(size);
if(! start)
{
    printf("\n\t 内存已经用完!");
    return;
}
info=start;
p=info->text;
inct=1;
while((*p=getc(fp))!=EOF)
{
    p++;
    while((*p=getc(fp))!='\n') p++;
    //getc(fp);         /*丢掉'\n'   */
    *p='\0';
    info->num=inct++;
    info->next=(txtLine* )malloc(size);
    if(!info->next){
        printf("\n\t 内存已经用完!");
        return;
    }
    info->prior=temp;
    temp=info;
    info=info->next;
    p=info->text;
}
temp->next=NULL;
```

```c
        last=temp;
        free(info);
        start->prior=NULL;
        fclose(fp);
}
/*显示菜单,供用户选择*/
int menu_select()
{
    char s[80];
    int c;
    printf("\t\t1-输入\n");
    printf("\t\t2-删除一行\n");
    printf("\t\t3-显示全部\n");
    printf("\t\t4-单词统计\n");
    printf("\t\t5-查找定位单词\n");
    printf("\t\t6-定行位置插入\n");
    printf("\t\t7-文件存盘\n");
    printf("\t\t8-装入文件\n");
    printf("\t\t9-退出\n");
    do{
        printf("\n\n\t\t请按数字选择:");
        gets(s);
        c=atoi(s);
    }while(c<0||c>9);
    return(c);
}
void main()//主函数
{
    char s[80],choice,fname[80];
    int linenum=1;
    start=NULL;
    last=NULL;
    do //循环中
    {
        choice=menu_select();
        switch(choice){
        case 1:
            printf("\t行号:");
            gets(s);
            linenum=atoi(s);
            enter(linenum);
            break;
```

```
            case 2:
                delete_text();
                list();
                break;
            case 3:list();
                break;
            case 4:
                wordnum();
                printf("回车返回主菜单!");
                getchar();
                break;
            case 5:
                wordfind();
                printf("回车返回主菜单! ");
                getchar();
                break;
            case 6:
                printf("\t插入的行号:");
                gets(s);
                linenum=atoi(s);
                enter(linenum);
                list();
                break;
            case 7:
                printf("\t文件名:");
                gets(fname);
                save(fname);
                break;
            case 8:
                printf("\t文件名:");
                gets(fname);
                load(fname);
                break;
            case 9:exit(0);
            }
        }while(1);
    }
```

7. 运行测试

运行程序,测试各功能函数,并将运行效果截图。

8. 实训小结

(1) 详细介绍团队成员任务分工情况。

(2) 小结本应用实训项目中出现的错误、面临的困难以及这些错误和困难的解决方案，并明确今后需要努力的方向。

拓 展 训 练

(1) 添加替换单词的功能，要求实现全文替换和定位替换功能。

(2) 添加实现已经输入单词提示功能。例如，前面已经输入了 linenum 和 list，当再输入 li 时，显示 linenum 和 list 供用户选择。

应用实训项目八　图书馆书目检索

1. 实训目的
(1) 熟悉并掌握线性表的顺序存储和链式存储结构的实现。
(2) 熟悉并掌握字符串的基本操作。
(3) 掌握查找操作在字符串处理中的应用。

2. 项目功能描述
信息检索是计算机应用的重要领域之一。为了提高图书馆书目检索的效率,建立书名关键词索引,实现读者快速检索书目的自动化,即读者根据关键词索引表可以方便地查询到自己感兴趣的书目。

3. 数据结构设计

```
#define MaxBookNum 1000 //最大书目数
#define MaxKeyNum 2500 //索引表最大容量
#define MaxLineLen 500 //书目字符串的最大长度
#define MaxWordNum 100 //最大词表的容量
typedef struct//定义串的堆存储类型
{   char *ch;
    int length;//串长度
} HString;
typedef struct
{   char *item[MaxKeyNum+1];
    int last;
} WordListType;//词表类型(顺序表)
typedef int elemType;//定义链表的数据类型为整型(书号)
typedef struct Lnode//定义索引链表节点
{   int data;
    struct Lnode *next;
}LNode, *LinkList;
typedef struct//定义索引项类型
{   HString key;//关键字
    LinkList bnolist;//存放书号索引链表
} idxTermType;
```

```
typedef struct//定义索引表类型(有序表)
{   idxTermType item[MaxKeyNum+1];
    int last;
}idxListType;
//全局变量
char*  buf;//书目串缓冲区
WordListType wdlist;//词表
```

4. 功能(函数)设计

(要求学生详细描述函数名称和接口、主要函数的初始条件与操作结果以及程序流程图。)

```
int StrAssign(HString &T,char* chars);
//生成一个值等于串常量 chars 的串 T
int StrCompare(HString s,HString t);
//比较字符串 s 与 t
void InitIdxList(idxListType &idxlist);
//初始化索引表,置为空表
void GetLine(FILE   *f);
//从书目文件中读取书目信息
void ExtractKeyWord(elemType &bkno);
//提取书名关键字到词表,书号存入 bkno
void printWordList(WordListType w);
//输出词表中所有的关键字
int InsertIndexToList(idxListType &indexList,int bkno);
//将书号为 bkno 的书名关键字按词表顺序插入索引表 indexList 中
int PutText(FILE   *IdxFile, idxListType   idxlist);
//将生成的索引表 indexlist 输出到 g 文件中
void GetWord(int i, HString &wd);
//返回词表 wd 中第 i 个关键字
int Locate(idxListType &idxlist, HString wd, int &b);
//在索引表 idxlist 中查找是否存在与 wd 相同的关键字,若存在,则返回在索引表中的位置,
//且 b=1,若不存在,则返回插入位置,且 b=0
void InsertNewKey(idxListType &idxlist, int i, HString wd);
//在索引表 idxlist 的第 i 项上插入关键字 wd,并初始化书号索引为空链表
void Append(LinkList &bnolist,LNode *p);
//存放书号索引链表 bnolist 中插入新的节点,按书号升序排序
int InsertBook(idxListType &idxlist, int i, int bno);
//在索引表 idxlist 第 i 项中插入书号为 bno 的索引
int InsertIndexToList(idxListType &idxlist, int bno);
//将书号为 bkno 的书名关键字插入按词表顺序插入索引表 indexList 中
```

5. 界面设计

软件运行过程中的操作步骤提示清晰。

6. 编码实现

(此处略去程序预处理、数据类型定义,读者可自己补充。)

```
int StrAssign(HString &T,char* chars)
//生成一个值等于串常量 chars 的串 T
{
    char* c;
    int i;
    if (T.ch)
        free(T.ch);
    for ( i=0,c=chars;*c!='\0';++i,++c);//求 chars 的长度
        if (!(T.ch=(char*)malloc((i+1)*sizeof(char))))//分配存储空间
            return 0;
        for (int k=0;k<i;k++)
        {
            T.ch[k]=chars[k];
        }
        T.length=i;
        T.ch[k]='\0';
        return 1;
}
int StrCompare(HString s,HString t)
//比较字符串 s 与 t,若 s>t,则返回值>0,若 s=t,则返回值=0,若 s<t,则返回值<0
{
    for (int i=0;i<s.length&& i<t.length;++i)
    {
        if (s.ch[i]!=t.ch[i])
            return (s.ch[i]-t.ch[i]);
    }
    return (s.ch[i]-t.ch[i]);
}
void  InitIdxList(idxListType  &idxlist)
//初始化索引表
{
    int   i;
    char blankString[1];
    blankString[0]='\0';
    //置空表
```

```cpp
        idxlist.last=0;
        idxlist.item[0].bnolist=NULL;
        idxlist.item[0].key.ch=NULL;
        StrAssign(idxlist.item[0].key,blankString);//idxlist.item[0]设置为空串
        idxlist.item[0].key.length=0;
        for(i=1;i<MaxKeyNum+1;i++)
        {//初始化
            idxlist.item[i].bnolist=NULL;
            idxlist.item[i].key.ch=NULL;
            idxlist.item[i].key.length=0;
        }
}
void  GetLine(FILE  *f)
//从书目文件 f 中读取书目信息
{
    buf=new char[MaxLineLen+1];
    fgets(buf,  MaxLineLen, f);
    printf("%s",buf);
}


int  ExtractKeyWord(char*  Buffer,WordListType  &w,int  &Num)
//提取书名关键字到词表,书号存入 bkno
{
    int   i=0,   j=0,   k=0;
    bool   Ignore;
    char   TempChar[30];
    char   IgnoreChar[7][10]={"to","of","the","and","not","or","if"}; //非关键字表
    w.last=0;
    while(*(Buffer+i)!=' ')//分离书号
    {
        TempChar[i]=*(Buffer+i);
        i++;
    }
    i++;
    TempChar[i]='\0';
    Num=atoi(TempChar);//字符串转换成整数
    while(*(Buffer+i)!='\n'  &&  *(Buffer+i)!='\0')
    {
        if(*(Buffer+i)!=' ')//不是空格字符时
        {
            if(*(Buffer+i)>='A'  &&  *(Buffer+i)<='Z')   //如果是字母则转换成小写
                *(Buffer+i)-='A'-'a';
```

```
                w.item[j][k]=*(Buffer+i);
                k++;
                i++;
            }
            else //空格字符时
            {
                Ignore=false;
                w.item[j][k++]='\0';
                for (int m=0; m<7; m++) //判断是否为非关键字
                    if(strcmp(w.item[j],IgnoreChar[m])==0)
                    {
                        Ignore=true;

                        break;
                    }
                if (!Ignore)//非关键字
                {
                    //printf("\n%s",w.item[j]);
                    j++;
                    k=0;
                    i++;
                    w.last++;
                }
                else
                {
                    k=0;
                    i++;
                }
            }
        }
        return 1;
}
void printWordList(WordListType w)
//输出词表w中所有的关键字
{
    int i;
    for (i=0;i<w.last;i++)
    {
        printf("\n%s\t",w.item[i]);
    }
}
void printIndexList(idxListType  idxlist)
```

```
//输出关键词索引表 idxlist 中所有的关键字
{
    int i;
    LNode *p;
    for (i=1;i<=idxlist.last;i++)
    {
        printf("\n%s\t",idxlist.item[i].key.ch);
        for (p=idxlist.item[i].bnolist;p;p=p->next)
            printf("%03d\t",p->data);
    }
}


void GetWord(int i,HString &wd)
//返回词表 wd 中第 i 个关键字
{
    char *p;
    p=*(wdlist.item+i);
    StrAssign(wd,p);
}


int Locate(idxListType &idxlist,HString wd,int &b)
//在索引表 idxlist 中查找是否存在与 wd 相同的关键字,若存在,则返回在索引表中的位置,
//且 b=1;若不存在,则返回插入位置,且 b=0
{
    int i;
    int m;
    for (i=idxlist.last;
    ((m=StrCompare(idxlist.item[i].key,  wd))> 0);   --i);
    if (m==0)   //索引表中存在
    {
        b =1;
        return  i;
    }
    else   //索引表中不存在
    {
        b=0;
        return   i+1;
    }
} //Locate


void InsertNewKey(idxListType  &idxlist,  int  i,  HString  wd)
//在索引表 idxlist 的第 i 项上插入关键字 wd,并初始化书号索引为空链表
```

```c
{
    int  j;
    LNode *p;
    for(j=idxlist.last;j>=i;--j)//移动索引表关键字
    {
        StrAssign(idxlist.item[j+1].key,idxlist.item[j].key.ch);
        idxlist.item[j+1].key.length=idxlist.item[j].key.length;
        idxlist.item[j+1].bnolist=idxlist.item[j].bnolist;
    }
    StrAssign(idxlist.item[i].key,wd.ch);
    idxlist.item[i].bnolist=NULL;//初始化第i个索引为空链表
    ++idxlist.last;
}

void Append(LinkList &bnolist,LNode *p)
//存放书号索引链表bnolist中插入新的节点,按书号升序排序
{
    LNode* q;
    LNode* t;
    q=bnolist;
    if (q==NULL)//空表直接插入
    {
        q=p;
        p->next=NULL;
        bnolist=p;
    }
    else
    {
        while (q!=NULL && q->data<p->data)//查找插入位置
        {t=q;q=q->next;}
        if(q==bnolist) {p->next=q;q=p;}//成为首节点
        else {p->next=t->next;t->next=p;}//插入
    }
}

int  InsertBook(idxListType  &idxlist,  int  i,  int  bno)
//在索引表idxlist第i项中插入书号为bno的索引
{
    LNode*   p;
    if (p= (LNode*)malloc(sizeof(LNode)))//为索引项分配存储空间
    {   p->data=bno;
        Append(idxlist.item[i].bnolist, p);
```

```c
        return 1;
    }
    else{return 0;}

}//InsertBook
int   InsertIndexToList(idxListType   &idxlist, int   bno)
//将书号为 bkno 的书名关键字插入按词表顺序插入索引表 indexList 中
{   int   i,j;
    HString   wd;
    wd.ch=NULL;
    int   b;
    for(i=0;i<wdlist.last;i++)
    { GetWord(i,wd);
    j=Locate(idxlist, wd,b);//查找词表中的第 i 个关键字在索引表中是否存在
    if(!b)//若不存在
    InsertNewKey(idxlist,j,wd);//插入新关键字
    InsertBook(idxlist,j,bno); //在索引表 idxlist 第 j 项中插入书号为 bno 的索引
    }
    return   1;
}
int   PutText(FILE   *IdxFile, idxListType   idxlist)
//将生成的索引表 idxlist 输出到文件 idxFile 中
{
    int   i,j,k;
    LNode*   p;
    for(i=1; i<=idxlist.last; i++)
    {for(j=0; j<idxlist.item[i].key.length;j++)   putc(*(idxlist.item[i].
                                                    key.ch+j),IdxFile);
        putc('\t',IdxFile);
        if   (idxlist.item[i].key.length<8)   putc('\t',IdxFile);
        for(p=idxlist.item[i].bnolist;p;p=p->next)
        {   fprintf(IdxFile,"%03d",p->data);   putc(' ',IdxFile);}
        putc('\n',IdxFile);
    }
    return   1;
}
void main()//主函数
{
    int i;
    idxListType   idxlist;
    FILE *f,*g;
```

```
            for (i=0;i<=MaxKeyNum;i++)
            {
                wdlist.item[i]=new char[20];
            }
            int   Num;//定义书号
            if (f=fopen("bookinfo.txt","r"))
            {
                if (g=fopen("bookindex.txt","w"))
                {InitIdxList(idxlist);//初始化索引表
                 printf("读入的书目信息如下:\n");
                while (! feof(f))
                {GetLine(f);//从文件 f 中读取一个书目信息到 buf
                ExtractKeyWord(buf,wdlist,Num);//从 buf 提取关键字到词表,Num 中保存词表
                InsertIndexToList(idxlist,Num);//将书号 Num 关键词插入索引表
                }
                PutText(g,idxlist);//将索引表 idxlist 写入文件 g 中
                }
            }
    printf("\n 建立的索引表如下:");
    printIndexList(idxlist);//输出索引表
    printf("\n");
}
```

7. 运行测试

建立一个名称为 bookinfo 的文本文件,输入如下书目信息,要求每行一条书目信息,每个单词后要求有空格分隔。

　　005 Computer Data Structures
　　010 Introduction to Data Structures
　　023 Fundamentals of Data Structures
　　034 The Design and Analysis of Computer Algorithms
　　050 Introduction to Numerical Analysis
　　067 Numerical Analysis

生成一个名称为 bookindex 的文本文件,保存生成的关键词索引表。

8. 实训小结

(1) 详细介绍团队成员任务分工情况。
(2) 小结本应用实训项目中出现的错误、面临的困难以及这些错误和困难的解决方案,并明确今后需要努力的方向。

拓 展 训 练

参考本实训项目,完成湖北工程学院学生论文检索系统。用户根据论文的关键词或作者信息查询到相关论文(学生论文信息包含论文题目、作者信息、论文摘要、论文关键词)。

应用实训项目九 拓扑排序

1. 实训目的

(1) 熟悉并掌握栈的顺序存储表示与基本操作。
(2) 熟悉并掌握单链队列的存储结构与基本操作。
(3) 图的邻接表存储及其基本操作。
(4) 掌握拓扑排序算法及其实现。

2. 项目功能描述

从键盘输入一个有向图,输出该有向图的拓扑排序序列。

3. 数据结构设计

拓扑排序算法用到栈、链表和图的基本操作。数据结构包含栈的顺序存储、单链队列的存储、图的邻接表存储等(具体定义请参考源代码)。

4. 功能(函数)设计

(要求学生详细描述函数名称和接口、主要函数的初始条件与操作结果以及程序流程图。)

(1) 顺序栈的基本操作。
(2) 单链队列的基本操作。
(3) 图邻接表存储的基本操作。
(4) 拓扑排序算法的实现。

5. 界面设计

软件运行过程中的操作步骤提示清晰。

6. 编码实现

1) 预处理程序

```
/*程序需要的头文件*/
#include<malloc.h> /*malloc()等*/
#include<stdio.h> /*EOF(=^Z 或 F6),NULL*/
#include<process.h> /*exit()*/
```

```c
#include<string.h>
/*函数结果状态返回代码*/
#define TRUE 1
#define FALSE 0
#define OK 1
#define ERROR 0
#define INFEASIBLE -1
#define OVERFLOW -2
typedef int Status; /*Status 是函数的类型,其值是函数结果状态代码,如 OK 等*/
typedef int Boolean; /*Boolean 是布尔类型,其值是 TRUE 或 FALSE*/
#define MAX_NAME 5 /*顶点字符串的最大长度*/
typedef int InfoType;
typedef char VertexType[MAX_NAME]; /*字符串类型*/
```

2) 图存储与基本操作

```c
/*图的邻接表存储表示*/
#define MAX_VERTEX_NUM 20
typedef enum{DG,DN,AG,AN}GraphKind; /*{有向图,有向网,无向图,无向网}*/
typedef struct ArcNode
{
   int adjvex; /*该弧所指向的顶点的位置*/
   struct ArcNode *nextarc; /*指向下一条弧的指针*/
   InfoType *info; /*网的权值指针*/
}ArcNode; /*表节点*/
typedef struct
{
   VertexType data; /*顶点信息*/
   ArcNode * firstarc; /*第一个表节点的地址,指向第一条依附该顶点的弧的指针*/
}VNode,AdjList[MAX_VERTEX_NUM]; /*头节点*/
typedef struct
{
   AdjList vertices;
   int vexnum,arcnum; /*图的当前顶点数和弧数*/
   int kind; /*图的种类标志*/
}ALGraph;

/*图的邻接表存储基本操作*/
int LocateVex(ALGraph G,VertexType u)
{ /*初始条件:图 G 存在,u 和 G 中顶点有相同特征*/
   /*操作结果:若 G 中存在顶点 u,则返回该顶点在图中位置,否则返回-1*/
   int i;
   for(i=0;i<G.vexnum;++i)
```

```c
    if(strcmp(u,G.vertices[i].data)==0)
      return i;
  return -1;
}
Status CreateGraph(ALGraph *G)
{ /*采用邻接表存储结构,构造没有相关信息的图G(用一个函数构造4种图)*/
  int i,j,k;
  int w; /*权值*/
  VertexType va,vb;
  ArcNode *p;
  printf("请输入图的类型(有向图:0,有向网:1,无向图:2,无向网:3):");
  scanf("%d",&(*G).kind);
  printf("请输入图的顶点数,边数:");
  scanf("%d,%d",&(*G).vexnum,&(*G).arcnum);
  printf("请输入%d个顶点的值(<%d个字符):\n",(*G).vexnum,MAX_NAME);
  for(i=0;i<(*G).vexnum;++i) /*构造顶点向量*/
  {
    scanf("%s",(*G).vertices[i].data);
    (*G).vertices[i].firstarc=NULL;
  }
  if((*G).kind==1||(*G).kind==3) /*网*/
    printf("请顺序输入每条弧(边)的权值、弧尾和弧头(以空格作为间隔):\n");
  else /*图*/
    printf("请顺序输入每条弧(边)的弧尾和弧头(以空格作为间隔):\n");
  for(k=0;k<(*G).arcnum;++k) /*构造表节点链表*/
  {
    if((*G).kind==1||(*G).kind==3) /*网*/
      scanf("%d%s%s",&w,va,vb);
    else /*图*/
      scanf("%s%s",va,vb);
    i=LocateVex(*G,va); /*弧尾*/
    j=LocateVex(*G,vb); /*弧头*/
    p=(ArcNode*)malloc(sizeof(ArcNode));
    p->adjvex=j;
    if((*G).kind==1||(*G).kind==3) /*网*/
    {
      p->info=(int *)malloc(sizeof(int));
      *(p->info)=w;
    }
    else
      p->info=NULL; /*图*/
    p->nextarc=(*G).vertices[i].firstarc; /*插在表头*/
```

```c
        (*G).vertices[i].firstarc=p;
        if((*G).kind>=2) /*无向图或网,产生第二个表节点*/
        {
          p=(ArcNode*)malloc(sizeof(ArcNode));
          p->adjvex=i;
          if((*G).kind==3) /*无向网*/
          {
            p->info=(int*)malloc(sizeof(int));
            * (p->info)=w;
          }
          else
            p->info=NULL; /*无向图*/
          p->nextarc=(*G).vertices[j].firstarc; /*插在表头*/
          (*G).vertices[j].firstarc=p;
        }
      }
    return OK;
}
VertexType*GetVex(ALGraph G,int v)
{ /*初始条件:图G存在,v是G中某个顶点的序号。操作结果:返回v的值*/
    if(v>=G.vexnum||v<0)
      exit(ERROR);
    return &G.vertices[v].data;
}
int FirstAdjVex(ALGraph G,VertexType v)
{ /*初始条件:图G存在,v是G中某个顶点*/
    /*操作结果:返回v的第一个邻接顶点的序号。若顶点在G中没有邻接顶点,则返回-1*/
    ArcNode *p;
    int v1;
    v1=LocateVex(G,v); /*v1为顶点v在图G中的序号*/
    p=G.vertices[v1].firstarc;
    if(p)
      return p->adjvex;
    else
      return -1;
}
int NextAdjVex(ALGraph G,VertexType v,VertexType w)
{ /*初始条件:图G存在,v是G中某个顶点,w是v的邻接顶点*/
    /*操作结果:返回v的(相对于w的)下一个邻接顶点的序号*/
    /*若w是v的最后一个邻接点,则返回-1*/
    ArcNode *p;
    int v1,w1;
```

```c
    v1=LocateVex(G,v); /*v1 为顶点 v 在图 G 中的序号*/
    w1=LocateVex(G,w); /*w1 为顶点 w 在图 G 中的序号*/
    p=G.vertices[v1].firstarc;
    while(p&&p->adjvex!=w1) /*指针 p 不空且所指表节点不是 w*/
      p=p->nextarc;
    if(!p||!p->nextarc) /*没找到 w 或 w 是最后一个邻接点*/
      return -1;
    else /*p->adjvex==w*/
      return p->nextarc->adjvex; /*返回 v 的(相对于 w 的)下一个邻接顶点的序号*/
}
void InsertVex(ALGraph *G,VertexType v)
{ /*初始条件:图 G 存在,v 和图中顶点有相同特征*/
    /*操作结果:在图 G 中增添新顶点 v(不增添与顶点相关的弧,留待 InsertArc()去做)*/
    strcpy((*G).vertices[(*G).vexnum].data,v); /*构造新顶点向量*/
    (*G).vertices[(*G).vexnum].firstarc=NULL;
    (*G).vexnum++; /*图 G 的顶点数加 1*/
}
Status DeleteVex(ALGraph *G,VertexType v)
{ /*初始条件:图 G 存在,v 是 G 中某个顶点*/
    /*操作结果:删除 G 中顶点 v 及其相关的弧*/
    int i,j;
    ArcNode *p,*q;
    j=LocateVex(*G,v); /*j 是顶点 v 的序号*/
    if(j<0) /*v 不是图 G 的顶点*/
      return ERROR;
    p=(*G).vertices[j].firstarc; /*删除以 v 为出度的弧或边*/
    while(p)
    {
      q=p;
      p=p->nextarc;
      if((*G).kind% 2) /*网*/
        free(q->info);
      free(q);
      (*G).arcnum--; /*弧或边数减 1*/
    }
    (*G).vexnum--; /*顶点数减 1*/
    for(i=j;i<(*G).vexnum;i++) /*顶点 v 后面的顶点前移*/
      (*G).vertices[i]=(*G).vertices[i+1];
    for(i=0;i<(*G).vexnum;i++) /*删除以 v 为入度的弧或边且必要时修改表节点的顶点位置值*/
    {
      p=(*G).vertices[i].firstarc; /*指向第 1 条弧或边*/
```

```c
        while(p) /*有弧*/
        {
          if(p->adjvex==j)
          {
            if(p==(*G).vertices[i].firstarc) /*待删节点是第1个节点*/
            {
              (*G).vertices[i].firstarc=p->nextarc;
              if((*G).kind%2) /*网*/
                free(p->info);
              free(p);
              p=(*G).vertices[i].firstarc;
              if((*G).kind<2) /*有向*/
                (*G).arcnum--; /*弧或边数减1*/
            }
            else
            {
              q->nextarc=p->nextarc;
              if((*G).kind% 2) /*网*/
                free(p->info);
              free(p);
              p=q->nextarc;
              if((*G).kind<2) /*有向*/
                (*G).arcnum--; /*弧或边数减1*/
            }
          }
          else
          {
            if(p->adjvex> j)
              p->adjvex- - ; /*修改表节点的顶点位置值(序号)*/
            q=p;
            p=p->nextarc;
          }
        }
      }
      return OK;
    }
    Status InsertArc(ALGraph *G,VertexType v,VertexType w)
    { /*初始条件:图G存在,v和w是G中两个顶点*/
      /*操作结果:在G中增添弧<v,w>,若G是无向的,则增添对称弧<w,v>*/
      ArcNode *p;
      int w1,i,j;
      i=LocateVex(*G,v); /*弧尾或边的序号*/
```

```c
    j=LocateVex(*G,w); /*弧头或边的序号*/
    if(i<0||j<0)
      return ERROR;
    (*G).arcnum++; /*图 G 的弧或边的数目加 1*/
    if((*G).kind% 2) /*网*/
    {
      printf("请输入弧(边)%s→%s的权值:",v,w);
      scanf("%d",&w1);
    }
    p=(ArcNode*)malloc(sizeof(ArcNode));
    p->adjvex=j;
    if((*G).kind%2) /*网*/
    {
      p->info=(int*)malloc(sizeof(int));
      *(p->info)=w1;
    }
    else
      p->info=NULL;
    p->nextarc=(*G).vertices[i].firstarc; /*插在表头*/
    (*G).vertices[i].firstarc=p;
    if((*G).kind>=2) /*无向,生成另一个表节点*/
    {
      p=(ArcNode*)malloc(sizeof(ArcNode));
      p->adjvex=i;
      if((*G).kind==3) /*无向网*/
      {
        p->info=(int*)malloc(sizeof(int));
        *(p->info)=w1;
      }
      else
        p->info=NULL;
      p->nextarc=(*G).vertices[j].firstarc; /*插在表头*/
      (*G).vertices[j].firstarc=p;
    }
    return OK;
}
Status DeleteArc(ALGraph *G,VertexType v,VertexType w)
{ /*初始条件:图 G 存在,v 和 w 是 G 中两个顶点*/
  /*操作结果:在 G 中删除弧<v,w>,若 G 是无向的,则删除对称弧<w,v>*/
  ArcNode *p,*q;
  int i,j;
  i=LocateVex(*G,v); /*i 是顶点 v(弧尾)的序号*/
```

```c
    j=LocateVex(*G,w); /*j是顶点w(弧头)的序号*/
    if(i<0||j<0||i==j)
      return ERROR;
    p=(*G).vertices[i].firstarc; /*p指向顶点v的第一条出弧*/
    while(p&&p->adjvex!=j) /*p不空且所指之弧不是待删除弧<v,w>*/
    { /*p指向下一条弧*/
      q=p;
      p=p->nextarc;
    }
    if(p&&p->adjvex==j) /*找到弧<v,w>*/
    {
      if(p==(*G).vertices[i].firstarc) /*p所指是第1条弧*/
        (*G).vertices[i].firstarc=p->nextarc; /*指向下一条弧*/
      else
        q->nextarc=p->nextarc; /*指向下一条弧*/
      if((*G).kind%2) /*网*/
        free(p->info);
      free(p); /*释放此节点*/
      (*G).arcnum--; /*弧或边数减1*/
    }
    if((*G).kind>=2) /*无向,删除对称弧<w,v>*/
    {
      p=(*G).vertices[j].firstarc; /*p指向顶点的第一条出弧*/
      while(p&&p->adjvex!=i) /*p不空且所指之弧不是待删除弧<w,v>*/
      { /*p指向下一条弧*/
        q=p;
        p=p->nextarc;
      }
      if(p&&p->adjvex==i) /*找到弧<w,v> */
      {
        if(p==(*G).vertices[j].firstarc) /*p所指是第1条弧*/
          (*G).vertices[j].firstarc=p->nextarc; /*指向下一条弧*/
        else
          q->nextarc=p->nextarc; /*指向下一条弧*/
        if((*G).kind==3) /*无向网*/
          free(p->info);
        free(p); /*释放此节点*/
      }
    }
    return OK;
}
Boolean visited[MAX_VERTEX_NUM]; /*访问标志数组(全局量)*/
```

```c
void(*VisitFunc)(char*v); /*函数变量(全局量)*/
void DFS(ALGraph G,int v)
{ /*从第v个顶点出发递归地深度优先遍历图G*/
   int w;
   VertexType v1,w1;
   strcpy(v1,*GetVex(G,v));
   visited[v]=TRUE; /*设置访问标志为TRUE(已访问)*/
   VisitFunc(G.vertices[v].data); /*访问第v个顶点*/
   for(w=FirstAdjVex(G,v1);w>=0;w=NextAdjVex(G,v1,strcpy(w1,*GetVex(G,w))))
     if(! visited[w])
        DFS(G,w); /*对v的尚未访问的邻接点w递归调用DFS*/
}
void DFSTraverse(ALGraph G,void(*Visit)(char*))
{ /*对图G作深度优先遍历*/
   int v;
   VisitFunc=Visit; /*使用全局变量VisitFunc,使DFS不必设函数指针参数*/
   for(v=0;v<G.vexnum;v++)
     visited[v]=FALSE; /*访问标志数组初始化*/
   for(v=0;v<G.vexnum;v++)
     if(! visited[v])
        DFS(G,v); /*对尚未访问的顶点调用DFS*/
   printf("\n");
}
```

3) 单链队列的存储结构与基本操作

```c
/*单链队列——队列的链式存储结构*/
typedef int QElemType; /*队列类型*/
typedef struct QNode
{
   QElemType data;
   struct QNode *next;
}*QueuePtr,QNode;
typedef struct
{
   QueuePtr front,rear; /*队头、队尾指针*/
}LinkQueue;
/*链队列的基本操作*/
Status InitQueue(LinkQueue *Q)
{ /*构造一个空队列Q*/
   (*Q).front=(*Q).rear=(QueuePtr)malloc(sizeof(QNode));
   if(! (*Q).front)
     exit(OVERFLOW);
```

```c
        (*Q).front->next=NULL;
        return OK;
}
Status DestroyQueue(LinkQueue *Q)
{ /*销毁队列Q(无论空否均可)*/
        while((*Q).front)
        {
            (*Q).rear=(*Q).front->next;
            free((*Q).front);
            (*Q).front=(*Q).rear;
        }
        return OK;
}
Status ClearQueue(LinkQueue *Q)
{ /*将Q清为空队列*/
        QueuePtr p,q;
        (*Q).rear=(*Q).front;
        p=(*Q).front->next;
        (*Q).front->next=NULL;
        while(p)
        {
            q=p;
            p=p->next;
            free(q);
        }
        return OK;
}
Status QueueEmpty(LinkQueue Q)
{ /*若Q为空队列,则返回TRUE,否则返回FALSE*/
        if(Q.front==Q.rear)
            return TRUE;
        else
            return FALSE;
}
int QueueLength(LinkQueue Q)
{ /*求队列的长度*/
        int i=0;
        QueuePtr p;
        p=Q.front;
        while(Q.rear!=p)
        {
            i++;
```

```
        p=p->next;
    }
    return i;
}
Status GetHead_Q(LinkQueue Q,QElemType *e) /*避免与bo2-6.c重名*/
{ /*若队列不空,则用e返回Q的队头元素,并返回OK,否则返回ERROR*/
    QueuePtr p;
    if(Q.front==Q.rear)
        return ERROR;
    p=Q.front->next;
    *e=p->data;
    return OK;
}
Status EnQueue(LinkQueue *Q,QElemType e)
{ /*插入元素e为Q的新的队尾元素*/
    QueuePtr p=(QueuePtr)malloc(sizeof(QNode));
    if(!p) /*存储空间分配失败*/
        exit(OVERFLOW);
    p->data=e;
    p->next=NULL;
    (*Q).rear->next=p;
    (*Q).rear=p;
    return OK;
}
Status DeQueue(LinkQueue *Q,QElemType *e)
{ /*若队列不空,则删除Q的队头元素,用e返回其值,并返回OK,否则返回ERROR*/
    QueuePtr p;
    if((*Q).front==(*Q).rear)
        return ERROR;
    p=(*Q).front->next;
    *e=p->data;
    (*Q).front->next=p->next;
    if((*Q).rear==p)
        (*Q).rear=(*Q).front;
    free(p);
    return OK;
}
Status QueueTraverse(LinkQueue Q,void(*vi)(QElemType))
{ /*从队头到队尾依次对队列Q中每个元素调用函数vi()。一旦vi失败,则操作失败*/
    QueuePtr p;
    p=Q.front->next;
    while(p)
```

```c
      {
        vi(p->data);
        p=p->next;
      }
      printf("\n");
      return OK;
}
/*按广度优先非递归遍历图G。使用辅助队列Q和访问标志数组visited*/
void BFSTraverse(ALGraph G,void(* Visit)(char* ))
{
   int v,u,w;
   VertexType u1,w1;
   LinkQueue Q;
   for(v=0;v<G.vexnum;++v)
     visited[v]=FALSE; /*置初值*/
   InitQueue(&Q); /*置空的辅助队列Q*/
   for(v=0;v<G.vexnum;v++) /*如果是连通图,且v=0就遍历全图*/
     if(!visited[v]) /*v尚未访问*/
     {
       visited[v]=TRUE;
       Visit(G.vertices[v].data);
       EnQueue(&Q,v); /*v入队列*/
       while(!QueueEmpty(Q)) /*队列不空*/
       {
         DeQueue(&Q,&u); /*队头元素出队并置为u*/
         strcpy(u1,*GetVex(G,u));
for(w=FirstAdjVex(G,u1);w>=0;w=NextAdjVex(G,u1,strcpy(w1,*GetVex(G,w))))
           if(!visited[w]) /*w为u的尚未访问的邻接顶点*/
           {
             visited[w]=TRUE;
             Visit(G.vertices[w].data);
             EnQueue(&Q,w); /*w入队*/
           }
       }
     }
   printf("\n");
}
void Display(ALGraph G)
{ /*输出图的邻接矩阵G*/
   int i;
   ArcNode *p;
   switch(G.kind)
```

```c
    {
      case DG:printf("有向图\n");
             break;
      case DN:printf("有向网\n");
             break;
      case AG:printf("无向图\n");
             break;
      case AN:printf("无向网\n");
    }
    printf("%d个顶点:\n",G.vexnum);
    for(i=0;i<G.vexnum;++i)
      printf("%s ",G.vertices[i].data);
    printf("\n%d条弧(边):\n",G.arcnum);
    for(i=0;i<G.vexnum;i++)
    {
      p=G.vertices[i].firstarc;
      while(p)
      {
        if(G.kind<=1) /*有向*/
        {
          printf("%s→%s ",G.vertices[i].data,G.vertices[p->adjvex].data);
          if(G.kind==DN) /*网*/
            printf(":%d ",* (p->info));
        }
        else /*无向(避免输出两次)*/
        {
          if(i<p->adjvex)
          {
            printf("%s―%s ",G.vertices[i].data,G.vertices[p->adjvex].data);
            if(G.kind==AN) /*网*/
              printf(":%d ",* (p->info));
          }
        }
        p=p->nextarc;
      }
      printf("\n");
    }
}
void FindInDegree(ALGraph G,int indegree[])
{ /*求顶点的入度*/
    int i;
    ArcNode *p;
```

```
        for(i=0;i<G.vexnum;i++)
            indegree[i]=0; /*赋初值*/
        for(i=0;i<G.vexnum;i++)
        {
            p=G.vertices[i].firstarc;
            while(p)
            {
                indegree[p->adjvex]++;
                p=p->nextarc;
            }
        }
    }
```

4) 栈的顺序存储表示与基本操作

```
    /*栈的顺序存储表示*/
typedef int SElemType; /*栈类型*/
#define STACK_INIT_SIZE 10 /*存储空间初始分配量*/
#define STACKINCREMENT 2 /*存储空间分配增量*/
typedef struct SqStack
{
    SElemType *base; /*在栈构造之前和销毁之后,base 的值为 NULL*/
    SElemType *top; /*栈顶指针*/
    int stacksize; /*当前已分配的存储空间,以元素为单位*/
}SqStack; /*顺序栈*/
/*顺序栈的基本操作*/
Status InitStack(SqStack *S)
{ /*构造一个空栈 S*/
    (*S).base=(SElemType *)malloc(STACK_INIT_SIZE*sizeof(SElemType));
    if(!(*S).base)
        exit(OVERFLOW); /*存储空间分配失败*/
    (*S).top=(*S).base;
    (*S).stacksize=STACK_INIT_SIZE;
    return OK;
}
Status DestroyStack(SqStack *S)
{ /*销毁栈 S,S 不再存在*/
    free((*S).base);
    (*S).base=NULL;
    (*S).top=NULL;
    (*S).stacksize=0;
    return OK;
}
```

```
Status ClearStack(SqStack *S)
{ /*把 S 置为空栈*/
   (*S).top=(*S).base;
   return OK;
}
Status StackEmpty(SqStack S)
{ /*若栈 S 为空栈,则返回 TRUE,否则返回 FALSE*/
   if(S.top==S.base)
     return TRUE;
   else
     return FALSE;
}
int StackLength(SqStack S)
{ /*返回 S 的元素个数,即栈的长度*/
   return S.top- S.base;
}
Status GetTop(SqStack S,SElemType *e)
{ /*若栈不空,则用 e 返回 S 的栈顶元素,并返回 OK;否则返回 ERROR*/
   if(S.top> S.base)
   {
     *e=*(S.top-1);
     return OK;
   }
   else
     return ERROR;
}
Status Push(SqStack *S,SElemType e)
{ /*插入元素 e 为新的栈顶元素*/
   if((*S).top- (*S).base> =(*S).stacksize) /*栈满,追加存储空间*/
   {
     (*S).base=(SElemType *)realloc((*S).base,((*S).stacksize+STACKINCREMENT)
*sizeof(SElemType));
     if(! (*S).base)
       exit(OVERFLOW); /*存储空间分配失败*/
     (*S).top=(*S).base+(*S).stacksize;
     (*S).stacksize+=STACKINCREMENT;
   }
   * ((*S).top)++=e;
   return OK;
}
Status Pop(SqStack *S,SElemType *e)
{ /*若栈不空,则删除 S 的栈顶元素,用 e 返回其值,并返回 OK;否则返回 ERROR*/
```

```
      if((*S).top==(*S).base)
        return ERROR;
    *e=*--(*S).top;
    return OK;
}
Status StackTraverse(SqStack S,Status(*visit)(SElemType))
{ /*从栈底到栈顶依次对栈中每个元素调用函数visit()*/
  /*一旦visit()失败,则操作失败*/
    while(S.top>S.base)
      visit(*S.base++);
    printf("\n");
    return OK;
}
```

5）拓扑排序

```
Status TopologicalSort(ALGraph G)
{ /*有向图G采用邻接表存储结构。若G无回路,则输出G的顶点的一个拓扑序列并返回OK,
   否则返回ERROR*/
    int i,k,count,indegree[MAX_VERTEX_NUM];
    SqStack S;
    ArcNode *p;
    FindInDegree(G,indegree); /*对各顶点求入度indegree[0..vernum-1]*/
    InitStack(&S); /*初始化栈*/
    for(i=0;i<G.vexnum;++i) /*建零入度顶点栈S*/
      if(!indegree[i])
        Push(&S,i); /*入度为0者进栈*/
    count=0; /*对输出顶点计数*/
    while(!StackEmpty(S))
    { /*栈不空*/
      Pop(&S,&i);
      printf("%s ",G.vertices[i].data); /*输出i号顶点并计数*/
      ++count;
      for(p=G.vertices[i].firstarc;p;p=p->nextarc)
      { /*对i号顶点的每个邻接点的入度减1*/
        k=p->adjvex;
        if(!(--indegree[k])) /*若入度减为0,则入栈*/
          Push(&S,k);
      }
    }
    if(count<G.vexnum)
    {
      printf("此有向图有回路\n");
```

```
        return ERROR;
    }
    else
    {
        printf("为一个拓扑序列。\n");
        return OK;
    }
}
```

6) 主函数

```
void main()
{
    ALGraph f;
    printf("请选择有向图\n");
    CreateGraph(&f);
    Display(f);
    TopologicalSort(f);
}
```

7. 运行测试

运行程序,测试各功能函数,并将运行效果截图。

8. 实训小结

(1) 详细介绍团队成员任务分工情况。

(2) 小结本应用实训项目中出现的错误、面临的困难以及这些错误和困难的解决方案,并明确今后需要努力的方向。

拓 展 训 练

(1) 如果图的顶点表示课程,有向图表示开课的先后次序。添加函数,找出可以同时并列开设的课程。

(2) 编程判断程序流程图是否存在死循环。

应用实训项目十 关 键 路 径

1. 实训目的

(1) 熟悉并掌握栈的顺序存储表示与基本操作。
(2) 熟悉并掌握单链队列的存储结构与基本操作。
(3) 图的邻接表存储及其基本操作。
(4) 掌握拓扑排序算法及其实现。

2. 项目功能描述

从键盘输入一个有向图,输出该有向图的拓扑排序序列。

3. 数据结构设计

拓扑排序算法用到栈、链表和图的基本操作。数据结构包含栈的顺序存储、单链队列的存储、图的邻接表存储等(具体定义请参考源代码)。

4. 功能(函数)设计

(要求学生详细描述函数名称和接口、主要函数的初始条件与操作结果以及程序流程图。)

(1) 顺序栈的基本操作。
(2) 单链队列的基本操作。
(3) 图邻接表存储的基本操作。
(4) 拓扑排序算法的实现。

5. 界面设计

软件运行过程中的操作步骤提示清晰。

6. 编码实现

1) 程序预处理(同应用实训项目九)

2) 图的邻接表存储与基本操作(同应用实训项目九)

3) 栈的顺序存储表示与基本操作(同应用实训项目九)

4) 拓扑排序（与应用实训项目九不同之处在于用栈 T 返回 G 的一个拓扑序列）

```
Status TopologicalOrder(ALGraph G,SqStack * T)
{ /*有向网 G 采用邻接表存储结构,求各顶点事件的最早发生时间 ve(全局变量)。T 为拓
    扑序列顶点栈,S 为零入度顶点栈。若 G 无回路,则用栈 T 返回 G 的一个拓扑序列,且函
    数值为 OK,否则为 ERROR*/
  int j,k,count,indegree[MAX_VERTEX_NUM];
  SqStack S;
  ArcNode *p;
  FindInDegree(G,indegree);/*对各顶点求入度 indegree[0..vernum- 1]*/
  InitStack(&S); /*初始化栈*/
  for(j=0;j<G.vexnum;++j) /*建零入度顶点栈 S*/
      if(!indegree[j])
         Push(&S,j); /*入度为 0 者进栈*/
  InitStack(T); /*初始化拓扑序列顶点栈*/
  count=0; /*对输出顶点计数*/
  for(j=0;j<G.vexnum;++j) /*初始化 ve[]=0(最小值)*/
    ve[j]=0;
  while(! StackEmpty(S))
  { /*栈不空*/
    Pop(&S,&j);
    Push(T,j); /*j 号顶点入 T 栈并计数*/
    ++count;
    for(p=G.vertices[j].firstarc;p;p=p->nextarc)
    { /*对 j 号顶点的每个邻接点的入度减 1*/
      k=p->adjvex;
      if(--indegree[k]==0) /*若入度减为 0,则入栈*/
         Push(&S,k);
      if(ve[j]+*(p->info)> ve[k])
         ve[k]=ve[j]+*(p->info);
    }
  }
  if(count<G.vexnum)
  {
    printf("此有向网有回路\n");
    return ERROR;
  }
  else
    return OK;
}
```

5) 关键路径算法

```
Status CriticalPath(ALGraph G) { /*G 为有向网,输出 G 的各项关键活动*/
```

```c
    int vl[MAX_VERTEX_NUM];
    SqStack T;
    int i,j,k,ee,el;
    ArcNode *p;
    char dut,tag;
    if(!TopologicalOrder(G,&T)) /*产生有向环*/
       return ERROR;
    j=ve[0];
    for(i=1;i<G.vexnum;i++) /*j=Max(ve[])完成点的值*/
       if(ve[i]> j)
          j=ve[i];
    for(i=0;i<G.vexnum;i++) /*初始化顶点事件的最迟发生时间(最大值)*/
       vl[i]=j; /*完成点的最早发生时间*/
    while(!StackEmpty(T)) /*按拓扑逆序求各顶点的vl值*/
       for(Pop(&T,&j),p=G.vertices[j].firstarc;p;p=p->nextarc)
       {
          k=p->adjvex;
          dut=*(p->info); /*dut<j,k>*/
          if(vl[k]-dut<vl[j])
             vl[j]=vl[k]-dut;
       }
    printf(" j  k  dut  ee  el  tag\n");
    for(j=0;j<G.vexnum;++j) /*求ee、el和关键活动*/
       for(p=G.vertices[j].firstarc;p;p=p->nextarc)
       {
          k=p->adjvex;
          dut=* (p->info);
          ee=ve[j];
          el=vl[k]-dut;
          tag=(ee==el)? '*':' ';
          printf("%2d %2d %3d %3d %3d   %c\n",j,k,dut,ee,el,tag); //输出关键活动
       }
    printf("关键活动为:\n");
    for(j=0;j<G.vexnum;++j) /*同上*/
       for(p=G.vertices[j].firstarc;p;p=p->nextarc)
       {
          k=p->adjvex;
          dut=*(p->info);
          if(ve[j]==vl[k]-dut)
             printf("%s→%s\n",G.vertices[j].data,G.vertices[k].data); /*输出关
                键活动*/
       }
```

```
    return OK;
}
void main()
{
  ALGraph h;
  printf("请选择有向网\n");
  CreateGraph(&h);
  Display(h);
  CriticalPath(h);
}
```

7. 运行测试

运行程序,测试各功能函数,并将运行效果截图。

8. 实训小结

(1) 详细介绍团队成员任务分工情况。

(2) 小结本应用实训项目中出现的错误、面临的困难以及这些错误和困难的解决方案,并明确今后需要努力的方向。

拓 展 训 练

(1) 针对 AOE 网,采取哪些措施可以缩短工期? 验证你的想法。

(2) 针对 AOE 网,采取哪些措施可以延长工期? 验证你的想法。

第三篇　课　程　设　计

　　本篇是课程设计项目。学生在实训前联系好校内(外)指导教师,共同拟定课程设计项目,利用课外时间完成。课程设计项目选题注意与数据结构基础知识和方法紧密结合。选题应该具有较强的应用价值。实现语言仅限于 C 语言,代码量在 1000 行左右为宜。

　　学生既可以单独完成任务,也可以组成不超过 4 人的团队合作完成课程设计。组成团队时,必须指定一名学生作为协调人。项目完成后的两周内必须按要求提交电子版的课程设计报告和程序源代码。压缩包命名为协调人姓名＋学号＋项目名称。课程设计报告的主要内容如下。

　　实验报告页眉：　　　　　　数据结构课程设计报告

课程设计项目名称(居中,四号,黑体)

团队成员：(1) 姓名_____　　学号_____　(2) 姓名_____　　学号_____
　　　　　(3) 姓名_____　　学号_____　(4) 姓名_____　　学号_____
指导教师 (校外)姓名_____　　所在单位_____
　　　　 (校内)姓名_____　　所在单位_____
课程设计时间_____　　　课程设计地点_____

实训目的(左对齐,小四号,黑体)(正文用五号宋体)

1. 需求分析(小四号,宋体)(正文用五号宋体)
   确定系统的运行环境要求、系统的性能要求、系统功能。

2. 总体设计(小四号,宋体)(正文用五号宋体)
   确定模块间的联系,确定数据结构、文件结构、数据库模式,确定测试方法与策略。

3. 界面设计(小四号,宋体)(正文用五号宋体)
   菜单显示操作项目,软件交互性能良好。

4. 详细设计(小四号,宋体)(正文用五号宋体)
   确定每个模块的算法、数据结构、函数接口的细节。

5. 编码实现(小四号,宋体)(正文中文用五号宋体,英文用 Times New Roman)
   本课程设计选用 C 语言实现详细设计。

6. 运行测试(小四号,宋体)(正文用五号宋体)
   设计良好的测试样例,运行程序。测试各功能函数,并将运行效果截图。

7. 小结(小四号,宋体)(正文用五号宋体)
(1) 详细介绍团队成员任务分工情况。
(2) 小结本课程设计项目中出现的错误、面临的困难以及这些错误和困难的解决方案,并明确今后需要努力的方向。

课程设计过程简介

本课程是对软件设计的综合训练,包括问题分析、总体设计、用户界面设计、程序设计基本技能和技巧。通过多人合作,训练软件开发工作的规范,培养科学严谨的工作作风。在数据结构实验中,完成的只是单一而"小"的算法,而本课程设计是对学生的整体编程能力的锻炼。在课程设计过程中,应该遵循软件工程的思想,按软件工程的流程来指导学生开展软件开发工作。软件项目开发过程中,严格执行软件工程的标准,这样可以提高软件开发的效率,减少软件开发与维护中的问题。

1. 问题的定义

依据市场调查分析、客户需求等因素提出问题,明确项目的名称、背景、开发该系统的现状、项目的目标等。

2. 可行性研究

可行性研究的目的是用最小的代价在尽可能短的时间内确定问题是否能够解决。也就是说,可行性研究的目的不是解决问题,而是确定问题是否值得去解,研究在当前的具体条件下,开发新系统是否具备必要的资源和其他条件。一般来说,应从经济可行性、技术可行性、运行可行性、法律可行性和开发方案可行性等方面研究可行性。可行性研究需要的时间长短取决于工程的规模。

可行性研究的步骤如下。
(1) 确定系统规模和目标。
(2) 分析目前正在使用的系统。
(3) 设计出新系统的高层逻辑模型。
(4) 评审系统模型。
(5) 设计和评价供选择的方案。
(6) 推荐一个方案并说明理由。
(7) 制订行动方针。
(8) 拟定开发计划并书写计划任务书。
(9) 编制可行性报告并提交审查。

3. 需求分析

1) 需求分析的任务

需求分析是软件定义时期的最后一个阶段,它的基本任务是准确地回答"系统必须做什么"这个问题。需求分析所要做的工作是深入描述软件的功能和性能,确定软件设计的限制和软件同其他系统元素的接口细节,定义软件的其他有效性需求。

通常软件开发项目是要实现目标系统的物理模型,即确定待开发软件系统的系统元素,并将功能和数据结构分配到这些系统元素中。它是软件实现的基础。

需求分析的任务不是确定系统如何完成它的工作,而是确定系统必须完成哪些工作,也就是对目标系统提出完整、准确、清晰、具体的要求。在这个阶段结束时交出的文档中应该包括详细的数据流图(DFD)、数据字典(DD)和一组简明的算法描述。

需求分析阶段的任务包括下述几方面。

(1) 确定目标系统的具体要求。确定系统的运行环境要求、系统的性能要求、系统功能。

(2) 分析系统的数据要求。分析系统的数据需求是由系统的信息流归纳抽象出数据元素组成、数据的逻辑关系、数据字典格式和数据模型,并以输入/处理/输出(IPO)的结构方式表示。因此,必须分析系统的数据需求,这是软件需求分析的一个重要任务。

(3) 建立目标系统的逻辑模型。就是在理解当前系统需要"怎样做"的基础上,抽取其"做什么"的本质。

(4) 修正系统开发计划。

(5) 建立原型系统。

(6) 编写软件需求规格说明书及评审。

2) 需求分析的方法

结构化分析方法(简称 SA 方法)就是面向数据流自顶向下逐步求精进行需求分析的方法。

3) 需求分析的过程或步骤

(1) 调查研究。

(2) 描述和分析系统的逻辑模型。应注意下述两条原则:第一,在分层细化时必须保持信息连续性,也就是说细化前后对应功能的输入/输出数据必须相同;第二,当进一步细化将涉及如何具体地实现一个功能时,也就是当把一个功能进一步分解成子功能后,并将考虑为了完成这些子功能而写出其程序代码时,就不应该再分解了。

(3) 编制文档。在这个阶段应该完成下述 4 种文档资料:

● 系统规格说明——用比较形式化的术语和表示对软件功能构成的详细描述,作用是:技术合同说明;设计和编码的基础;测试和验收的依据。

● 数据要求——数据结构、数据域、数据精度。

● 用户系统描述。

● 修正的开发计划。

(4) 需求分析审查。

4) 需求分析的原则

(1) 必须能够表达和理解问题的数据域和功能域。

(2) 自顶向下、逐层分解问题。
(3) 要给出系统的逻辑视图和物理视图。

4. 总体设计

1) 概要设计任务

(1) 系统分析员审查软件计划、编制和软件需求分析阶段提供的文档,推荐候选的最佳推荐方案,提供系统流程图,组成系统物理元素清单,成本效益分析书,系统的进度计划,供专家审定,审定后进入设计阶段。

(2) 确定模块结构,划分功能模块,将软件功能需求分配给所划分的最小单元模块。确定模块间的联系,确定数据结构、文件结构、数据库模式,确定测试方法与策略。

(3) 编写概要设计说明书、用户手册、测试计划,选用相关的软件工具来描述软件结构,结构图是经常使用的软件描述工具。选择分解功能与划分模块的设计原则,如模块划分独立性原则、信息隐蔽原则等。

(4) 概要设计后转入详细设计(又称过程设计、算法设计)阶段,其主要任务是根据概要设计提供的文档,确定每一个模块的算法、内部的数据组织,选定工具清晰正确表达算法。编写详细设计说明书、详细测试用例与计划,用到如何确定程序的复杂程度的程序图、算法流程图的表述工具,如 PAD 图、N-S 图等。

2) 概要设计的过程

在概要设计过程中要先进行系统设计,复审系统计划与需求分析,确定系统具体的实施方案;然后进行结构设计,确定软件结构。一般步骤如下。

(1) 设计系统方案。
(2) 选取一组合理的方案。
(3) 推荐最佳实施方案。
(4) 功能分解。
(5) 软件结构设计。
(6) 数据库设计、文件结构的设计。
(7) 制定测试计划。
(8) 编写概要设计文档。
(9) 审查与复审概要设计文档。

5. 详细设计

1) 详细设计的任务

详细设计的目的是为软件结构图(SC 图或 HC 图)中的每一个模块确定使用的算法和块内数据结构,并用某种选定的表达工具给出清晰的描述。

这一阶段的主要任务如下。

(1) 为每个模块确定采用的算法,选择某种适当的工具表达算法的过程,写出模块的详细过程性描述。

(2) 确定每一模块使用的数据结构。

（3）确定模块接口的细节，包括对系统外部的接口和用户界面，对系统内部其他模块的接口，以及模块输入数据、输出数据及局部数据的全部细节。

在详细设计阶段结束时，应该把上述结果写入详细设计说明书，并且通过复审形成正式文档。交付给下一阶段（编码阶段）的工作依据。

（4）要为每一个模块设计出一组测试用例，以便在编码阶段对模块代码（程序）进行预定的测试，模块的测试用例是软件测试计划的重要组成部分，通常应包括输入数据、期望输出等内容。

2）详细设计的原则

（1）由于详细设计的蓝图是给人看的，所以模块的逻辑描述要清晰易读、正确可靠。

（2）采用结构化设计方法，改善控制结构，降低程序的复杂程度，从而提高程序的可读性、可测试性、可维护性。其基本内容归纳为如下几点。

- 程序语言中应尽量少用 GOTO 语句，以确保程序结构的独立性。
- 使用单入口单出口的控制结构，确保程序的静态结构与动态执行情况相一致，保证程序易理解。
- 程序的控制结构一般采用顺序、选择、循环三种结构，确保结构简单。
- 用自顶向下逐步求精的方法完成程序设计。结构化程序设计的缺点是存储容量和运行时间增加 10%～20%，但易读易维护性好。
- 经典的控制结构为顺序、IF-THEN-ELSE 分支、DO-WHILE 循环。扩展的还有多分支 CASE、DO-UNTIL 循环结构、固定次数循环 DOWHILE。

（3）选择恰当描述工具来描述各模块算法。

3）详细设计的方法

详细设计的工具有如下几种。

（1）图形工具。利用图形工具可以把过程的细节用图形描述出来。

（2）表格工具。可以用一张表来描述过程的细节，在这张表中列出了各种可能的操作和相应的条件。

（3）语言工具。用某种高级语言（称为伪码）来描述过程的细节。

6．编码

编码就是把软件设计的结果翻译成计算机可以理解的形式，即用某种程序设计语言书写的程序。本课程设计选用 C 语言实现详细设计。

7．软件测试

测试的原则如下。

（1）测试前要认定被测试软件有错，不要认为软件没有错。

（2）要预先确定被测试软件的测试结果。

（3）要尽量避免测试自己编写的程序。

(4) 测试要兼顾合理输入与不合理输入数据。

(5) 测试要以软件需求规格说明书为标准。

(6) 要明确找到的新错与已找到的旧错成正比。

(7) 测试是相对的,不能穷尽所有的测试,要据人力、物力安排测试,并选择好测试用例与测试方法。

(8) 测试用例留作测试报告与以后的反复测试用,重新验证纠错的程序是否有错。

软件测试技术

1) 软件测试的目标

(1) 测试是为了发现程序中的错误而执行程序的过程。

(2) 成功的测试是发现了至今为止尚未发现的错误的测试。

2) 测试方法

按照测试过程是否在实际应用环境中来分,有静态分析与动态测试。

测试方法有分析方法(包括静态分析法与白盒法)与非分析方法(称为黑盒法)。白盒法是通过分析程序内部的逻辑与执行路线来设计测试用例进行测试的方法,白盒法也称逻辑驱动方法。黑盒法是功能驱动方法,仅根据 I/O 数据条件来设计测试用例,而不管程序的内部结构与路径如何。白盒法具体设计程序测试用例的方法有语句覆盖、分支(判定)覆盖、条件覆盖、路径覆盖(或条件组合覆盖),主要目的是提高测试的覆盖率。黑盒法具体设计程序测试用例的方法有等价类划分法、边界值分析法、错误推测法,主要目的是设法以最少测试数据子集来尽可能多地测试软件程序的错误。

(1) 静态分析技术。不执行被测软件,可对需求分析说明书、软件设计说明书、源程序做结构检查、流程分析、符号执行来找出软件错误。

(2) 动态测试技术。当把程序作为一个函数,输入的全体称为函数的定义域,输出的全体称为函数的值域,函数则描述了输入的定义域与输出值域的关系。这样动态测试的算法有:①选取定义域中的有效值,或定义域外无效值;②对已选取值决定预期的结果;③用选取值执行程序;④观察程序行为,记录执行结果;⑤将④的结果与②的结果相比较,不吻合则程序有错。

动态测试既可以采用白盒法对模块进行逻辑结构测试,又可以用黑盒法做功能结构的测试和接口的测试,都是通过执行程序并分析执行结果来查错的。

(3) 黑盒测试和白盒测试。

① 黑盒测试法。黑盒测试法把程序看成一个黑盒子,完全不考虑程序的内部结构和处理过程。黑盒测试是在程序接口进行的测试,它只检查程序功能是否能按照规格说明书的规定正常使用,程序是否能适当地接收输入数据产生正确的输出信息,并且保持外部信息的完整性。黑盒测试又称为功能测试。

② 白盒测试法。白盒测试法的前提是可以把程序看成装在一个透明的白盒子里,也就是完全了解程序的结构和处理过程。这种方法按照程序内部的逻辑测试程序,检验程序中的每条通路是否都能按预定要求正确工作,白盒测试又称为结构测试。

8. 维护

1) 软件维护的定义、分类、特点

人们称在软件运行/维护阶段对软件产品所进行的修改就是维护。
（1）结构化维护与非结构化维护的对比。
（2）维护的代价。
（3）维护的问题。

2) 软件维护步骤

需要经历以下四个步骤。
（1）分析和理解程序。
（2）修改程序。
（3）重新验证程序。
（4）维护组织。

数据结构课程设计实施方案

1. 设计要求

本课程设计是为了配合数据结构课程而开设的。目的是通过设计完整的程序，使学生掌握数据结构的应用及算法的编写，能熟练地将算法转换成 C 程序，具有上机调试的基本能力。为了达到上述目的，要求如下。

（1）要充分认识课程设计对自己的重要性，认真做好设计前的各项准备工作。

（2）既要虚心接受老师的指导，又要充分发挥主观能动性。结合课题，独立思考，努力钻研，勤于实践，勇于创新。

（3）独立按时完成规定的工作任务，不得弄虚作假，不准抄袭他人内容。

（4）无论在校外还是校内，都要严格遵守学校和所在单位的学习和劳动纪律、规章制度，学生有事离校必须请假。课程设计期间，无故缺席按旷课处理；缺席时间达 1/4 以上者，其成绩按不及格处理。

（5）在设计过程中，要严格要求自己，树立严肃、严密、严谨的科学态度，必须按时、保质、保量完成课程设计。

（6）小组成员之间分工明确，同时保持联系畅通，密切合作，培养良好的互相帮助和团队协作精神。

2. 适用专业

计算机科学与技术、电子信息工程等理工科各专业。

3. 课程设计的一般步骤

课程设计大体分五个阶段。

(1) 选题与搜集资料:每人选择一题(或 2～3 人为一小组进行选题),进行课程设计课题的资料搜集。

(2) 分析与概要设计:根据搜集的资料进行程序功能与数据结构分析,并选择合适的数据结构,在此基础上进行实现程序功能的算法设计。

(3) 程序设计:运用 C 语言编写程序,实现程序的各个模块功能。

(4) 调试与测试:自行调试程序,成员交叉测试程序,并记录测试情况。

(5) 课程设计报告:编写课程设计报告。

(6) 验收与评分:指导教师对每个小组的开发的系统,及每个成员开发的模块进行综合验收。

(7) 结合设计报告,根据课程设计成绩的评定方法评出成绩。

4. 本课程设计内容与要求

掌握课程设计的每个步骤,在此基础上设计出所要求的数据结构、功能模块和完整的主程序。

(1) 完整的问题描述。

(2) 程序所要完成的基本要求。

(3) 算法实现提示(算法思想)。

(4) 程序实现(算法实现)。

5. 上机任务

(1) 选择合适的数据结构,并定义数据结构的结构体。

(2) 根据程序所要完成的基本要求和程序实现提示设计出完整的算法。

(3) 设计出主程序(main 函数),使其成为完整的程序。

6. 考核方式与成绩评定

设计报告与程序源码作为考核的内容,成绩计分按优、良、中、差 4 级评定。

7. 注意事项

(1) 素材可从以下给出的参考实例中选做一题,如有选同样内容的学生,程序不能完全相同,否则以不及格计。

(2) 最后要上交的内容有:电子版的课程设计报告和程序源代码。压缩包命名为协调人姓名＋学号＋项目名称。

课程设计一 线 性 表

本课程设计的主要任务是使用有关线性表的操作来实现管理信息系统。设计的主要目的在于训练初学者的基本编程能力,了解管理信息系统的开发流程。

1.1 通讯录管理系统

1.1.1 问题描述

通讯录是人们日常生活中经常用到的通信管理工具,它以文件的方式保存用户录入的数据,并提供查询功能供用户查询和使用通讯录信息。下面介绍用 C 语言实现的简易通讯录管理系统,它支持基本的录入、删除、查找、修改和文件读写功能。

1.1.2 功能描述

通讯录要求实现最基本的功能,包括录入、删除、查找和修改,为此需要首先定义记录项的格式,其基本属性包括编号、姓名、性别、住址、联系电话等。

整个系统由如下几大功能模块组成。

(1) 通讯录的建立。该模块主要完成将数据存入数组中的工作。记录可以从文本形式存储的数据文件中读入,也可以从键盘逐个输入记录。

(2) 通讯录的查询。用户可以按照联系人的姓名或电话号码查询。若找到满足查询条件的记录,则以表格的形式显示出此记录的信息;否则显示未找到记录的提示信息。

(3) 通讯录的维护。实现对记录的修改、删除、插入和排序操作。

(4) 通讯录的输出。实现屏幕显示和将数组中存储的记录信息写入数据文件中。

1.1.3 设计

1. 程序总体结构

程序主要包括三大模块:输入/输出模块、管理模块和文件操作模块。输入/输出模块的主要功能是人机交互,包括程序界面显示、用户输入响应、结果输出等;管理模块从输入/输出模块读取用户命令并进行相应的操作,包括录入、删除、修改、查找、列表等;文件操作模块获取管理模块中的数据或命令,然后进行存储文件的读写,最后将结果返回给管理模块，如图 1-1 所示。

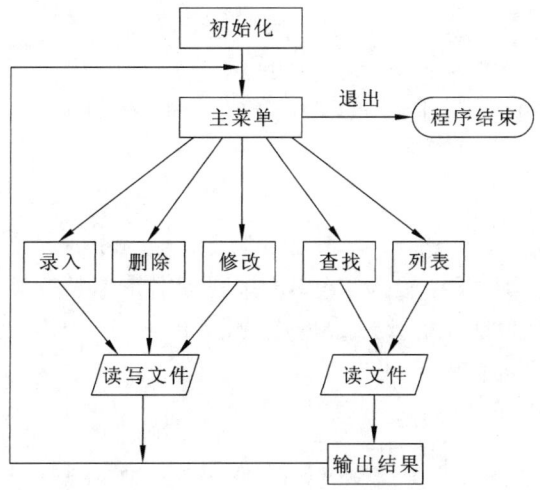

图 1-1　通讯录系统运行示意图

2. 界面设计

程序的主界面是一个文本方式的菜单，用户通过键盘输入数字，选取相应的操作指令。

3. 重要数据结构设计

通讯录中的记录项用结构体 telebook 表示，包含 4 个属性。num 属性是记录项的唯一编号，name、phonenum、address 分别代表用户的姓名、联系电话和地址。

```
typedefstruct telebook
{
    char num[4];
    char name[10];
    char phonenum[15];
    char address[20];
} TELEBOOK;
```

4. 功能函数设计

通讯录程序采用了结构化程序设计的思想，程序中除了主函数外，共设计了 12 个函数。

1) printheader( )

函数原型 voidprintheader( )
功能：用于在以表格形式显示记录时，打印输出表头信息。

2) printdata( )

函数原型 voidprintdata(telebook pp)

功能：用于在以表格形式显示记录时，打印输出单个数组元素 pp 中的记录信息。

3) Disp( )

函数原型 void Disp(telebook temp[ ],int n)

功能：用于显示 temp 数组中存储的 n 条记录，内容为 telebook 结构体中定义的内容。

4) stringinput( )

函数原型 voidstringinput(char *t,int lens, char *notice)

功能：stringinput()函数用于输入字符串，并进行字符串长度验证（长度<lens），t 用于保存输入的字符串，因为是以指针形式传递的，所以 t 相当于该函数的返回值。notice 用于保存 printf()中输出的提示信息。

5) Locate( )

函数原型 int Locate(telebook temp[],int n,char findmess[],char nameorphonenum[])

功能：Locate()函数用于单位数组中符合要求的元素，并返回该数组元素的下标值。参数 findmess[]保存要查找的家庭内容，nameorphonenum[]表示按姓名或电话号码字段在数组 temp 中查找。

6) Add( )

函数原型 int Add(telebook temp[],int n)

功能：Add()函数用于在数组 temp 中增加电话簿记录，并返回数组中的当前记录数。

7) Qur( )

函数原型 void Qur(telebook temp[],int n)

功能：Qur()函数用于在数组 temp 中按姓名或电话号码查找满足条件的记录，并显示出来。

8) Del( )

函数原型 int Del(telebook temp[],int n)

功能：Del()函数用于在数组 temp 中找到满足条件的记录，然后删除该记录。

9) Modify( )

函数原型 void Modify(telebook temp[],int n)

功能：Modify()函数用于在数组 temp 中修改记录。

10) Insert( )

函数原型：int Insert(telebook temp[],int n)

功能：Insert()函数用于在数组 temp 中插入记录，并返回数组中的当前记录数。

11) SelectSort( )

函数原型 void SelectSort(telebook temp[],int n)

功能：SelectSort()函数用于在数组 temp 中完成利用选择排序算法实现数组的升序排序。

12) Save( )

函数原型 void Save(telebook temp[ ],int n)

功能:Save( )函数用于将保存联系人电话簿的数组 temp 中的 n 个元素写入磁盘的数据文件中。

1.1.4 程序实现

为节省篇幅,这里仅列出了函数名称(详细源程序清单见本书光盘)。读者只需按如下顺序输入程序,即可进行编译、调试、运行。

1) 程序预处理

包括加载头文件,定义结构体、常量和变量,并对它们进行初始化。

2) 主菜单界面

用户进入成绩管理系统时,显示主菜单,提示用户进行选择,完成相应任务。

在此处输入函数 void menu( ) 的源代码。

3) 以表格形式显示记录

由于显示操作经常进行,为减少代码的重复输入,这部分编成函数供程序调用。源代码编辑过程如下。

(1) 输入函数 void printheader( )。

(2) 输入函数 void printdata(telebook pp)。

(3) 输入函数 void Disp(telebook temp[ ],int n)。

(4) 输入函数 void Wrong( ),功能是输出按键错误信息。

(5) 输入函数 void Nofind( ),功能是输出未查找此记录的信息。

4) 记录查找定位

输入函数 int Locate(telebook temp[ ],int n,char findmess[ ],char nameorphonenum[ ])。

作用:定位数组中符合要求的记录,并返回保存该记录的数组元素下标值。

参数:findmess[ ]保存要查找的具体内容;nameorphonenum[ ]保存按什么在数组中查找。

5) 格式化输入数据

输入函数 void stringinput(char * t,int lens,char * notice)。

在此电话簿管理系统中,要求用户输入的只有字符型数据,所以我们设计了下面这个函数来单独处理,并对输入的数据进行检验。调用 stringinput(char * t,int lens ,char * notice)函数,它将提示用户输入字符串,并对用户输入的字符串进行长度验证(长度不得小于 lens)。

6) 增加记录

输入函数 int Add(telebook temp[ ],int n)。

调用 Add(telebook temp[ ],int n)函数完成在数组 temp 中添加电话簿记录的功能。

在刚进入电话簿管理系统时,若默认的数据文件为空,则从头部开始增加记录,否则将此记录添加在数组的尾部。

7) 查询记录

输入函数 void Qur(telebook temp[],int n)。

调用 Qur(telebook temp[],int n)函数完成在数组 temp 中查询电话簿记录的功能。当用户执行查询任务时,系统会提示用户进行查询字段的选择,即根据联系人姓名或电话号码进行查询。若此记录存在,则会以表格的形式打印输出此条记录信息。

8) 删除记录

输入函数 int Del(telebook temp[],int n)。

调用 Del(telebook temp[],int n)函数,完成数组 temp 中删除电话簿记录的功能。在删除操作中,系统会先按用户要求找到该记录元素的下标值,然后从数组中删除该数组元素。

9) 修改记录

输入函数 void Modify(telebook temp[],int n)。

调用 Modify(telebook temp[],int n)函数完成数组 temp 中修改电话簿记录的功能。在修改记录操作中,系统会先按用户输入的联系人姓名查找到该记录,然后提示用户修改此记录的除编号之外的值,但记录编号不能修改。

10) 插入记录

输入函数 int Insert(telebook temp[],int n)。

调用 Insert(telebook temp[],int n)函数完成数组 temp 中插入电话簿记录的功能。在插入记录操作中,系统化会先按记录编号查找到要插入的元素的位置,然后在该记录编号之后插入一个新记录。

11) 排序记录

输入函数 void SelectSort(telebook temp[],int n)。

调用 SelectSort(telebook temp[],int n)函数它将利用选择排序法在数组 temp 中完成按照记录编号或姓名排序的功能,并打印出排序前和排序后的结果。

12) 存储记录

输入函数 void Save(telebook temp[],int n)。

调用 Save(telebook temp[],int n)函数完成存储记录操作。系统会将数组中的数据写入磁盘中的数据文件,若用户对数据有修改后没有专门进行此存盘操作,那么在退出系统时,系统会提示用户是否存盘。

13) 输入主函数

最后输入主函数 void main( )。

1.1.5 测试

测试是程序设计中至关重要的一步,测试不是简单地等同于调试。调试的任务是消除程序代码中的错误(bug),使其能顺利运行;测试则更强调软件功能上的正确实现以及是否满足用户需求等。编码完成之后就要进行测试,测试之前首先要制定测试方案,其中包括待测试功能、测试数据以及预期的结果。本设计测试方案的用例如下。

```
----------------------TELEPHONE BOOK------------------
   num      name       地址          联系电话
    1       zhang      zhejiang      13512346666
    2       liu        jiangsu       88881234
    3       zhao       jiangxi       88882345
    4       miao       anhui         88883456
-------------------------------------------------------
```

(1) 依次录入数据 1、2、3、4,将所有记录项列出查看。
(2) 修改数据 2 的信息,重新列出。
(3) 按关键字姓名和电话号码对数据 4 进行查询(结果应分别有一项和两项)。
(4) 删除数据块 3,列出所有数据,检查编号是否已经改动。

1.1.6 小结

利用本通讯录管理系统可以对个人通讯录进行日常维护和管理。需要说明的是,该系统功能还很简单,如果需要进一步扩展通讯录的功能以及改善交互的友好性,可以应用更多知识(尤其是数据库基本概念)、使用更高级的工具进行开发。

1.2 学生成绩管理系统(单链表)

1.2.1 问题描述

学生成绩管理系统是学校教学工作中处理学生信息的有力工具。它利用计算机实现了学生成绩信息管理工作的系统化与自动化,提高了工作效率。下面使用单链表存储结构,用 C 语言实现学生成绩管理系统,它支持基本的录入、删除、查找、修改、统计和文件读写功能。

1.2.2 功能描述

整个系统由如下几大功能模块组成。

（1）输入记录。学生记录由学生的基本信息和成绩信息字段组成。该模块主要完成将数据存入单链表中的工作。记录可以从二进制形式存储的数据文件中读入，也可以从键盘逐个输入记录。

（2）查询记录。用户可以按照学生的姓名或学号在单链表中查询。若找到满足查询条件的记录，则返回指向该学生记录的指针；否则返回值为 NULL 的空指针，显示未找到记录的提示信息。

（3）更新记录。实现对记录的修改、删除、插入和排序操作。

（4）统计记录。完成对各门功课最高分和不及格人数的统计。

（5）输出记录。实现屏幕显示和将单链表中存储的记录信息写入数据文件中。

1.2.3 设计

1. 主控函数流程图（作为练习，请读者依据功能函数设计画出）

2. 界面设计

程序的主界面是一个文本方式的菜单，用户通过键盘输入数字，选取相应的操作指令。

3. 重要数据结构设计

（1）学生成绩信息结构体。结构体 student 存储学生基本信息，作为单链表的数据域。

```
typedef struct student
{
    char num[10];
    char name[15];
    int cgrade;
    int mgrade;
    int egrade;
    int total;
    float ave;
    int mingci;
};
```

（2）单链表 node 结构体。next 为单链表的指针域。

```
typedef struct node
{
    struct student data;
    struct node *next;}Node,*Link;
```

4. 功能函数设计

程序中除了主函数外,共设计了 14 个函数。

1) printheader( )

函数原型 voidprintheader( )

功能:用于在以表格形式显示记录时,打印输出表头信息。

2) printdata( )

函数原型 voidprintdata(Node *pp)

功能:用于在以表格形式显示记录时,打印输出单链表 pp 中的记录信息。

3) Disp( )

函数原型 void Disp(Link l)

功能:用于显示单链表 l 中存储的学生记录,内容为 student 结构体中定义的内容。

4) stringinput( )

函数原型 voidstringinput(char * t,int lens,char * notice)

功能:stringinput()函数用于输入字符串,并进行字符串长度验证(长度＜lens),t 用于保存输入的字符串,因为是以指针形式传递的,所以 t 相当于该函数的返回值。notice 用于保存 printf()中输出的提示信息。

5) Locate( )

函数原型 Node * Locate(Link l,char findmess[],char nameornum[])

功能:Locate()函数用于定位链表中符合要求的节点,并返回该节点的指针。参数 findmess[]保存要查找的具体内容,nameorphonenum[]表示按字段在单链表 l 中查找。

6) Add( )

函数原型 void Add(Link l)

功能:Add()函数用于在单链表 l 中增加学生记录。

7) Qur( )

函数原型 void Qur(Link l)

功能:Qur()函数用于在单链表 l 中按姓名或学号查找满足条件的记录,并显示出来。

8) Del( )

函数原型 void Del(Link l)

功能:Del()函数用于在单链表 l 中找到满足条件的记录,然后删除该记录。

9) Modify( )

函数原型 void Modify(Link l)

功能:Modify()函数用于在单链表 l 中修改记录。

10) Tongji( )

函数原型 void Tongji(Link l)

功能：Tongji( )用于在单链表 l 统计总分第一名、单科第一名和各科不及格人数。

11) Numberinput( )

函数原型 int numberinput(char * notice)

功能：Numberinput( )函数用于输入数值型数据，notice 用于保存 printf( )中输出的提示信息，该函数返回用户输入的整型数据。

12) Insert( )

函数原型：void Insert(Link l)

功能：Insert( )函数用于在单链表 l 中插入记录。

13) Sort( )

函数原型 void Sort(Link l)

功能：Sort( )函数用于在单链表 l 中利用插入排序算法实现单链表按总分字段的降序排序。

14) Save( )

函数原型 void Save(Link l)

功能：Save( )函数用于将单链表 l 中的数据写入磁盘的数据文件中。

1.2.4 程序实现

为节省篇幅，这里仅列出了函数名称(详细源程序清单见本书光盘)。读者只需按如下顺序输入程序，即可进行编译、调试、运行。

1) 程序预处理

包括加载头文件，定义结构体、常量和变量，并对它们进行初始化。

2) 主菜单界面

用户进入学生成绩管理系统时，显示主菜单，提示用户进行选择，完成相应任务。
在此处输入函数 void menu( ) 的源代码。

3) 以表格形式显示记录

由于显示操作经常进行，为减少代码的重复输入，这部分编成函数供程序调用。用于显示单链表 l 中存储的学生记录，内容为 student 结构体中定义的内容。源代码编辑过程如下：

(1) 输入函数 void Disp(Link l)。
(2) 输入函数 voidprintdata(Node * pp)。
(3) 输入函数 void printheader( )。
(4) 输入函数 void Wrong( )，功能是输出按键错误信息。
(5) 输入函数 void Nofind( )，功能是输出未查找此记录的信息。

4) 记录查找定位

输入函数 Node * Locate(Link l,char findmess[ ],char nameornum[ ])

作用：用于定位链表中符合要求的节点,并返回指向该节点的指针。

参数：findmess[ ]保存要查找的具体内容；nameornum[ ]保存按什么字段在 Link l 中查找。

5) 格式化输入数据

在此学生成绩管理系统中,要求用户输入的只有字符型和数值型数据,所以我们设计了下面这个函数来单独处理,并对输入的数据进行检验。

输入函数 void stringinput(char * t,int lens,char * notice)。

输入函数 int numberinput(char * notice)。

调用 void stringinput(char * t,int lens ,char * notice)函数,它将提示用户输入字符串,并对用户输入的字符串进行长度验证(长度不得小于 lens)。

6) 增加记录

输入函数 int Add(Link l)。

在刚进入学生成绩管理系统时,若默认的数据文件为空,则从头部开始增加记录,否则将此记录添加在数组的尾部。

7) 查询记录

输入函数 void Qur(Link l)。

当用户执行查询任务时,系统会提示用户进行查询字段的选择,即根据联系人姓名或学号进行查询。若此记录存在,则会以表格的形式打印输出此条记录信息。

8) 删除记录

输入函数 void Del(Link l)。

在删除操作中,系统会先按用户要求找到该记录的节点,然后从 Link l 中删除该节点。

9) 修改记录

输入函数 void Modify(Link l)。

在修改记录操作中,系统会先按用户输入的学号查找到该记录,然后提示用户修改此记录的除学号之外的值,但学号不能修改。

10) 插入记录

输入函数 void Insert(Link l)。

在插入记录操作中,系统会先按记录编号查找到要插入的节点的位置,然后在该学号之后插入一个新节点。

11) 统计学生成绩

输入函数 void Insert(Link l)。

统计总分第一名、单科第一名和各科不及格人数,并显示统计结果。

12) 排序记录

输入函数 void Sort(Link l)。

调用 Sort( )函数,它将利用插入排序法实现单链表的按照总分字段降序排列的功能,并打印出排序前和排序后的结果。

13) 存储记录

输入函数 void Save(Link l)。

系统会将数组中的数据写入磁盘中的数据文件,若用户对数据有修改而没有专门进行此存盘操作,那么在退出系统时,系统会提示用户是否存盘。

14) 输入主函数

最后输入主函数 void main( )。

1.2.5 测试

本设计测试方案的用例如下。

----------------------------------STUDENT----------------------------------

num	name	Comp	Math	Eng	sum	ave	mici
1	zhang	79	78	72	229	76.00	0
2	liu	77	45	67	189	63.00	0
3	zhao	88	99	90	277	92.00	0
4	miao						

----

(1) 依次录入数据 1、2、3、4,将所有记录项列出查看。

(2) 修改数据 2 的信息,重新列出。

(3) 按关键字姓名和学号对数据 4 进行查询(结果应分别有一项和两项)。

(4) 删除数据块 3,列出所有数据,检查编号是否已经改动。

(5) 查询不及格人数。

(6) 按总分降序显示名次。

1.2.6 小结

利用学生成绩管理系统可以对学生成绩进行日常维护和管理。需要说明的是,该系统功能还很简单,如果需要进一步扩展系统的功能以及改善交互的友好性,可以应用更多知识(尤其是数据库基本概念)、使用更高级的工具进行开发。

1.3 课程设计项目

1.3.1 电子投票系统

本系统最多 4 人一组,按模块分工进行设计,功能需求描述如下。

投票人主要功能如下。

(1) 投票人的投票方式：在系统提示符下输入要选举的候选人编号，即可完成投票。

(2) 投票人了解候选人的方式：浏览候选人列表、输入序号查询候选人介绍。

管理员的主要功能如下。

(1) 初始化候选人信息：在系统投入使用前需要先将需要投票选举的候选人信息录入系统中，以便投票和查看。管理员的初始化工作就是将候选人的序号、姓名和简介录入系统。

(2) 浏览候选人简介：为随时掌握候选人的信息，以便进行修改，管理员有权浏览候选人简介。浏览的顺序按照候选人序号即可。

(3) 修改候选人简介：当系统更新或候选人信息有所变化时，输入候选人序号对其信息进行修改。

(4) 查询投票情况：管理员有权查询当前各个候选人得票情况，以便得出最终被选出的候选人信息。

(5) 清除投票信息：当投票工程结束后，管理员选择清除投票信息即清除系统中所有候选人的票数，使之归零。

(6) 安全管理：管理员可以对投票人进行管理，投票人只有用管理员规定的用户名和密码才能进入系统进行投票。管理员还可以更改用户名、密码和权限，并对投票人信息进行增加、删除、查询、排序和初始化等操作。

1.3.2 家庭财务管理系统

家庭财务管理系统是对用户进行家庭成员的收支构成及信息进行辅助管理的应用软件，功能描述如下。

(1) 用户登录：系统获取家庭成员用户名和密码，判断该家庭成员能否登录系统，并且当用户登录后根据权限判断该家庭成员是家长还是普通成员，可以使用对应功能。普通级别的用户只有浏览权限而不能进行实质性改动。

(2) 给家庭成员提供功能选择界面：不同级别的家庭成员对应不同的功能选择界面。功能选择界面包括输入功能选项、调用相应程序两大需求。管理员和普通用户对应的功能选择界面是不同的。

(3) 创建收支选项文件：用户根据提示输入家庭成员的序号、姓名、各项财务信息，如收入、支出、合计。可一次性输入多条家庭成员的收支信息。系统将家庭成员收支信息记录存储在系统磁盘中，以便进行管理、查找和备份。

(4) 增加家庭成员收支信息：可在原有收支信息的基础上增加新的家庭成员财务信息记录，并继续保存至磁盘，并且将增加后的文件存储状态显示给用户。在增加新家庭成员收支记录的过程中，系统提示输入收入、支出两个财务构成项，最终合计，要求系统主动计算获得，并同样作为财务构成项存入文件对应的记录中。

(5) 删除家庭成员收支信息：提示用户输入要进行删除操作的家庭成员序号，如果在文件中有该家庭成员的收支信息，则将该序号所对应的姓名、序号、各种收入构成等在对应文件中加以删除，由系统提示是否继续删除操作，可多次进行删除操作。

(6) 修改家庭成员收支信息：提示用户输入要进行修改操作的家庭成员序号，如果在文件中有该家庭成员的收支信息操作，则提示用户输入该序号对应的家庭成员姓名、收入和支出构成等相应修改的选项，并将修改结果存储于文件。该部分需求也要提示用户选择是否进行修改操作。修改操作中的合计部分，也需要有系统修改后的收入、支出项目自动计算修改后的合计财务数额，并连同用户输入的其他修改项一起存入磁盘文件中。

(7) 查询家庭成员财务情况：分为根据姓名和根据序号查询两个具体需求，分别提示用户输入要查询家庭成员信息的序号或姓名，如果在磁盘文件中有相对应的家庭成员财务信息，则提示用户已找到，并逐项列出对应家庭成员的收支状况。在该功能中，也需提示用户是否需要继续查找，如果不再继续查找，则返回主界面。

(8) 家庭成员收支排行浏览：该项需求要求根据家庭成员的合计项进行排行，以便用户对家庭成员输入状况有较为直观方便的了解。由于在磁盘存储的家庭成员收支文件可能有多个，所以提示用户要浏览的具体文件名，然后根据合计项从大到小进行排列，显示家庭成员序号、姓名及各项财务构成。

(9) 家庭成员管理：家长对普通家庭成员的管理也需要进行家庭成员的创建、增加、删除、修改和浏览。家长创建的家庭成员记录存储在名为 yonghu 的磁盘文件中，每当有家庭成员登录系统时，系统都会根据该文件中的用户名和密码进行核实判断，用户才能顺利登录。家长还具有增加新家庭成员的功能。新增家庭成员的登录名、密码、权限等也被继续存储在 yonghu 文件中。当某些家庭成员不再使用该系统时，还可以进行删除操作，并且家长具有修改家庭成员权限的功能。

1.3.3 航空客运订票系统

1. 问题描述

航空客运订票系统的业务活动包括：查询航线和客票预定的信息、客票预定和办理退票等。设计一个计算机程序，使上述任务能借助计算机来完成。

2. 基本要求

1) 系统必须存储的数据信息

(1) 航线信息(9 个)：飞机抵达城市、航班号、飞机号、起降时间、航班票价、票价分析、总位置、剩余位置、已订票的客户名单。

(2) 客户信息(3 个)：客户姓名、证件号、座位号。

2) 系统能实现的操作和功能

(1) 承办订票业务：根据客户提出的要求(飞机抵达城市、起降时间、订票数量)查询该航班信息(包括票价、折扣和剩余位置)，若满足要求，则为客户办理订票手续，输出座位号。

(2) 查询功能。

① 查询航线信息：根据降落地点，输出航班号、飞机号、起降时间、航班票价、票价折

扣和剩余位置等信息。

② 查询客户预订信息：根据客户证件号输出航班号、房间号和座位等信息。

1.3.4 运动会分数统计

1. 问题描述

参加运动会的有 n(n≤20)个学校，学校编号为 1,…,n。比赛分成 m(m≤20)个男子项目和 w 个女子项目。项目编号为男子 1,…,m，女子 m+1,…,m+w。不同的项目取前五名或前三名积分；取前五名的积分分别为 7、5、3、2、1，前三名的积分分别为 5、3、2；哪些取前五名或前三名由学生自己设定。

2. 基本要求

（1）可以输入各个项目的前三名或前五名的成绩。
（2）能统计各学校总分。
（3）可以按学校编号或名称、学校总分、男女团体总分排序输出。
（4）可以按学校编号查询学校某个项目的情况；可以按项目编号查询取得前三或前五名的学校。
（5）数据存入文件并能随时查询。
（6）输入数据形式和范围：可以输入学校的名称、运动项目的名称。
输出形式：有中文提示，各学校分数为整型。
界面要求：有合理的提示，每个功能设菜单，根据提示可以完成相关的功能要求。
存储结构：学生自己根据系统功能要求自己设计，但是要求运动会的相关数据要存储在数据文件中（数据文件的数据读写方法等相关内容在 C 语言程序设计的书上，请自学解决）。请在最后的上交资料中指明你用到的存储结构。
测试数据：要求使用全部合法数据、整体非法数据、局部非法数据进行程序测试，以保证程序的稳定。测试数据及测试结果请在上交的资料中写明。

1.3.5 简单的职工管理系统

1. 问题描述

对单位的职工进行管理，包括插入、删除、查找、排序等功能。

2. 基本要求

职工对象包括姓名、性别、出生年月、工作年月、学历、职务、住址、电话等信息。
（1）新增一名职工：将新增职工对象按姓名以字典方式存入职工管理文件中。
（2）删除一名职工：从职工管理文件中删除一名职工对象。
（3）查询：从职工管理文件中查询符合某些条件的职工。

(4) 修改:检索某个职工对象,对其某些属性进行修改。
(5) 排序:按某种需要对职工对象文件进行排序。

3. 实现提示

职工对象数不必很多,便于一次读入内存,所有操作不经过内外存交换。
(1) 由键盘输入职工对象,以文件方式保存。程序执行时先将文件读入内存。
(2) 对职工对象中的姓名按字典顺序进行排序。
(3) 对排序后的职工对象进行增、删、查询、修改、排序等操作。

1.3.6 学生成绩管理系统

现有学生成绩信息文件1(1.txt),内容如下:

姓名	学号	语文	数学	英语
张明明	01	67	78	82
李成友	02	78	91	88
张辉灿	03	68	82	56
王 露	04	56	45	77
陈东明	05	67	38	47

学生成绩信息文件2(2.txt),内容如下:

姓名	学号	语文	数学	英语
陈 果	31	57	68	82
李华明	32	88	90	68
张明东	33	48	42	56
李明国	34	50	45	87
陈道亮	35	47	58	77

试编写一管理系统,要求如下。
(1) 实现对两个文件数据进行合并,生成新文件3.txt。
(2) 抽取出三科成绩中有补考的学生并保存在一个新文件4.txt中。
(3) 对合并后的文件3.txt中的数据按总分降序排序。
(4) 输入一个学生姓名后,能查找到此学生的信息并输出查询结果。
(5) 要求使用结构体、链或数组等实现上述要求。
(6) 采用多种方法且算法正确者可适当加分。

课程设计二　栈 和 队 列

2.1　停车场管理系统

2.1.1　问题描述

设停车场只有一个可停放几辆汽车的狭长通道,且只有一个大门可供汽车进出,汽车在停车场内按车辆到达的先后顺序依次排列,若车场内已停满汽车,则回来的汽车只能在门外的便道上等候,一旦停车场有车开走,则排在便道上第一辆车即可进入;当停车场内某辆车要离开时,由于停车场是狭长的通道,在它之后开入的车辆必须先退出车场为它让路,待该车离开大门,为它让路的车辆再按原次序进入车场。在这里假设汽车不能从便道开走,设计一个停车场模拟管理程序。为了以下描述的方便,停车场用"停车位"进行叙述,停车场的便道用"便道"进行叙述。

2.1.2　数据结构设计

(1) 为了便于区分每辆汽车并了解每辆汽车当前所处的位置,需要记录汽车的牌照号码和汽车的当前状态,所以为汽车定义一个新的类型 CAR,具体定义如下:

```
typedef struct
{
char  *license_plate; //汽车牌照号码,定义为一个字符指针类型
char state;          //汽车当前的状态,字符 s 不是停放在停车位上
        //字符 p 表示停放在便道上,每辆车的初始状态用字符 i 表示
}CAR
```

(2) 由于车位是一个狭长的通道,所以不允许两辆车同时进入停车位,当有车到来要进入停车位的时候要顺次停放,当某辆车要离开时,比它后到的车要先暂时离开停车位,而且越后到的车就越先离开停车位,显然这和栈的"后进先出"特点相吻合,所以可以用一个栈来描述停车位。

由于停车位只能停放有限的几辆车,而且为了便于停车场管理,要为每个车位分配一个固定的编号,不妨设为 1、2、3、4、5(可利用数组的下标),分别表示停车位的 1 车位、2 车位、3 车位、4 车位、5 车位,针对这种情况使用一个顺序栈比较方便,具体定义如下:

```
#define MAX_STOP 5
typedef struct
```

```
{CAR STOP[MAX_STOP];    //各汽车信息的存储空间
 int top;               //用来指示栈顶位置的静态指针
}STOPPING;
```

(3) 当停车场的停车位上都已经停满了汽车,又有新的汽车到来时要把它调度到便道上,便道上的车辆要按照进入便道的先后顺序顺次存放在便道上,为便道上的每个位置也分配一个固定的编号,当有车从停车位离开后,便道上的第一辆汽车就立即进入停车位上的某个车位,由于问题描述中限制了便道上的汽车只能从便道上开走,即便道上的汽车只能在停车位上停放过后才能离开停车位,这样越早进入便道的汽车就越早进入停车位,而且每次进入停车位的汽车都是处于便道"最前面"的汽车,显然,这和队列的"先进先出"特点相吻合,所以这里使用一个顺序队来描述便道,可以利用数组的下标表示便道的位置,定义如下:

```
#define MAX_PAVE 100    //便道不限制停放车辆的数码,设为足够大
typede struct
{
CAR PAVE[MAX_PAVE];     //各汽车信息的存储空间
int front,rear;         //用来指示队头和队尾的静态指针
}PAVEMENT;
```

(4) 当某辆车要离开停车场的时候,比它后进的停车位的车要为它让路,而且当它开走之后让路的车还要按照原来的停放次序再次进入停车位的某个车位上,为了完成这项功能,再定义一个辅助栈,停车位中让路的车依次"压入"辅助栈,待提出开出请求的车开走后再从辅助线的栈项依次"弹出"到停车位中,对辅助栈也采用辅助栈,具体定义与停车位栈类似,定义如下:

```
typedep struct
{CAR BUFFER[MAX_STOP];//各汽车信息的存储空间
  int top;              //用来指示栈顶位置的静态指针
}BUFFER;
```

当然,辅助栈直接利用前面定义的类型 STOPPING 也是可以的。

由于程序的函数要对这些数据结构中的数据进行操作,而且每次操作的结果都会对数据有所改变,所以在设计程序的时候使用以上新类型定义的变量都采用全局变量的形式。

2.1.3 功能(函数)设计

本程序从总体上分为 4 个大的功能模块,分别为程序功能介绍和操作提示模块、汽车进入停车位的管理模块、汽车离开停车位的管理模块、查看停车场停车状态的管理模块,具体功能描述如下。

(1) 程序功能介绍与操作提示模块:此模块给出程序欢迎信息,介绍本程序的功能,并给出程序功能所对应的具体操作的提示。

函数原型为 void welcome()。

(2) 汽车进入停车位的管理模块：此模块用来登记停车场的汽车的车牌号和对该车的调度过程并修改该车的状态，其中调度过程要以屏幕信息的形式反馈给用户来指导用户对车辆的调度。例如，当前停车位上 1、2、3 车位分别停放着牌照为 JF001、JF002、JF003 的汽车，便道上无汽车，当牌照为 JF004 的汽车来后屏幕应给出如下提示信息：

    牌照为 JF004 的汽车进入停车位的 4 号车位！

    按回车键进行程序运行。

函数原型为 void come()。

(3) 汽车离开停车位的管理模块：此模块用来为离开停车场的车辆作调度处理，并修改相关车辆的状态，其中调度过程要以屏幕信息的形式反馈给用户来指导用户对车辆的调度。当有车辆离开停车场后应该立刻检查便道上是否有车，如果有车，则立即让便道上的第一辆车进入停车位。例如，当前停车位上 1、2、3、4、5 车位分别停放着牌照为 JF001、JF002、JF003、JFJ004、JF005 的汽车，便道上的 1、2 位置分别停放着 JF006、JF007 的汽车，当接收到 JF003 要离开的信息时，屏幕应给出如下提示信息：

    牌照为 JF005 的汽车暂时退出停车位；

    牌照为 JF004 的汽车暂时退出停车位；

    牌照为 JF003 的汽车从停车场开走；

    牌照为 JF004 的汽车停回停车位的 3 车位；

    牌照为 JF005 的汽车停回停车位的 4 车位；

    牌照为 JF006 的汽车从便道进入停车位的 5 车位；

    按回车键进行程序运行。

函数原型为 void leave()。

此函数还要调用其他对栈和队列的基本操作。

(4) 查看停车场停车状态的查询模块：此模块用来在屏幕上显示停车位和便道上各位置的状态，例如，当前停车位上 1、2、3、4、5 车位分别停放着牌照为 JF001、JF002、JF003、JF004、JF005 的汽车，便道上的 1、2 位置分别停放着牌照为 JF006、JF007 的汽车，当接受到查看指令后，屏幕上应显示：

    停车位的情况：

    1 车位——JF001；

    2 车位——JF002；

    3 车位——JF003；

    4 车位——JF004；

    5 车位——JF005；

    便道上的情况：

    1 位置——JF006；

    2 位置——JF007；

    按回车键进行程序运行。

函数原型为 void display()。

此函数还要调用其他对栈和队列的基本操作。

以上 4 个总体功能模块要用到的栈和队列的基本操作所对应的主要函数如表 2-1 所示。

表 2-1　栈和队列的基本操作所对应的函数

函数原型	函数功能
STOPPING　* init_stopping()	初始化"停车位栈"
BUFFER　* init_buff()	初始化"辅助栈"
PAVEMENT　* init_pavement()	初始化"便道队列"
Int car_come(int pos)	将 pos 指定的汽车信息输入"停车位栈",并修改该车状态
Int car_leave(int pos)	将 pos 指定的汽车信息从"停车位栈"删除,并修改该车状态
Int stop_to_buff(int pos)	将 pos 指定的汽车信息从"停车位栈"移动到"辅助栈"
Int buff_to_stop(int pos)	将 pos 指定的汽车信息从"辅助栈"移动到"停车位栈"
Int pave_to_stop(int pos)	将 pos 指定的汽车信息从"便道队列"移动到"停车位栈"
Int car_disp(int pos)	将 pos 指定的汽车信息显示在屏幕上

其他函数的定义和说明请参照源代码。

2.1.4　界面设计

本程序的界面力求简洁、友好,每一步需要用户操作的提示以及每一次用户操作产生的调度结果都以中文形式显示在屏幕上,使用户对要做什么和已经做了什么一目了然。文字表述精炼、准确。

2.1.5　运行与测试

对应测试用的设计注重所定义的数据结构的边界以及各种数据结构共存的可能性。

(1) 连续有 7 辆车到来,牌照号分别为 JF001、JF002、JF003、JF004、JF005、JF006、JF007,前 5 辆应该进入 1~5 号停车位,第 6、7 辆车应停入便道的 1、2 位置上。

(2) 在(1)中的情况发生后,让牌照号为 JF003 的汽车从停车场开走,应显示 JF005、JF004 的让路动作和 JF006 从便道到停车位上的动作。

(3) 随时检查停车位和便道的状态,不应该出现停车位有空位而便道上还有车的情况。

(4) 其他正常操作的一般情况。

(5) 程序容错性的测试,当键盘输入错误的时候是否有错误提示,以指导用户正确操作,并作出相应处理保证程序正常运行。

2.2　课程设计项目

2.2.1　银行业务的模拟系统

1. 问题描述

设计一个银行业务模拟系统,模拟银行的业务运行并计算一天中客户在银行逗留的平均时间。银行有 N(N 的取值自己定义)个窗口对外接待客户,从早晨银行开门起不断有客户进入银行。由于每个窗口在某个时刻只能接待一个客户,因此在客户人数众多时需在每个窗口前顺次排队,对于刚进入银行的客户,如果某个窗口的业务员正空闲,则可上前办理业务;反之,若 N 个窗口均有客户正在办理业务,他便会排在人数最少的队伍后面。

2. 基本要求

(1) 在界面上可以设定银行的对外营业时间(银行的开门时间以及银行的关门时间)。

(2) 用人机交互的方式来输入客户的到达时间以及客户的离开时间,用队列来存储客户的到达事件和客户的离开事件。

(3) 可以友好地显示出在某一天中整个银行系统中客户在银行逗留的平均时间。

2.2.2 电梯运行仿真

1. 问题描述

编写一个程序,模拟办公大楼中全部电梯的工作过程。该仿真程序可以用来监测系统运行情况,改善大楼管理,它也可以看成一种游戏程序。

2. 系统初步描述

(1) 办公大楼有若干层(如 10 层),每层都有电梯可到达,全楼有若干部(如不多于 10 部)电梯同时供使用,电梯容量为 24 人,电梯运行每上下一层需 5 秒,在某一层停下至少需 15 秒。其运行状态可分为向上、向下、停止,并且可显示当前乘客数、当前所在层数。它设有一个"按钮数组",例如,第五层的按钮按下意味着有乘客在第 5 层到达目标层等。

(2) 在楼的每一层有电梯数,有按钮表示有人等待向上或向下,有若干人在等待,有若干电梯在本层停下等。

(3) 在大楼中(包括进出)的总人数不超过 500 人,每个人站在电梯前有个目标层,他有一个最大的忍受等待时间,因为他可以选择电梯或是步行走楼梯等。

(4) 还有下面若干假设:在每个时间段要进大楼的人数在 0~199 随机取值。

(5) 用电梯的每个人的目标层在 1~10 取值;一个人在进电梯或改走楼梯之前的等待时间在 180~360 秒范围内随机发生;一个人到达目标层后第二次再乘电梯中间的工作时间在 400~6 600 秒随机取值。

2.2.3 大整数算术表达式求值

问题描述:在计算机中,算术表达式由常量、变量、运算符和括号组成。由于不同的运算符具有不同的优先级,又要考虑括号,因此,算术表达式的求值不可能严格地从左到右进行。因而在设计程序时,借助栈实现。

输入：一个算术表达式，由常量、变量、运算符和括号组成（以字符串形式输入）。为简化，规定操作数只能为任意位数的正整数，操作符为＋、－、＊、/、∧，用♯表示结束。

算法输出：表达式运算结果。

算法要点：设置运算符栈和运算数栈辅助分析算符优先关系。在读入表达式的字符序列的同时，完成运算符和运算数的识别处理以及相应运算。

2.2.4　重言式的判定

问题描述：在命题逻辑中，判定命题公式是否为重言式是常用的证明方法。

输入：一个命题公式，由命题常元、命题变元、连接词和括号组成（以字符串形式输入）。操作符：非(～)、且(∧)、或(‖)、蕴涵(－＞)、双条件(＜－＞)，用♯表示结束。

算法输出：命题公式是否为重言式。

2.2.5　宾馆订房和退房系统

问题描述：实现宾馆的预订与退房处理。

详细需求请学生调查一个具体的宾馆管理系统，并完整实现所需功能。

2.2.6　实验室预约

某高校自动化实验室实行全天开放，学生可以根据自己的学习进度自行安排实验时间，但是每个实验有一个限定的时间，例如，某实验要在近两周内完成，假设近期将要做的实验有周一下午、周三下午、周五下午三个时间（可以根据实际情况进行调整），不妨称为时间一、时间二、时间三，这三个时间做实验的学生可以用队列来存储，要求完成如下功能。

(1) 插入：将预约做实验的学生插入到合适的时间队列中。
(2) 删除：时间队列中前 5 位学生可以在该时间做实验。
(3) 查询：教师可以随时查询某个时间队列中学生的预约情况。
(4) 修改：在没做实验之前，学生可以对预约的时间进行修改。
(5) 输出：输出每个时间队列中预约的学生名单。

课程设计三 串 的 应 用

3.1 文本文件的检索

本课程设计的目的是熟悉串类型的实现方法和文本模式匹配方法,熟悉如何利用模式匹配算法实现一般的文本处理技术。首先设计出串定位算法(模式匹配算法)及其实现;然后利用串定位算法设计文本文件的检索及单词的计数等操作。

3.1.1 串模式匹配算法的设计与实现

在串的基本操作中,在主串中查找模式匹配算法,即求子串位置的函数 Index(s,t),是文本处理中最常用、最重要的操作之一。

3.1.2 设计要求

所谓子串的定位就是求子串在主串中首次出现的位置,又称为模式匹配或串匹配。这里只要求用最简单的朴素模式匹配算法。该算法的基本思路是,将给定子串与主串从第一个字符开始比较,直到找到首次与子串完全匹配的子串为止,并记住该位置。但为了实现统计子串出现的个数,不仅需要从主串的第一个字符位置开始比较,而且需要从主串的任一给定位置检索匹配字符串,所以首先要给出两个算法:一个标准的朴素模式匹配算法,一个给定位置的匹配算法。

3.1.3 算法分析及设计

1. 朴素模式匹配算法

该算法的基本思想是:设有三个指针——i、j 和 k,用 i 指示主串 S 每次开始比较的位置;指针 j 和 k 分别表示主串 S 和模式 T 中当前正在等待比较的字符位置;一开始从主串 S 的第一个字符(i=0,j=0)和模式 T 的第一个字符(k=0)比较,若相等,则继续逐个比较后续字符(j++,k++),否则从主串的下一个字符(i++)起再重新和模式串(j=0)的字符开始比较,以此类推,直到模式 T 中所有字符都比较完,而且一直相等,则称匹配成功,并返回位置 i;否则返回 −1,表示匹配失败。

顺序模式匹配算法函数原型为 Int Index(sstring s ,sstring T),程序详见源代码。

2. 给定位置的串匹配算法

该算法要求从串 s1(为顺序存储结构)中第 k 个字符起,求出首次与字符串 s2 相同的子串的起始位置。

算法分析:与上面介绍的模式匹配算法类似,只不过上述算法的要求是从主串的第一个字符开始,该算法是上述算法的另一种思路:从第 k 个元素开始扫描 s1,当其元素值与 s2 的第一个元素的值相同时,判定它们之后的元素值是否依次相同,直到 s2 结束为止。若相同,则返回当前位置值,否则继续上述过程,直至 s1 扫描完为止。

功能函数为 Int partposition(sstring sl, sstring s2,int k),程序见源代码。

3.2 文本文件单词的检索与计数

3.2.1 设计要求与分析

要求编程建立一个文本文件,每个单词不包含空格且不跨行,单词由字符序列构成且区分大小写;统计给定单词在文本文件中出现的总次数;检索输出某个单词出现在文本中的行号、在该行中出现的次数以及位置。该设计要求可分为三个部分实现:其一,建立文本文件,文件名由用户用键盘输入;其二,给定单词的计数,输入一个不含空格的单词,统计输出该单词在文本中出现的次数;其三,检索给定单词,输入一个单词,检索并输出该单词所在的行号、该行中出现的次数以及在该行中的相应位置。

1. 建立文本文件

建立文件的实现思路如下。
(1) 定义一个串变量。
(2) 定义文本文件。
(3) 输入文件名,打开该文件。
(4) 循环读入文本行,写入文本文件。
(5) 关闭文件。

2. 给定单词的计数

该功能需要用到前面设计的模式匹配算法,逐行扫描文本文件。匹配一个,计数器加 1,直到整个文件扫描结束;然后输出单词出现的次数。实现思路如下。
(1) 输入要检索的文本文件名,打开相应的文件。
(2) 输入要检索统计的单词。
(3) 循环读文本文件,读入一行,将其送入定义好的串中,并求该串的实际长度,调用串匹配函数逐行计数。
(4) 关闭文件,输出统计结果。

3. 检索单词出现在文本文件中的行号、次数及其位置

其实现过程描述如下。
(1) 输入要检索的文本文件名,打开相应的文件。
(2) 输入要检索统计的单词。
(3) 行计数器置初值 0。
(4) while(不是文件结束){
  读入一行到指定串中;
  求出串长度;
  行单词计数器置 0;
  调用模式匹配函数匹配单词定位、该行匹配单词计数;
  行号计数器加 1;
  If(行单词计数器!=0)
    输出行号、该行有匹配单词的个数以及相应的位置;
}

4. 主控菜单程序的结构

该部分内容如下。
(1) 程序预处理;
(2) 菜单选项包括:1-建立文件;2-单词计数;3-单词定位;4-退出程序。
(3) 选择 1~4 执行相应的操作,其他字符为非法字符。

3.2.2 程序实现

读者只需按如下顺序输入程序,即可进行编译、调试、运行。

1) 程序预处理

包括加载头文件,定义结构体、常量和变量,并对它们进行初始化。
顺序存储结构字符串类型定义如下:

```
typedef struct{
char ch[MaxStrSize];
int length;
}SString;
```

2) 建立文本文件函数

在此处输入函数 void CreatTextFile()的源代码。

3) 文本文件单词计数函数

在此处输入函数 void SubStrCount()的源代码。

4) 检索单词出现在文本文件中的行号、次数及其位置

在此处输入函数 void SubStrInd()的源代码。

5) 串匹配算法

在此处输入函数 Int Index(sstring s,sstring T)的源代码。

在此处输入函数 Int partposition(sstring sl, sstring s2,int k)的源代码。

6) 输入主函数

最后输入主函数 void main()。

请读者自行设计测试用例,并观察运行结果是否符合设计要求。

3.3 课程设计项目

3.3.1 全屏幕编辑

问题描述:在 Linux/Unix 操作系统中 vi 是一个有效的,相对简单的全屏幕编辑。本项目实现类似于 vi 的全屏幕编辑程序,具备如下功能。

(1) 进入编辑程序(为 vi 文件名)。

(2) 存盘和退出。按 Esc 键进入命令方式,所有的命令与文本的字母都区分大小写,其中包括:

- 存盘退出命令为 X;
- 不存盘退出文件命令为 Q;
- 存盘命令为 W。

(3) 移动光标。移动光标必须在命令工作方式下进行。

- 左移,左移一格:← 或 H 键,左移 N 格为 NH。
- 下移,下移一格:↓ 或 J 键,下移 N 格为 NJ。
- 右移,右移一格:→ 或 L 键,右移 N 格为 NL。
- 上移,上移一格:↑ 或 K 键,上移 N 格为 NK。
- 上翻一屏:按 PgUp 键或 Ctrl+B 组合键。
- 下翻一屏:按 PgDp 键或 Ctrl+F 组合键。
- 移到行首为 0 键。
- 移到行尾为 $ 键。
- 光标移到 N 行行首为 N 键,其中 0 为第一行,$ 为最后一行。

(4) 在命令工作方式下输入以下命令即可插入文本。

- I 为在光标所在位置的前面插入文本。
- a 为在光标所在位置的后面插入文本。
- o 为在光标所在位置的下面插入一空行,之后可以输入文本。
- A 为在光标所在行的行尾插入文本。

注意:按 Esc 键结束一次编辑命令。

(5) 删除。

- 字符删除,删除一个字符按 X 键,删除 N 个字符按 NX(最多删到行尾)键。

- 行删除。删除一行按 DD 键。

（6）检索字符串。
- 向后检索为/字符串（回车）。
- 向前检索为？字符串（回车）。
- 继续上次检索按 N 键。
- 反方向继续上次检索按 N 键。

3.2.2 文学研究助手

问题描述：文字研究人员需要统计某篇英文小说中某些特定单词的出现次数和位置，试写出一个实现这一目标的文字统计系统。这称为"文学研究助手"。

算法输入：文本文件和词集。

算法输出：单词出现的次数、出现位置所在行的行号（同一行出现两次的只输出一个行号）。

算法要点如下。

（1）文本串非空且以文件形式存放。

（2）单词定义：用字母组成的字符序列，中间不含空格，不区分大小写。

（3）待统计的单词不跨行出现，它或者从行首开始，或者前置一个空格。

（4）数据结构采用二维链表，单词节点链接成一个链表，每个单词的行号组成一个链表，单词节点作为行号链表的头节点。

课程设计四　树型结构的应用

树型结构是一类重要的非线性数据结构,树中节点之间具有明确的层次关系,并且节点之间有分支,它非常类似于实际的树。树型结构在客观世界中大量存在,在计算机应用领域,树型结构也被广泛地应用。在编译程序中,用树型结构来表示源程序的语法结构;在数据库系统中,用树型结构来组织信息;在计算机图形学中,用树型结构来表示图像关系等。本章课程设计主要涉及树、二叉树的存储结构及其遍历,以及赫夫曼树及赫夫曼编码的应用。

4.1　压缩软件设计

4.1.1　需求分析

在当今信息时代,如何采用有效的数据压缩技术节省数据文件的存储空间和计算机网络的传送时间已越来越引起人们的重视,赫夫曼编码正是一种应用广泛且非常有效的数据压缩技术。

赫夫曼编码的应用很广泛,利用赫夫曼树求得的用于通信的二进制编码称为赫夫曼编码。树中从根到每个叶子都有一条路径,对路径上的各分支约定:指向左子树的分支表示 0 码,指向右子树的分支表示 1 码,取每条路径上的 0 或 1 的序列作为短码。

假设每种字符在电文中出现的次数为 W_i,编码长度为 L_i,电文中有 n 种字符,则电文编码总长 $\sum W_i L_i$ 恰好为二叉树上带权路径长度。

因此,设计电文总长最短的二进制前缀编码,就是以 n 种字符出现的频率作为权,构造一棵赫夫曼树,此构造过程称为赫夫曼编码。

根据设计要求和分析,要实现本设计,必须实现以下几方面的功能。

(1) 赫夫曼树的建立。
(2) 赫夫曼编码的生成。
(3) 编码文件的译码。

4.1.2　功能设计

1. 赫夫曼树的建立

由赫夫曼算法的定义可知,初始森林中共有 n 棵只含有根节点的二叉树。之后将当前森林中的两棵根节点权值最小的二叉树合并成一棵新的二叉树;每合并一次,森林中就减少一棵树,产生一个新节点。显然要进行 n-1 次合并,所以共产生 n-1 个新节点,它们都是具有孩子的分支节点。由此可知,最终得到的赫夫曼树中一共有 2n-1 个节点,其中 n 个叶节点是初始森林的 n 个孤立节点。并且赫夫曼树中没有度数为 1 的分支节点。我们可用一个大小为 2n-1 的一维数组来存储赫夫曼树中的节点。因此,赫夫曼树的存储结构描述如下:

```
typedef struct{
int weight;
int lchild,rchild,parent;
}HTNode;
typedef HTNode HuffmanTree[M+1];
```

实现赫夫曼树主要有如下步骤。
(1) 选择 parent 为 0 且权值最小的两个根节点。
(2) 统计字符串中字符的种类以及各类字符的个数。
(3) 构造赫夫曼树。

2. 生成赫夫曼编码文件

要求电文的赫夫曼编码,必须先定义赫夫曼编码类型,根据设计要求和实际需要定义的类型如下:

```
typedef struct{
char ch,bits[n+1];
int start;
}CodeNode;
typedef CodeNode HuffmanCode[n];
```

这里使用两个功能函数。
(1) 根据赫夫曼树 HT 求赫夫曼编码表 HC。
(2) 建立正文的编码文件,基本思想是:将要编码的字符串中的字符逐一与预先生成赫夫曼树时保存的字符编码对照表进行比较,找到之后,将该字符的编码写入代码文件,直至所有的字符处理完为止。

3. 代码文件的译码

译码的基本思想是:读文件中编码,并与原生成的赫夫曼编码相比较,遇到相等编码时,取出其对应的字符存入一个新串中。

4.1.3 程序实现

详细源程序清单见本书光盘,读者只需按如下顺序输入程序,即可进行编译、调试、运行。

1) 类型及相关变量的定义

包括加载头文件,定义结构体、常量和变量,并对它们进行初始化。

2) 建立赫夫曼树

void select(HuffmanTree T, int k, int &s1,int &s2)
int jsq(char *s, int cnt[ ],char str[ ])
void ChuffmanTree(HuffmanTree HT, HuffmanCode HC, int cnt[ ], char str[ ])

3) 生成赫夫曼编码文件

void HuffmanEncoding(HuffmanTree HT, HuffmanCode HC)
void coding(HuffmanCode HC, int cnt[ ], * str)

4) 电文译码

char * decode(HuffmanCode HC)

5) 输入主函数

最后输入主函数 void main( )。

4.1.4 运行测试

根据功能要求自行设计测试样例。

4.2 课程设计项目

1. 基于赫夫曼编码位图文件压缩软件

基本要求:位图文件压缩和解压缩软件需具备如下功能。
(1) 扫描位图文件的全部数据(对应用于调色板的编码),完成数据频度的统计。
(2) 依据数据出现的频度建立赫夫曼树。
(3) 将赫夫曼树的信息写入输出文件(压缩后文件),以备解压缩时使用。
(4) 进行第二遍扫描,将原文件所有编码数据转化为赫夫曼编码,保存到输出文件。解压缩则为逆过程.

2. 动画模拟创建二叉树

基本要求:使用高级 C 语言图形界面功能实现如下功能。
(1) 从键盘输入,创建一棵二叉树。
(2) 对二叉树进行先序遍历,每遍历到一个节点就将该节点的内容输出到界面上,显示出一个节点的图案。
(3) 如果节点之间有父子关系,那么两个节点之间画出一条连线。

课程设计五 图结构的应用

5.1 交通咨询系统

5.1.1 问题描述

在交通网络非常发达,交通工具和交通方式不断更新的今天,人们在出差、旅游或做其他出行时,不仅关心节省交通费用,而且对里程和所需时间等问题也越来越感兴趣。对于这样一个人们关心的问题,可用一个图结构来表示交通网络系统,利用计算机建立一个交通咨询系统。图中顶点表示城市,边表示城市之间的交通关系。这个交通系统可以回答旅客提出的各种问题。例如,一位旅客要从 A 城到 B 城,他希望选择一条途中中转次数最少的路线。假设图中每一站都需要换车,那么这个问题反映到图上就是要找一条从顶点 A 到 B 所含边的数目最少的路径。我们只需要从顶点 A 出发对图作广度优先搜索,一旦遇到最少的路径。路径上 A 与 B 之间的顶点就是路径的中转站数,但只是一类最简单的图的最短路径问题。

5.1.2 功能描述

设计一个交通咨询系统,能让旅客咨询从任一个城市顶点到另一城市之间的最短路径(里程)、最低花费或最少时间等问题。对于不同的咨询要求,可输入城市间的路程、或所需时间或所需费用。整个系统由如下几大功能模块组成。

(1) 交通网络图的建立。
(2) 查询。用户输入出发地和目的地信息后,找到满足查询条件的记录,并显示出来;否则显示未找到记录的提示信息。
(3) 通讯录的维护。实现对记录的修改、删除、插入和排序操作。

5.1.3 设计

1. 重要数据结构设计

城市:
```
typedef struct
{
```

```
    char ID[char1];
    char name[char1];
}TpyeCity;
int CityNum;
TpyeCity City[MaxNode];
```

站点：
```
typedef struct
{
    TpyeCity city;
    char ArriveDate[char1];
    char ArriveTime[char1];
    int WaitTimeLong;
    double price;
} Station;
```

列车：
```
typedef struct
{
    char ID[char1];
    int MidStationNum; //中间站的数目
    Station MidStation[MaxNode];
    int MaxContain;
    int ReadyContain;
}TypeTrain;
int TrainNum;
TypeTrain Train[MaxNode];
```

飞机航班：
```
typedef struct
{
    char ID[char1];
    char StartPlace[char1];
    char EndPlace[char1];
    char StartDate[char1];
    char StartTime[char1];
    char EndDate[char1];
    char EndTime[char1];
    char TimeLong[char1]; //这里的时间不是输入的,由输入的日期和时间算出来的
    int DoubleTimeLong; //这是作为时间的比较
    int MaxContain;//航班的最大容量
    int ReadyContain;//已经乘坐的人数
    double price;
}TypePlane;
```

```
int PlaneNum;
TypePlane Plane[MaxNode];
```

2. 功能函数设计

通讯录程序采用了结构化程序设计的思想,程序中除了主函数外,共设计了 16 个函数。

1) int CharToInt(char * str)

功能:将十进制数由字符型转化为 int 型。

2) void TimeDateApart(char * str, int IntTimeDate[])

功能:将时间的时分秒或日期的年月日分离。

3) int TimeLongOut(char * StartDate, char * StartTime, char * EndDate, char * EndTime, char *TimeLong)

功能:根据日期时间计算出时间长度,最后转化为字符串。

4) void InitiateCity()

功能:程序开始时输入现有城市,文件输入。

5) void DeleteCity()

功能:删除某个城市。

6) void InsertCity()

功能:插入一个新的城市。

7) void InitiatePlane()

功能:初始从文件中读入现有飞机的航班。

8) void InsertPlane()

功能:插入一个新的航班。

9) void DeletePlane()

功能:删除某一航班。

10) FindPlane(char * str, char * str2, double &price, int &TimeLong)

功能:飞机航班中最短时间以及最少费用。

11) void InititeTrain()

功能:初始输入现有列车的情况。

12) void DeleteTrain()

功能:删除某一列车。

13) void InsertTrain()

功能:插入一个新的列车。

14) void FindTrain(char * str, char * str2, double &price, int &TimeLong)

功能:列车中最短时间以及最少费用。

15) void Administrator()

功能:管理员登录与维护模块,需要设置密码。

16) int main()

功能:用户使用菜单。

5.1.4 程序实现

为节省篇幅,这里仅列出了函数名称。读者只需按如下顺序输入程序,即可进行编译、调试、运行。

5.1.5 测试

根据功能需求,学生可以自行设计样例进行测试。

5.2 计算机专业教学计划编制问题

5.2.1 需求分析

大学的每个专业都要编制教学计划,专业教学计划是高等院校培养专门人才的总体规则,是学校组织教学、实施教学管理、实现专业培养目标的重要依据;也是学校教学管理工作的指导性文件。本课程设计的任务是针对高等学校的计算机系本科课程,根据课程之间的依赖关系,制定课程安排计划。假设任何专业都有固定的学习年限,每学年含两学期,每学期的时间长度和学分上限都相等。每个专业开设的课程都是确定的,而且课程开设时间的安排必须满足先修关系。每门课程的先修关系都是确定的,可以有任意多门,也可以没有,每一门课程恰好开设一个学期。试在这样的情况下设置一个教学计划编制程序。

5.2.2 功能概述

输入模块包括学期总数、一学期的学分上限、每门课的课程号、学分、直接先修关系的课程号。

编排课程号尽可能地集中在前几个学期中。

输出模块实现教学计划输入到指定的文件中;在无解的情况下,报告错误信息;教学计划输入到指定的文件中。

5.2.3 设计思路

在编制教学计划的过程中,有一个层次关系。例如,数值分析必须在高等数学学完之后才可以学习,数据结构必须要在学习了一两门程序设计语言之后才可以学习。也就是说,有的课程必须要在学习完了某些课程之后才可以学习。编制教学计划涉及的课程都要学完。所以我们可以将所有的课程编制成一张图。由于课程有前续后继的关系,所以用 AOV 网是最合适的。对 AOV 网进行拓扑排序即可以得出结果。

对 AOV 网进行拓扑排序有两种情况:广度优先和深度优先。在进行深度优先周游时,要考虑到一种情况。例如,高等数学和 C 语言编程是并列的两门课程,两者之间没有前续后继的关系,可以同时学习。高等数学是数值分析和电子电路的基础课程,电子电路又是模拟电子电路的基础课程。C 语言编程是数据结构的基础课程,数据结构是算法设计与分析的基础课程。如果按照深度优先周游就有可能将上面几门课程排成:C 语言程序设计、数据结构、算法设计与分析、高等数学、电子电路、模拟电子电路。这样的教学计划很明显不符合实际教学的需要。因此我们应该进行广度优先周游,先学高等数学和 C 语言程序设计,再学其他后继课程。

5.2.4 设计

1. 数据结构

1) 邻接表中边表的节点

```
struct edgeNode
{int index;
pEdgeNode next;
};
```

2) 存放顶点信息的结构体

```
struct vertexNode
{int vertexInfo;
int inDegree;
pEdgeList next;
};
```

3) AOV 网结构

```
struct graphList
{int n;
pVertexNode vertex[31];
};
```

4) 链表队列中的节点

```
struct node
{int info;
pNode link;
};
```

5) 队列的封装

```
struct linkQueue
{pNode head;
pNode rear;
};
```

2. 功能函数

1) pGraphListinitGraph(void);

此函数的作用是初始化一个 AOV 网,入度都初始化为零,边表都初始化为 NULL。课程代号用 1,2,3,…表示。

2) pLinkQueuecreatEmptyQueue(void);

此函数的作用是创建一个空队列。

3) int isEmptyQueue(pLinkQueue pQueue);

此函数的作用是判断队列是否为空,如果为空则返回 1,否则返回 0。

4) void enQueue(pLinkQueue pQueue,int x);

此函数的作用是将 x 加入队列。

5) void deQueue(pLinkQueue pQueue);

此函数的作用为出队列操作。

6) int getQueuehead(pLinkQueue pQueue);

此函数的作用为得到队列头部数据。

7) void findIndegree(pGraphList pList);

此函数的作用为得到每个顶点的入度。

8) void topoSort(pGraphList pList);

此函数的作用为拓扑排序。

9) pGraphList initEdgeList(pGraphList pList,int x,int index);

此函数的作用是初始化边表,即在主函数中调用一次该函数就将一个节点存入指定的位置。

5.2.5 程序实现

为节省篇幅,这里仅列出了函数名称。读者只需按如下顺序输入程序即可进行编译、调试、运行。

5.2.6 运行与测试

读者自行设计测试用例,观察运行情况。

5.3 课程设计项目

5.3.1 全国交通咨询

1. 问题描述

旅客对交通工具有不同的要求。例如,因公出差的旅客希望在旅途中的时间尽可能短,出门旅游的游客希望旅费尽可能省,而老年旅客则要求中转次数最少。编制一个全国城市间的交通咨询程序,为旅客提供两种或三种最优决策的交通咨询。

2. 基本要求

(1) 提供对城市信息进行编辑(如添加或删除)的功能。

(2) 城市之间有两种交通工具:火车和飞机。提供对列车时刻表和飞机航班进行编辑(增设或删除)的功能。

(3) 提供两种最优决策:最快到达和最省钱到达。全程只考虑一种交通工具。

(4) 旅途中耗费的总时间应该包括中转站的等候时间。

(5) 咨询以用户和计算机对话的方式进行。由用户输入起始站、终点站、最优决策原则和交通工具,输出信息为最快需要多长时间才能到达或者最少需要多少旅费才能到达,并详细说明依次于何时乘坐哪一趟列车或哪一次班机到何地。

3. 实现提示

(1) 对全国城市交通图和班车时刻表及飞机航班表的编辑,应该提供文件形式输入和键盘输入两种方式。飞机航班表的信息应包括起始站的出发时间、终点站的到达时间和票价;列车时刻表则需根据交通图给出各个路段的详细信息,例如,对于从北京到上海的火车,需给出北京至天津、天津至徐州及徐州至各段的出发时间、到达时间和票价信息。

(2) 以邻接表作为交通图的存储结构,表示边的节点内除含有邻接点的信息外,还包括交通工具、路程中消耗的时间和花费以及出发和到达的时间等多项属性。

5.3.2 全国铁路运输网最佳路径问题

1. 问题描述

这是上海铁路局目前仍在使用的行包托运软件中的一部分内部算法。该题目采用1995年年底我国铁路运输网的真实数据进行编程和运行验证。

铁路运输网络中有铁路线和火车站两个主要概念,例如,1号铁路线表示京广线,2号铁路线表示京沪线等。

铁路线对象包括铁路线编号、铁路线名称、起始站编号、终点站编号、该铁路线长度、通行标志(00B客货运禁行,01B货运通行专线,10B客运通行专线,11B客货运通行)。

火车站对象包括所属铁路线编号、车站代码、车站名、车站简称、离该铁路线起点站路程及终点站路程。

2. 基本要求

(1) 查询某站所属的铁路线。

(2) 要求具备新增铁路线的管理功能。

(3) 要求具备新增车站的管理功能。

(4) 针对客运、货运情况能计算任何一个起始车站到任何一个终点站之间的最短路径,并且要求能够显示出该最短路径的各个火车站的经由顺序。

课程设计六　排序与查找

6.1　航班信息的查询与检索

6.1.1　需求分析

当今乘飞机旅行的人越来越多,人们需要了解各类航班的班次、时间、价格及机型等信息。在这个飞机航班数据的信息模型中,航班号是关键字,而且是具有结构特点的一类关键字。因为航班号是字母数字混编的,如 CZ3869,这种记录集合是一个适合于多关键字排序的例子。

6.1.2　功能要求

该设计要求对飞机航班信息进行排序和查找。可按航班的航班号进行排序,利用二分查找法对排好序的航班记录按航班号实现快速查找,按其他次关键字的查找可采用最简单的顺序查找方法进行,因为它们用得较少。

每个航班记录包括八项,分别是航班号、起点站、终点站、班期、起飞时间、到达时间、飞机型号以及票价等。

6.1.3　设计分析

1. 定义数据类型

根据设计要求,我们知道设计中所用到的数据记录只有船班信息,因此要定义相关的数据类型。

1) 航班记录

```
typedef struct
{
char start[6];    //起点
char end[6];//终点
char sche[10];//班期
char time1[5];// 起飞时间
char time2[5];// 到达时间
```

```
char model[4];//机型
int price;//票价
}infotype;
```

2) 表节点

```
typedef struct
{
keytype keys[keylen];
infotype others;
int next;
}slnode;
```

3) 静态链表

```
typedef struct
{
slnode sl[maxspace];
int keynum;
int length;
}sllist;
```

为了进行基数排序,需要定义在分配和收集操作时用到的指针数组。

```
typedef int arrtype_n[radix_n];
typedef int arrtype_c[radix_c];
```

2. 实现排序的各函数说明

1) 一趟分配函数

```
void distribute(slnode * sl,int i,arrtype_n f,arrtype_n e)
```

按关键字 keys[i]建立 radix 个子表,使同一个子表中记录的 key[i]相同,f[0..radix]和 e[0..radix]分别指向各子表中的第一个和最后一个记录。

2) 一趟搜集函数

```
void collect(slnode * sl,int i,arrtype_n f,arrtype_n e)
```

按关键字 keys[i]从小到大将[0..radix]所指的各子表依次链接成一个链表。

3) 链式基数排序函数

```
void radixsort(sllist &l)
```

按关键字 keys[i]从低位到高位将[0..radix]依次对各关键字进行分配和收集,分两段实现。

4) 二分查找函数

```
int binsearch(sllist l,keytype key[])
```

L 为待查找的表,keys[ ]为待查找的关键字,按二分查找的思想实现查找。

6.1.4 程序实现

为节省篇幅,这里仅列出了函数名称(详细源程序清单见本书光盘)。读者只需按如下顺序输入程序,即可进行编译、调试、运行。

1. 程序预处理

包括加载头文件,定义结构体、常量和变量,并对它们进行初始化。

2. 链式基数排序

依次输入如下函数。
```
void distribute(slnode * sl,int i,arrtype_n f,arrtype_n e);
//一趟数字字符分配函数
void collect(slnode * sl,int i,arrtype_n f,arrtype_n e);
// 一趟数字字符收集函数
void distribute_c(slnode * sl,int i,arrtype_c f,arrtype_c e);
//一趟字母字符分配函数
void collect_c(slnode * sl,int i,arrtype_c f,arrtype_c e) ;
//一趟字母字符收集函数
void radixsort(sllist &l);//链式基数排序函数
void arrange(sllist &l);//按指针链重新整理静态链表
```

3. 查找算法实现

源代码编辑过程如下:
```
int binsearch(sllist l,keytype key[]);//二分查找函数
void seqsearch(sllist l,keytype key[],int i);//顺序查找函数
```

4. 输入/输出函数

依次输入如下函数。
```
void searchcon(sllist l);//查询检索菜单控制函数
void inputdata(sllist &l);// 输入航班记录函数
```

6.1.5 测试运行实例

读者自行设计测试样例。

6.2 课程设计项目

6.2.1 飞机订票系统

该系统为客户提供下列服务。

查询航线:根据旅客提供的终点站名输出航班号、飞机号、周几飞行、最近一天航班的

日期和余票额。

　　承办订票业务：如无，则预约登记，排队等候。

　　承办退票业务：如遇退票，则查询预约客户。

　　实现提示：每条航线应包括的信息有终点站名、航班号、飞机号、飞行日期、乘员定额、余票额、已订票的客户名单和预约名单。后两项显然是一个线性表和一个队列。为插入和删除方便，已订票的客户应以链表作为存储结构；同时，预约队列也以链表作为存储结构。

6.2.2　内部排序性能分析

1. 问题描述

　　设计一个测试程序，比较几种内部结构排序算法的关键字比较次数和移动次数，以取得直观感受。

2. 基本要求

　　(1) 对冒泡排序、直接排序、简单选择排序、快速排序、希尔排序、堆排序算法进行比较。

　　(2) 待排序表的表长不小于100，表中数据随机产生，至少用5组不同的数据作比较，比较指标有关键字参加比较次数和关键字的移动次数（关键字交换记为3次移动）。

　　(3) 输出比较结果。

6.2.3　高考招生录取处理程序

　　某地大学入学考试，相关信息如下。

　　(1) 参加人数：10万。

　　(2) 共有8门考试课程，每门课程满分均为100分，所有课程成绩均进行了四舍五入处理，考生的总分也照此处理。

　　(3) 所有考生的考试成绩保存在文件 scores.txt 中，文件格式如下：每个考生成绩占一行，每行格式如下：最开始为考生姓名，然后为每门课程的分数，考生姓名与课程分数之间，以及不同课程分数之间均用一个英文逗号隔开，例如：

　　　　张三,98,92,60,54,87,75,86,92

　　个别考生成绩行的格式可能会有误。

　　(4) 共招收三个批次的学生，第一批次 30 000 人，第二批次 60 000 人，第三批次 10 000 人。录取顺序为第一批次、第二批次、第三批次。

　　程序要求如下。

　　(1) 确定每一批次的录取分数线，并将批次、分数线、实际录取人数输出到文本文件 soutput.txt 中，每一批次录取信息占一行，格式自定。确定分数线时，如果在分数线处有多名考生，则将这些考生全部录取，即每一批次的实际录取人数可能会超过预定人数。例如,假定在确定第一批次分数线时,有 7 800 人的总分高于等于 750 分,有 8 050 人的总分高于等于 749 分,则第一批次分数线应确定为 749 分,实际录取人数为 8 050 人。

(2) 如果考生成绩行的格式不对,则丢弃该考生的成绩,不作为确定分数线的依据,但要求将该考生姓名输出到文本文件 serror.txt 中,格式自定。

(3) 将总分为 650 分的考生姓名输出到文本文件 soutput.txt 中,格式自定。

(4) 将第三批次录取的所有考生的平均成绩(四舍五入)输出到文本文件 soutput.txt 中,格式自定。

(5) 要求将下面两个时间值(单位:秒)输出到文件 soutput.txt 的最后:从打开 scores.txt 文件到读完所有考生成绩的时间;从打开 scores.txt 文件到程序结束的时间。

6.2.4 学生成绩管理系统

现有学生成绩信息文件 1(1.txt),内容如下:

姓名	学号	语文	数学	英语
张明明	01	67	78	82
李成友	02	78	91	88
张辉灿	03	68	82	56
王 露	04	56	45	77
陈东明	05	67	38	47

学生成绩信息文件 2(2.txt),内容如下:

姓名	学号	语文	数学	英语
陈 果	31	57	68	82
李华明	32	88	90	68
张明东	33	48	42	56
李明国	34	50	45	87
陈道亮	35	47	58	77

试编写一个管理系统,要求如下。

(1) 实现对两个文件数据进行合并,生成新文件 3.txt。

(2) 抽取出三科成绩中有补考的学生并保存在一个新文件 4.txt。

(3) 对合并后的文件 3.txt 中的数据按总分降序排序(至少采用两种排序方法实现)。

(4) 输入一个学生姓名后,能查找到此学生的信息并输出结果(至少采用两种查找方法实现)。

(5) 要求使用结构体、链或数组等实现上述要求。

(6) 采用多种方法且算法正确者可适当加分。

6.2.5 宿舍管理查询系统

问题描述:为宿舍管理人员编写一个宿舍管理查询系统,程序设计要求如下。

(1) 采用交互工作方式。

(2) 建立数据文件,数据文件按关键字(姓名、学号、房号)进行排序(冒泡、选择、插入排序等任选一种)。

查询菜单(用二分查找法实现以下操作)。

(1) 按姓名查询。

(2) 按学号查询。

(3) 按房号查询。

打印任一查询结果(可以连续操作)。

课程设计七 文件信息管理系统

在许多应用处理方面,特别是在处理面向事务管理类型的问题时,如财务管理、图书资料管理、人事档案管理等,都将涉及大量的数据处理。由于内存不适应于存储这类数量很大而且保存期较长的数据,因此一般是将它们存于外存储设备中,我们把这种存在外存中的数据结构称为文件。

文件是多个性质相同的记录的集合。文件的数据量通常很大,它被放置在外存上。数据结构中所讨论的文件主要是数据库意义上的文件,而不是操作系统意义上的文件。操作系统中研究的文件是一维的无结构连续字符序列,而数据库中所研究的文件则是带,数据项是文件可使用的最小单位。数据有时也称为字段或属性,其中能够唯一标示一个记录的数据项称为主关键字项,主关键字项的值称为主关键字。

7.1 图书管理信息系统的设计与实现

7.1.1 需求分析

近年来,随着图书馆规模的不断扩大,图书数量也相应地增加,有关图书的各种信息量也成倍增加,面对庞大的信息量,传统的人工管理方式会导致图书馆管理上的混乱,人力与物力过多浪费,图书馆管理费用增加,从而使图书馆的负担过重,影响整个图书馆的运作和控制管理。因此,必须编制一套合理、有效、规范和实用的图书管理系统,对图书资料进行集中统一的管理。本系统开发的总的设计目标是实现图书管理的系统化、规范化和自动化,实现对图书资料的集中统一的管理。

图书信息所表示的就是一个数据库文件。图书管理一般包括图书采编、图书编目、图书查询及图书流通(借、还书)等。要求设计一个图书管理信息系统,用计算机实现上述功能。

具体功能需求如下。

(1) 建立一个图书信息数据库文件,输入若干种书的记录,建立一个以书号为关键字的索引文件;在主数据库文件中建立以书名、作者及出版社作为次关键字的索引以及对应的索引链头文件,如图 7-1 所示。

(2) 建立关于书号、书名、作者及出版社的图书查询。

(3) 实现图书的借还子系统,包括建立读者文件、借还文件、读者管理及图书借还等相关的处理。

记录号	书号	书名	指针1	作者	指针2	出版社	指针3	分类	藏书量	借出数
1	1021	数据库	0	李小云	0	人民邮电	0	021	8	0
2	1014	数据结构	0	刘晓阳	0	中国科学	0	013	6	0
3	1106	操作系统	0	许海平	0	人民邮电	1	024	7	0
4	1108	数据结构	2	孙华英	0	清华大学	0	013	5	0
5	1203	程序设计	0	李小云	1	中国科学	2	035	6	0
6	2105	数据库	1	许海平	3	清华大学	4	021	6	0
7	1012	数据结构	4	李小云	5	人民邮电	3	013	5	0
8	0109	程序设计	5	刘晓阳	2	清华大学	6	035	7	0

(a) 图书主索引文件

书名	链头地址	长度
数据库	6	2
数据结构	7	3
操作系统	3	1
程序设计	8	3

(b) 书名索引链头文件

作者	链头地址	长度
李小云	7	3
刘晓阳	8	2
许海平	6	2
孙华英	4	1

(c) 作者索引链头文件

出版社	链头指针	长度
人民邮电	7	3
中国科学	5	2
清华大学	8	3

(d) 出版社索引链头文件

图 7-1 图书主文件及相关索引文件示例

7.1.2 设计分析

1. 数据文件类型设计

根据设计要求定义数据结构类型如下。

(1) 主数据库文件：
```
Typedef struct{
        Char bno[5];     //书号
        Char bname[21]; //书名
        Int  namenext;   //书名指针链，为了处理方便，仅将数据库号看作记录的地址
                         指针
        Char author[9]; // 作者
     int   authnext;  //作者链指针（用记录号）
      char press[11]; //出版社
      int prenext;    //出版社链指针（用记录号）
     char sortno[4]; //分类号
        int storenum;    //藏书量
 int borrownum;     //借出数
        }Bookrectype;    //数据库记录类型
        Typedef struct{
        Bookrectype bookdbase(booksize);
           Int len ;      //文件当前长度
        }bookdbasefile;     //定义图书数据库文件类型
```
(2) 书号索引文件：
```
        Tytedef struct{
            Char bno(5);     //书号
            Int recno;       //记录指针
    }bidxrectype;         //索引文件记录类型
      Typedef struct{
           Bidxrectype bnoidx(booksize);
           Int len;         //当前记录个数
    }bnoidxfile;          //书号索引文件类型
```
(3) 书名链头索引文件：
```
    Typedef struct{
        Char bname(21);      //书名
        Int lhead ;          //链头指针
        Int recnum;          //长度
    }bnrectype;              //书名链头文件记录类型
      Typedef struct{
           Bnrectype lhfrec1(blhnum);
           Int len1;          //链头文件当前长度
    }lhfile1;             //书名链头文件类型
```
(4) 作者链头索引文件：
```
        Typedef struct{
        Char author(9);     //作者
        Int lhend;           //链头指针
```

```
        Int  recnum;           //长度
    }barectype;                //作者链头文件记录类型
    Typedef struct{
        Barectype lhfrec2(blhnum);
        Int len2;
    }LHFile2;                  //作者链头文件类型
```
(5) 出版社链头索引文件：
```
    typedef   struct{
      char   press[11];        //出版社
      int    lhead ;           //链头指针
      int    RecNum ;          //长度
    }BPRecType;                //出版社链头文件记录类型
    Typedef   struct{
      BPRecType  LHFrec3[BLHnum];
      Int   len3;
    LHFile3;                   //出版社链头文件类型
```
(6) 读者文件：
```
    typedef   struct{
        char  rno[4];   //读者号
        char  name[8];  //读者名
        int   bn1;      //可借书数
        int   bn2;      //已借书数
    }RRecType;                 //读者文件记录类型
    Typedef   struct{
        RRecType  ReadRec[RRnum];
        Int   len;             //当前读者数
        }ReadFile;             //读者文件类型
```
(7) 借还书文件：
```
    typedef   struct{
        char  rno[4];   //读者号
        char  bno[5];   //书号
        char  date1[9]; //借书日期
        char  date2[9]; //还书日期
    }BbookRecType;
    typedef   struct{
      BbookRecType  Bbook[BookSize];
      Int  len;                //当前借书数
    }BbookFile                 //借还书文件类型
```

2. 系统功能算法描述

1) 建立图书数据库文件及按书号的索引文件

建立文件时，在输入记录建立数据库的同时建立一个索引表。索引表中的索引项按记录输入的书号升序排列(用插入排序法),并同时修改相关的索引及链头文件。为了方便,我们将文件用记录数组代替实现;为了方便处理,在后面使用数组时,数组下标都是从 1 开始。

(1) 输入一条图书记录的算法描述如下:
```
void   AppeDBaseFile(BbookDbaseFile &df)
{
    提示输入项的输入顺序;
    输入一条记录;
    图书记录计数器加 1;
}
```

(2) 书号索引文件的修改:
```
void   ChangeBnoIdxF(BookDbaseFile &df ,  BnoIdxFile &bif)
{
    取当前图书记录中书号送至变量 sh 中
    While(j>=1)
    {   //找插入位置
        If(sh> 索引中第 j 个记录的书号)
        {   k=j+1;break;}
        j--;
    }
    //有序索引表中插入一条索引记录
    记录后移,留出位置;
    插入记录;
    Bif.len++;          //表长加 1
}
```

2) 多重表文件的建立

　　文件可以按照记录中关键字的多少分成单关键字和多关键字。若文件中的记录只有一个唯一标示记录的主关键字,则称其为单关键字文件;若文件中的记录除了含有一个主关键字外,还含有若干次关键字,则称其为多关键字文件。该设计的图书文件就是一个多关键字文件,除了书号为主关键字外,还有多个次关键字,如书名、作者、出版社等。

　　多关键字文件的组织方式有两种:一种称为倒排文件,另一种称为多重表文件。在这个设计中采用多重表文件方式来表示图书文件。多重表文件是将索引方法和连接方法相结合的一种组织方式,它对每个需要查询的次关键字建立一个索引,同时将具有相同次关键字的记录链接成一个链表,并将此链表的头指针、链表长度及次关键字作为索引表一个索引项,该索引表又称为链头索引文件。

　　根据设计要求,需要建立三项次关键字的索引和相对应的链头索引文件。建立次关键字索引及建立链头索引文件的基本思想是:根据一条主文件的记录,将要建立索引的次关键字与对应的链头索引文件中的关键字比较,若有相等的,就将主文件中索引指针修改成链头指针文件中的当前指针,并同时修改链头文件中的链头指针为当前主文件的记录指针一级记录个数加 1;若没有相等的,就将主文件中的索引指针置成 0(NULL 空值),并修改链头文件中和链头指针为当前主文件的记录指针以及记录个数置成 1。

以书名次关键字建立索引为例,具体算法描述如下:

```
void ChangeLinkHeadF1(BookDbaseFile &df, LHFile1 &lhf1)
{
    处理图书文件当前记录;
    While(j<=lhf1.len1)
{
    在链头文件中查找与次关键字相等的记录;
    If(相等)
      {k=j;break;}
    J++;
}
//采用头插法建立索引
If(找到相等的记录)
 {
    链头文件记录的指针存入图书主文件当前的相应指针域;
    主文件的当前记录号(假定为指针)存入链头文件的指针域;
    链头文件记录的记录计数器加 1;
}
else
{
    主文件中当前记录的指针域置空(0);
    主文件的当前记录号(假定为指针)存入链头文件的指针域;
    链头文件记录的记录计数器置为 1
    索引关键字个数加 1
}
```

3) 关于建立书号、书名、作者及出版社的查询

```
void SearchBook( BookDbaseFile df,BonIdxFile bif,LHFile1 f1,LHFile2 f2,LHFile3 f3)
{
choose=1;
while ( choose > =1 & & choose <=5 )
{显示图书查询菜单:
1.        书  号
2.        书  名
3.        作  者
4.        出版社
5.        退  出
请用户选择:to choose
switch ( choose )
{
```

```
        case 1. 输入书号;调用书号查询算法;break
        case 2. 输入书名;调用书名查询算法;break
        case 3. 输入作者;调用作者查询算法;break
        case 4. 输入出版社;调用出版社查询算法;break
        case 5. return;
    }
  }
}
```

(1) 书号查询算法。由于图书文件已按书号建立了索引文件,也就是说已按书号索引有序化,因此,可采用二分法来实现书号查询。查询算法描述如下：

```
int BinSerch (BonIdxFile bif , char key [ ])
{
   while ( low <=high ) {
      mid=( low+high )/2;
      if( strcmp(key, L.sl[mid].key)==0) return mid;
      else if (strcmp(key, L.sl[mid].key)<0) high=mid-1;
      else low=mid+1
   }
   Return 0 ;
}//BinSearch
```

(2) 按书名查询算法描述如下：

```
Int BnameFind ( LHFile1 lhf1,char key1[])
{
   //顺序查找书名链头文件
   for (i=1;i<lhf1.len1;i++)
      { if( key==链头文件中当前记录的书名)
          { k=链头文件中当前记录链头；
            退出循环；
          }
      }
   return k;    //k 就是查找书名在图书文件中的首记录号
}
```

按作者和出版社查询与上述按书名查询算法类似,此处不再详细给出。

4) 借书处理算法

```
void BorrowBook (BookDbaseFile bf , BookFile bbf ,ReadFile rf )
{
   输入读者号、书号、借阅日期；
   借书处理:查找读者文件,验证读者身份。先检验读者是否可以借书,
           若不能借,就提示读者"书已借满,不能再借"；
           如可借,则查图书主文件,需要借阅的图书是否已被借出,
           如借出则显示"图书已借出"；
```

否则,借还书文件追加一条记录,记录相关内容,并分别修改图书文件和读者文件;
}

5) 还书处理算法

```
void BackBook(BookDbaseFile bf, BbookFile bbf, ReadFile rf)
{ 输入读者号、书号、还书日期;
  还书处理:查找读者文件,修改借书数;
         查图书主文件,修改借出数;
         查询借还书文件,填入还书日期;}
```

7.1.3 设计的实现

1. 输入图书记录建立相关文件(存放文件:createfile.c)

(1) 追加一条图书主数据库记录。

```
void AppeDBaseRec(BookDbaseFile  &df)
{   inti;
i=++df.len;         //图书主数据库长度加1
printf("书号 书   名    作者名 出版社 分类 藏书量\n");
scanf("%s%s,df."BookDbase[i].bno,df.BookDbase[i].bname)
scanf("%s%s,df."BookDbase[i].author, df.BookDbase[i].press)
scanf("%s%d,df."BookDbase[i].sortno,&df.BookDbase[i].storenum);
df.BookDbase[i]borrownum=0;    //借出数字0
}
```

(2) 修改书号索引表。

```
void ChangeBnoIdxFile &df, BnoIdxFile &bif)
{   int i,j,k;
char sh[4];
i=df.len;//图书主文件的当前长度,也就是要处理的当前记录号
strcpy(sh,df.BookDbase[i].bno);//取记录中书号送至变量 sh 中
j=bif.len; k=1;
while (j> =1)
  {   //查找插入位置
     if(strcmp(sh,bif.bnoIdx[j].bno)> 0)
       {  k=j+1;break;}
     j--
  }
If(bif.len> 0)   //有序表的插入
  {for(j=bif.len;j> =k;j--)
bif.BnoIdx[j+1]=bif.BnoIdx[j]; //记录后移
 strcpy(bif.BnoIdx[k].bno,sh);
```

```
    bif.BnoIdx[k].RecNo=I;
    bif.len++; //表长加 1
}
```
(3) 修改书名索引以及书名链头索引表。
```
void ChangeLinkHeadF1(BookDbaseFile &df, LHFile1 &lhf1)
{   inti,j,k,m;
    char sm[20];
    i=df.len; //图书主文件的当前长度,也就是要处理的当前记录号
    strcpy(sm,df.BookDbase[i].bname); //取记录中书名送至变量 sm 中
```

7.2 课程设计项目

7.2.1 研究生招生录取程序

假设某大学计算机应用技术专业招收研究生 n 名,现在要根据报考者的考试成绩择优录取。考试课程有政治、英语、数学、专业综合四门。考试成绩分为两类:第一类为每门课程都达到最低录取线;第二类为有一门或多门课程未达到最低录取线。录取方法是在每门课程达到最低录取线的考生中按总分从高到低录取。试设计一个成绩处理程序实现以上功能。根据录取方法,打印输出 n 份录取通知书,列出录取者四门课程的成绩及总分(要求采用堆排序)。并能实现对任一考生或任一门课程成绩的查找(要求两种查找方式,根据考号或姓名进行查找,采用高效的查找算法)。

1. 设计思想

(1) 数据结构设计:由于本课程设计明确要求在进行排序时必须采用堆排序的算法,而堆排序最常采用的数据存储结构便是顺序表存储结构,因此在设计中采用结构体数组将各个学生的信息进行存储,同时这也方便排序算法的实现。
```
    typedef struct {
        string name;
        int Politics;
        int English;
        int Mathematics;
        int Major;
        int Total;
        string Num;
    }Student;
```
(2) 算法设计:由于题目要求本程序的查找是针对考号和姓名两种方式进行的,而不是针对相应的可比较的数据进行查找,所以像二叉查找和二叉排序树这些查找方法基本都用不上,因此本程序采用"蛮力"查找的方法,即对整个结构体数组进行遍历,与要查找的信息一一进行对比,只不过在进行比较的过程中用的是 string 类中的重载"=",这样更

加方便快捷。而堆排序算法,由于学生成绩的录取是一个从高分到低分排序的过程,所以堆排序的算法就是一个建立"大顶堆"的过程。

2. 设计表示

(1) 函数调用关系图及其说明如下。

(2) 函数接口说明:本程序用指针进行传递,因而每个参数都相当于全局变量,这样在接口方面方便而且不用重新开辟其他空间。

主要函数如下:

```
Int HeapAdjust(Student (&S_USE)[MAX_SIZE],int s,int m);    //堆排序
int HeapSort(Student (&S_USE)[MAX_SIZE]);    //调整
int PanDuan(Student (&S_ALL)[MAX_SIZE],Student (&S_USE)[MAX_SIZE],Student (&S_UNUSE)[MAX_SIZE]);
//判断该研究生是否有录取资格才能进行堆排序
int Find(Student (&S_ALL)[MAX_SIZE]);    //查找成绩
int Display();       //输出成绩单
int PutIn(Student &S);      //成绩录入
```

3. 详细设计

由于查找算法采用了"蛮力"算法,而对成绩的录入也非常简单,因此详细设计主要说明堆排序的详细设计算法。

堆排序的详细设计分析:首先题目要求按四门课程的总分进行排序,由此知道要建立的堆是一个"大顶堆",而建堆过程中主要解决的两个问题如下。

(1) 如何由一个无序序列建成一个堆?

(2) 如何在输出堆元素之后,调整剩余的元素成为一个新的堆? 在无序序列建立堆的过程中是用 HeapAdjust()这个函数实现的,将建堆的过程看作一个反复筛选的过程,则只需从最后一个非终端断点 n/2 的下界开始向前一次进行筛选,若所比较的元素比其后继元素要小,则不需要进行交换,否则需要该元素与其父节点进行交换。即该过程中每一步都是将二叉树的子树建立成一个小顶堆的过程,这主要是方便在后面调整的过程中将堆顶元素和最后一个元素进行交换,即将其从大到小排序。

参 考 文 献

[1] 李春保,桂超,周云才,等.数据结构.武汉:武汉大学出版社,2006.
[2] 李春葆,尹为民,李蓉容,等.数据结构教程(第3版)上机实验指导.北京:清华大学出版社,2009.
[3] 张铭,赵海燕,王腾蛟.数据结构与算法.北京:高等教育出版社,2008.
[4] 陈元春,张亮,王勇.实用数据结构基础.北京:中国铁道出版社,2007.
[5] 陈媛,何波,蒋鹏,等.数据结构学习指导、实验指导、课程设计.北京:机械工业出版社,2007.
[6] 邓文华,戴大蒙.数据结构实验与实训教程.北京:清华大学出版社,2007.
[7] 严蔚敏,吴伟民.数据结构.北京:清华大学出版社,2007.
[8] 苏仕华,等.数据结构课程设计.北京:机械工业出版社,2005.
[9] 何钦铭,冯雁,陈越.数据结构课程设计.杭州:浙江大学出版社,2007.
[10] 董建寅,黄俊民,黄同成.数据结构实验指导与题解.北京:中国电力出版社,2008.